交通运输经济管理研究

徐　力　徐建平　张俊伟　著

吉林科学技术出版社

图书在版编目（CIP）数据

交通运输经济管理研究 / 徐力，徐建平，张俊伟著
. -- 长春 : 吉林科学技术出版社，2023.3
ISBN 978-7-5744-0340-6

Ⅰ. ①交… Ⅱ. ①徐… ②徐… ③张… Ⅲ. ①交通运输经济—经济管理—研究—中国 Ⅳ. ①F512

中国国家版本馆 CIP 数据核字(2023)第 066180 号

交通运输经济管理研究

著　徐　力　徐建平　张俊伟
出 版 人　宛　霞
责任编辑　高千卉
封面设计　南昌德昭文化传媒有限公司
制　　版　南昌德昭文化传媒有限公司
幅面尺寸　185mm×260mm
开　　本　16
字　　数　237 千字
印　　张　11.125
印　　数　1-1500 册
版　　次　2023 年 3 月第 1 版
印　　次　2024 年 1 月第 1 次印刷

出　　版　吉林科学技术出版社
发　　行　吉林科学技术出版社
地　　址　长春市南关区福祉大路 5788 号出版大厦 A 座
邮　　编　130118
发行部电话/传真　0431—81629529　81629530　81629531
81629532　81629533　81629534
储运部电话　0431-86059116
编辑部电话　0431-81629510
印　　刷　廊坊市印艺阁数字科技有限公司

书　　号　ISBN 978-7-5744-0340-6
定　　价　90.00 元

《交通运输经济管理研究》编审会

前 言

作为国家经济发展现代化发展的重要保障之一，交通运输行业既是市场经济中的重要主体，又是辅助市场经济更快、更好发展的帮助者之一。因此，帮助交通运输进行更加合理、科学的经济管理既是帮助市场经济不断良性发展，又是交通运输行业作为市场主体的一面参与到市场运作当中的重要体现。在新时代背景下，我国的市场经济发展不仅要提高速度，更要重视质量，只有坚持科学的经济管理，才能够保证交通运输行业的全面健康发展，保证交通运输经济管理工作的科学性和有效性，进而提高交通运输行业的高质量发展，为我国经济发展提供重要保证。

本书首先探讨了交通运输业的性质、功能、交通运输经济学的研究对象与方法以及交通运输与经济社会发展的关系；接着分析了全国交通运输的综合发展思路、运输通道与方式以及交通运输枢纽等内容；随后对交通运输的需求、运输供给等角度对交通运输的管理内容进行了分析，并且对交通运输的经济特性做了重点阐述。最后主要对新兴信息技术在交通运输系统中的应用进行了简介，同时还论述了交通运输的可持续发展，为交通运输的发展指引了方向。

由于编者水平有限，书中难免存在不妥之处，责任由编者承担，恳请读者批评指正。

目 录

第一章 交通运输经济概述

第一节 交通运输业的概念、性质和特点

一、交通运输的基本概念

在研究交通运输与经济发展的关系时，有必要对交通运输的概念进行明确的界定，这是进行深入理论研究的前提。对于交通和运输，有些研究对这两个概念不加区分，即把交通运输作为一个概念来使用；也有些研究把交通和运输概念区别开来分别定义，但其区别并不清晰。交通和运输在一定程度上可以相互替代使用，但是，根据中文的字面含义，二者是有区别的。

“交”具有连接、交叉、交汇的含义；“通”具有通达、接通的含义。交通是指连接通达的工具和设施（广义的交通甚至包括通信），不同的交通工具（也可叫运输工具）需要不同的交通基础设施。“运”具有搬运、移动的含义；“输”具有输送的含义。“运输”指借助公共运输线及交通设施和运输工具实现人与物的空间位移的一种经济活动和社会活动。目前主要由铁路、公路、水运、航空、管道等几种运输方式来完成这些活动。交通和运输反映的是同一过程，侧重的是不同的两个方面。同一过程指的它们都是反映运输工具在运输网络上的流动。两个方面是指：交通侧重于通行、往来，关注的对象是运输工具或叫交通工具的流动情况（流量的大小、拥挤的程度）；而运输侧重于运送、

搬运，关心的是流动中的交通工具上的载运情况（载人与物的有无与多少，将其输送了多远的距离），反映的是运输工具完成运行过程后的结果，当然，也是运输工具运行的目的。社会化运输过程包括客户服务、运输组织、运输工具运行过程；私人小汽车出行，小汽车的运行目的和结果也是人的位移，只是其没有客户服务和运输组织这些环节。

一般来说，“交通规划”、“交通网规划”主要是指从运输工具运行的这一层面来研究分析和进行交通流、运行品质与交通基础设施网络的平衡。“运输规划”主要是在既有以及规划建设的交通基础设施网络的基础上，以提高运输效率、扩大服务范围和提高服务质量为目标，对运输工具配置、运输经营网络和站点布局、提高运输组织和管理水平、改善服务质量等进行规划，即其主要是从运输生产和客户服务的层面进行的规划。而“综合运输规划”、“综合运输体系发展规划”是从完成人和货物的位移需求的角度出发，根据各种运输方式比较优势、交通运输与国民经济和社会发展的关系、国家交通运输发展战略以及资源条件等，对交通运输总体结构、各种运输方式基础网络配置和布局、交通基础设施网络与交通流以及整个运行使用系统的平衡、一体化运输、发展政策等进行系统性研究和规划。

交通和运输二者既相互联系又有不同的功能。交通设施是一种投资品，而运输则是无形的位移服务，但由于现代的运输活动都是在特定的交通设施上进行的，例如铁路运输要以轨道交通为基础，汽车运输要在公路上进行，因此人们习惯于把二者联系在一起，统称交通运输。

二、交通运输业的性质

交通运输业指国民经济中专门从事运送货物和旅客的社会生产部门，包括铁路、公路、水运、航空等运输部门。如何看待交通运输业的性质，不同学派的经济学家从不同的角度提出了不同的看法。我们认为交通运输业具有多重属性。

（一）交通运输业属于物质生产部门

从直接生产过程来看，交通运输是产品生产过程的一个组成部分。为了建立各个车间或各个分厂之间的生产联系，以及各生产车间与储备仓库（包括原料、材料、零部件等中间产品及产成品的储备仓库）之间的联系，在厂区范围内往往设有铁路专用线或其他道路或管道系统，还要有相应的火车、汽车、叉车、铲车、电瓶车、吊车等运输与装卸设备。如大型钢铁联合企业设有运输部，专门负责原材料、中间产品及产成品的运输，大型石化企业还采用管道运输方式。从各个工种、工序之间的生产工艺流程来看，生产车间里往往要装置起重机、传送带及轨道等，以便于分工协作，共同完成生产任务，在这里生产过程与运输过程是紧密结合在一起的。运输劳动与其他工人的劳动共同参与了价值的创造，因此运输劳动是物质生产劳动。

从流通过程来看，运输工人的劳动也参加了价值的创造，因为在运输劳动进行的过程中，“劳动对象、商品确实发生了某种变化。它的位置改变了，从而它的使用价值也起了变化，因为这个使用价值的位置改变了。商品的交换价值增加了，增加的数量等于使商品的使用价值发生这种变化所需要的劳动量。这个劳动量，一部分决定于不变资本的消耗，即加入商品的物化劳动量，另一部分决定于劳动人员，这同其他一切商品的价值增值过程的情况是一样的。”“商品一到达目的地，它的使用价值所发生的这个变化也就消失，这个变化只表现为商品的交换价值提高了，商品变贵了。虽然，在这里，实际劳动在使用价值上没有留下一点痕迹，可是这个劳动已经实现在这个物质产品的交换价值中。”

在社会再生产过程中，生产以运输为起点，又以交通运输为终点，交通运输是联系生产与消费的桥梁和纽带，贯穿于生产和流通的全过程。可以说，没有交通运输，也就不会有物质资料的生产和再生产，运输劳动与其他形式的生产劳动一起，共同创造了全社会的物质财富。

（二）交通运输业属于第三产业

大多数西方国家是把交通运输业划归第三产业的，并把费希尔和克拉克同时视为这种方法的创始人。克拉克使用服务性产业一词，是因为第三产业主要由服务性活动组成，交通运输业被划在第三产业，当然也是着眼于它的服务性功能的。

其实，马克思在分析运输劳动的物质生产属性的同时也顺便谈到了交通运输的服务性质。他说：“至于客运，这种变化只不过是企业主向乘客提供的服务。”过去有人将马克思的这段话加以发挥，认为货运是属于物质生产，而客运是属于非物质生产；后来又有人认为货运是为生产服务的，客运是为生活服务的。实际上，这两种说法均失之偏颇，客运与货运只是运输劳动对象上的区分。旅客运输也有为生产服务的一面，如采购员乘车外出采购，推销员乘车外出推销，以及职工乘车上下班，也应归于物质生产领域的活动。从社会再生产的角度看问题，所谓纯粹消费性的运输服务，如外出旅游，也应看做是劳动力再生产的一个组成部分，它和社会的物质生产活动也不是绝对无缘的；同样，货运既有为生产服务的一面，也有为生活服务的一面。如果说原材料的运输是直接为生产服务的话，那么对最终产品——消费品的运输既是生产过程在流通中的继续（因而是为生产服务的），但同时又是消费的前提条件（因而也是为消费服务的）。西方经济学者所说的运输服务也包括为生产服务、为生活服务、为社会服务等各个方面，和马克思所讲的客运服务只是范围上的不同，并无本质上的区别。因此，分析交通运输业的性质可以抛开东西方经济学在理论基础和阶级属性上的差别或对立，从两个不同的角度来看，如果从社会再生产的角度来分析，它是物质生产部门，如果从产业结构层次划分的角度来看，它就属于第三产业，这是同一问题的两个不同方面。今天，在经济统计活动中我们早已接受了三次产业分类法。1986 年国家统计局已经将交通运输业的经济指标统计列入了第三产业，实行起来十分方便，又便于比较分析。

（三）交通运输业是网络型的基础产业之一

假如我们再换一个角度，即从全社会、从国民经济总体运行的角度来看待交通运输业，而不是从社会再生产过程和产业结构层次划分的角度来看待交通运输业，那么交通运输业又是经济与社会的基础结构。经济学家们认为，一个国家的经济与社会的发展，一般都需要一些基础结构的支持，其中最重要的有三个系统：一是充足的交通运输系统；二是充足的能源与动力系统；三是充足的通信与信息系统。交通运输业与其他两个系统相结合，形成全社会的实体网络系统，在整个国民经济中成为最为庞大、最为重要的基础产业群。现代化的运输工具把全国各地乃至全世界都越来越紧密地联系在一起，它为全社会提供了社会化大生产借以进行的各种生产要素自由流动的载体，构成社会经济运行的重要的实体网络系统之一，它不仅影响着人类的生产活动和经济发展，而且也直接影响人们日常生活及各种经济、社会与文化交往，乃至国防的巩固。

（四）对垄断性和竞争性、公益性与经营性的认识

交通运输业是一个矛盾的统一体，是既有垄断性又有竞争性、既有公益性又有经营性的产业，是垄断性与竞争性的统一、公益性与经营性的统一。

在交通运输业经济属性的认识上长期以来一直存在着两种不同的片面性理解。按照传统经济理论的解释，交通运输业属于自然垄断产业，它具有投资规模大、投资回收期长、资产专用性强、沉没成本高、规模经济显著等特点，适合由政府垄断经营或少数几家大企业垄断经营，因此即使在发达国家也大都由政府经营和实行严格的政府管制。20世纪70年代以来反垄断成为一种趋势，在世界范围内出现了经济自由化、民营化的浪潮，于是在理论界乃至政界又出现了否定交通运输业自然垄断属性的倾向。实际上，这是两种不同的片面性：人们在强调自然垄断的特性时，往往忽视了其竞争性的一面，没有看到在这一领域市场机制还可以发挥作用；而现在找到了市场机制可以发挥作用的办法后，人们又走向另外一个极端，甚至错误地认为一切垄断都是坏的，所有竞争都是好的，认为“切分”、民营化、放松政府管制，就可以解决交通运输业长期存在的一切问题。实际上人们在强调“切分”的时候，往往忽视了有些地方正在发生另一种情况——整合，如美国铁路在放松管制后的持续的大规模兼并，欧洲泛欧铁路网的规划和建设，国际航空界和国际海运界的战略联盟，以及国际港口联盟等等，均为其自然垄断性使然。

在公益性与经营性的关系上，长期以来也不同程度地存在着片面性：过去在自然垄断理论占上风的形势下，公益性被片面地强调是顺理成章之事；而现在到处都在推崇市场化、民营化了，似乎交通运输业的公益性和自然垄断一样不存在了，从而走向另一个极端。

所以，在交通运输业基本经济属性的认识上，应该坚持唯物辩证法的两点论，消除片面性。在交通运输业的某些领域、某些方面，可能是自然垄断性、公益性占主导方面，而在其他领域则可能是竞争性和经营性占主导方面，要具体情况具体分析。我们在引进市场机制、推行民营化的时候，试图通过“切分”或者其他途径来人为地消灭其自

然垄断性和公益性是愚蠢的，是要遭受惩罚的。但是，随着时间的推移和交通运输业的发展，矛盾的主要方面和次要方面是可以转化的，如某些交通基础设施——线路、机场、港口在建设和发展的初期，可能是垄断性、公益性居主导方面，但在此后的不断发展、完善过程中，公益性、垄断性地位会趋于下降，经营性、竞争性也可能上升为矛盾的主导方面。因此，一成不变的观点也是错误的。

三、交通运输业的特点

（一）运输劳动并不生产有形产品

交通运输生产是一种特殊的物质生产，它不同于普通的工农业生产。工农业生产过程一般都是以一定的物品作为劳动对象，劳动者一方面通过自己的具体劳动改变劳动对象的物理的、化学的或生物的属性，创造一个有形的产品，即具体的使用价值，并且把物化在劳动对象中的价值转移到新产品当中去；另一方面又通过其抽象劳动，即脑力和体力的消耗，创造一部分新价值，凝结到产品当中去。这个有形的产品是商品，它是使用价值和价值的统一体。运输生产则不然，运输劳动者的劳动虽然也具有二重性，但作为具体劳动，它并不是、也不能改变劳动对象的物理的、化学的或生物的属性，而是保存它们原有的各种属性，不是创造新的使用价值而是使原来的使用价值完好无损地保存下来，只改变它们的空间位置。之所以如此，还因为交通运输业的劳动对象又与其他产业的劳动对象不同，其他产业的劳动对象只是物，而交通运输业的劳动对象不只是物，还有人，交通运输业就是按劳动对象之不同区分为货运和客运的。作为货物运输的抽象劳动，虽然也创造新价值，但这部分新价值不是通过新的使用价值去体现，而是追加到它所运送的货物原有的使用价值，即它的劳动对象当中去，经过运输劳动之后，它的劳动对象的交换价值增加了，变贵了，说明它的价值量也增加了。这部分增加了的价值，既有运输劳动者抽象劳动创造的新价值，还有具体劳动所转移的运输生产工具等劳动的价值。

（二）运输过程是生产过程和消费过程同时进行的

在一般的工农业生产过程中，生产过程和消费过程是分开的，生产过程结束之后，总是要创造出一个有形的物质产品，即使用价值，而这个使用价值要经过分配、交换等一系列过程，才最终进入消费者手里进行消费。因为运输生产并不创造有形产品，只是改变劳动对象的空间位置，所以运输生产过程同时也就是消费过程：对于运输供给者来说它是生产过程，对于需求者来说，它又是消费过程，两个过程是同时进行的。正如马克思所说："交通运输业所出售的东西，就是场所的变动。它产生的效用是和运输过程即交通运输业的生产过程不可分离地结合在一起的。旅客和货物是和运输工具一起运行的，而运输工具的运行，它的场所变动，也就是它所进行的生产过程。这种效用只能在生产过程中被消费；它是一种和生产过程不同的，只有在生产出来之后才作为交易品执行职能，作为商品来流通的使用物。"由于运输产品完全是由运输生产者自产自销的，因此只能满足当时当地所发生的运输需求，它不能像工农业产品那样可以调拨、可以储存，运输产品是无形的，既不能调拨也不能储存。

（三）运输劳动对自然条件的依赖很大

交通运输生产不同于工业生产，它不能摆脱对自然条件的依赖，例如飞机只有在允许的气象条件下才能起降和飞行，轮船也只有在适航的海域和航道才能航行，如此等等。交通运输作业的绝大部分又是在露天进行的，因此风险性较大，安全问题十分重要。交通运输业的工作场所、交通运输设备及工作人员分治性很大、流动性很强，点多、线长、面广，因此交通运输业的经营管理也不同于其他部门。

（四）交通运输业具有资本密集型特征

因为交通运输业并不生产有形的物质产品，它无须为自己的劳动对象预付一个原子的价值，所以构成交通运输业的资本与其他产业不同，只包括垫付在劳动资料和劳动者方面的资本这两部分。这就造成交通运输业中固定资本所占的比重异常巨大，资本的有机构成比一般产业要高，不论是交通线路的修建，运河的开凿，航道的疏浚，场、站、港等基础设施的建设，还是交通运输设备的购置，都需要大量甚至是巨额的投资，因而交通运输业具有资本密集型的特征。

（五）交通运输业具有网络经济特征

交通运输业的网络经济是指在一定的条件下，随着交通运输总产出的扩大引起平均运输成本下降的现象。它是交通运输业的规模经济与交通运输业的范围经济共同作用的结果。交通运输业的规模经济可以从运输网络的幅员大小、交通线路的长短、通过能力的大小、客货发送量的多少、中转能力的高低、运距的长短等多个角度来分析和理解。交通运输业的范围经济可以通俗地理解为多产品经济，即生产多种运输产品与生产单一运输产品相比可以使平均成本下降。在载运工具的使用中，客货混用的情况也十分常见，如铁路支线上的混编列车、水运中的滚装船等等。即使是同一专用货运工具如集装箱，也往往可以将多种货物混装在一起；即使是火车客运专列，通常也挂有行李车和邮车。如果把每一件货物、每一个旅客看做是一个运输产品，那么，交通运输业是提供极端多样化产品的产业。这种无处不在的范围经济特征与具有多种表现的规模经济特征混合在一起，两者交叉作用的结果就使交通运输的网络经济特性十分显著，每提供一个多样化产品、每扩大一种生产规模，都可以使平均运输成本下降，因而网络经济可以有多种表现形式。

（六）交通运输业具有外部性特征

外部性理论源自于经济福利的研究。按照经济学定义，“当生产或消费对其他人产生附带的成本或效益时，就发生了外部性或者外部效应，即成本或效益被施加于他人身上，而施加这种影响的人却没有为此付出代价或获得报酬。外部效应是一个经济主体的行为对另一个经济主体所产生的效果，而这种效果并没有从货币或者市场交易中反映出来”。即外部性是指某物品或活动施加给社会的某些成本或效益，而这些成本和收益不能在决定该物品或活动的市场价值中得到反映。外部性分为正外部性和负外部性：正外部性指某物品或活动对周围事物造成良好影响，并使周围的人获益，但行为人并未从中取得额外的利益，正外部性即外部收益；相反，负外部性就是指某物品或活动对周围环境造成不良影响，而行为人并未为此付出任何补偿费用，负外部性即外部成本。外部性的存在不能够实现完全竞争的市场模式，不能够实现资源的有效配置，不能够达到帕累托最优，因而外部性通常被看做市场失灵的典范。从私人成本与社会成本的角度来理解，外部性则是指个人的成本（收益）与社会成本（收益）之间的差额。如果私人边际成本小于社会边际成本，则会出现负外部性；如果私人边际收益小于社会边际收益，则会出现正外部性。

交通运输业具有很强的外部性特征：交通运输的发展会促进相关地区经济发展，它带来的利益可能超过了人们直接对其支付的费用；同时交通运输又会带来环境污染、噪音、安全、气候变化等问题，并且当交通拥挤超过一定程度，运输服务自身就不能以一种完全有效率的方式提供给人们，这些就带来了交通运输的外部成本。但是交通运输所产生的效益和成本并没有由交通运输经营企业承担，这就使交通运输产业具有了显著的外部性。交通运输的外部性一般是指运输活动所产生的外部性，有时也包括运输基础设施本身及其建设所产生的外部性。

并且交通运输业的网络经济特征还使交通运输的外部性主要体现为其网络外部性。交通运输的网络外部性在于交通运输网络的发展能提高网络相关节点上用户的这些效用，从而增加相关产业发展的中间需求，间接地增强对经济增长的促进作用，这种网络外部性可以分为直接网络外部性和间接网络外部性。交通运输的直接网络外部性可以指交通运输网络通过增加交通运输节点和新的运输服务，即通过提高交通运输网络的通达性来增加网络中用户的价值或效用，增强对经济增长的促进作用。在交通运输网络各节点间运输的广义成本一定时，网络中用户的效用与运输节点数的平方成正比。交通运输的间接网络外部性可以指交通运输网络中交通运输活动的增加，通过提高运输服务的便利性、经济性和时效性增加交通运输网络相关节点上用户的效用，增强对经济增长的促进作用。一定的交通运输网络对于某一个节点上用户的效用与该节点至交通运输网络其他节点运输的广义成本成反比。

第二节　交通运输业的功能

一、交通运输业的经济功能

生产活动是人类最基本的实践活动，物质资料的生产是人类存在和发展的基础，而要生产就离不开运输，所以经济功能是交通运输业基本的功能。

（一）交通运输与资源开发和利用

任何生产都要消耗一定数量的自然资源，尤其是重工业要消耗大量的自然资源，而自然资源的地理分布往往是不均匀的。交通运输的状况对资源的开发、利用及其经济价值往往具有决定性的作用，从而影响着生产活动的进行。众所周知，煤炭曾在地下沉睡数千年，它的大规模开发和利用是与近代出现的水运和铁路紧密地联系在一起的。过去由于交通运输条件的限制，人们在确定生产力布局时，尽可能地将生产据点安排在原材料产地及其附近，以便降低生产成本。现代交通运输业的发展越来越突破这一限制，如特大型超级矿砂运输船的出现，使澳大利亚和巴西等地的富铁矿得到大规模开发，并进入洲际贸易参与世界钢铁工业的国际化生产，资源十分匮乏的日本，凭借其发达的海运业，大量利用国外资源，迅速发展成为世界第二经济强国。这些事实告诉人们，现代交通运输业可以改变传统的经济地理概念和生产力布局，扭转自然力所规定的资源分配的不合理状况，使缺少资源的国家和地区也可以共享地球上的各种资源以发展生产。

（二）交通运输与分工

我们把一国的国民经济作为一个整体来考虑，交通运输对经济发展的基本作用就在于它可以促进一国范围内的社会分工和生产专业化的发展。分工是经济学中的一个十分重要的范畴。一部社会经济史，就是社会分工不断发展和深化的历史。马克思在《资本论》中曾提出过一系列关于分工的范畴，如一般分工、特殊分工、个别分工、地域分工，等等。这些分工都是人们的劳动分工，但无论哪一种劳动分工，都是靠充足的运输来支撑的。就拿地域分工来说，不同的地区，由于其气候、土地、资源等情况不同，以及劳动者的文化、技能不同，其生产能力也是不同的。按照市场经济条件下资源合理配置的客观要求，每个地区都可以扬长避短，发挥自身的优势，生产那些适合本地区特点的产品，以取得比较优势，这就是古典经济学家所指出的著名的“比较利益”原理。然而，“比较利益”只有在具备充足的运输条件时才能成为现实。假如他们自己所生产的优势产品不能够运到别的地方去交换，这种优势自然也就无从发挥；假如他们所需要的产品不能及时地从外地运进来，以满足本地之需，那么他们也就不得不放弃所谓优势产品的生产，而去生产那些看来是劣势但又是必需的产品。若此，“比较利益”又从何谈起？相反，有了充足的运输系统，各地区就可以各得其所，扬长避短、发挥优势，取得比较利益。运输对其他分工的基础性作用也是一样的。有分工，就有交换的需要，因而就离不开运输，交通运输业对于推进社会分工以及国际分工的发展和深化起着决定性的作用。在分工基础上产生的专业化生产，可以极大地提高劳动生产率，专业化生产的不断发展又将推进产业结构的升级换代和经济发展水平的提高。

（三）交通运输与生产

1. 交通运输在生产中的“空间效用”

交通运输是生产过程的重要组成部分，也可以说，没有交通运输也就不会有生产，因为交通运输的基本含义就是改变物和人的空间位置。除非把生产所需要的原料和材料运到所需要的地方，否则它们就是毫无价值的东西；除非把生产所需要的设备运进厂房，并安装到适当的位置上，否则生产就不能进行；除非把驾驭生产过程的劳动者从其住所运到生产现场，否则机器无法开动，生产也就不能进行。这恰似古典经济学家所说的“空间效用”，交通运输业通过改变人和物的空间位置来参与生产活动，创造价值。

2. 交通运输在生产中的“时间效用”

现代化大生产的进行需要对不同来源的原材料和零部件等进行加工或组装，但又不可能要求所有的原材料和零部件都在同一时间到达工作现场，因此，保有相应数量的储备（一种使用上的延误）对于生产的均衡进行是完全必要的。然而，没有储备不行，储备多了也不行，这在工业企业管理中称为库存管理。人们要想办法用较少的必要的储备延误去避免由于它们的短缺而造成更大的延误，也要想办法避免不适当的、过量的储备，以避免因影响资本的循环和周转而造成经济上的损失，而这种合理的储备在相当大的程度上取决于交通运输的发展程度。在交通运输不发达的情况下，人们为了避免生产过程中造成停工待料，不得不增加原材料和零部件的储备量；反之，方便快捷的交通运输就可使生产避免这种因储备太多而造成的资金占用过多带来的经济损失。这就是经济学家所说的“时间效用”，交通运输可以通过它的“时间效用”来参与生产活动，创造价值。在现代社会化大生产中，人们越来越尊崇“时间就是金钱”的信条，而时间的节省、效率的提高，却越来越依赖方便、快捷的交通运输系统。发达国家在制造业中所推行的“即时生产系统”、“零库存管理”，由跨国公司所推动的国际专业化生产都是以高度发达的交通运输和物流系统为先决条件的。

（四）交通运输与销售

大规模生产必须有一个大规模的销售系统把生产出来的商品迅速投入市场，以实现其价值，否则任何一个大批量生产的厂家都不可能有效地运转。运输工具越先进，运输速度越快，商品销售的时间越短，资本回流越迅速；反之商品出售的时间也就越长，资本回流得越慢。这就是通常所说的“运输开拓市场”。在瞬息万变的市场竞争条件下，供货的及时更是最为重要的，它可以迅速占领市场，防止商品积压而造成的损失，提高企业的微观经济效益和全社会的宏观经济效益。

（五）交通运输与价格

1. 通过降低自身成本而降低物价

根据马克思的劳动价值论，运输劳动是创造价值的劳动。因此，无论从生产的角度，还是从流通的角度，都可以看出运输费用是构成商品价格的一个组成部分。不同种类的商品由于其物理、化学属性不同，也意味着不同的运输费用，各国又有各国的不同情况。但是，无论如何，交通运输业的发展、运费的降低都会使物价水平降低。

2. 通过鼓励竞争来降低物价

在市场经济条件下，方便、快捷的交通运输系统允许更多的商品生产者进入市场，参加价格竞争。假如在一个经济发达、生产成本最低的地区，某企业将其生产成本加上运费作为自己商品销售价格的基础，那么其他地区的卖主要想进入该市场，也就必须制定相应的价格到该市场参与竞争，否则在这个市场上就不会有它的占有份额；反之，这个生产成本较低地区的某企业的产品，借助于便捷的交通运输系统进入一个经济不太发达地区的市场，可以用较低的价格出售自己的产品，那么当地的生产者在这种外来竞争的压力下，也必然会想办法降低自己的生产成本和售价，以求生存和发展。有一个不同寻常的情况，那就是运价的降低迫使靠近市场的生产者失去市场而让位于一个远离市场的生产者。这种情况在现实生活中虽然时有发生，但更普遍的情况是降低了的运价使远距离生产者和近距离的生产者能够共同参与市场，近距离的生产者不是长期或永远被远距离的生产者所排斥，而是被迫参与竞争，与之分享市场，这种竞争无疑起到促进物价降低的作用。

3. 通过调节供求来稳定物价

在市场经济条件下，发达高效的交通运输系统不仅通过降低成本、鼓励竞争来降低物价，也可以通过调节供求来稳定物价。假如没有长途运输，每个地区就只能消费本地生产的商品。很多产品的生产在一年四季之中是不均衡的。尤其是农业.受自然条件影响较大。生产周期很长，在地区封闭或运力不足的情况卜，在产品的收获期，由于无法向外地市场运出，造成大量商品充斥本地市场，引起供过于求，价格必大幅度下跌，收获期一过，价格又高涨起来，造成物价的大幅度波动。而在具备发达交通运输系统的情况下，收获期的大量产品可以借助便捷的运输工具运往其他地区销售，于是可以减轻当地市场上的压力，不致出现价格暴跌；在收获季节过后，当本地产品供给不足的时候，又可以通过发达便利的交通运输系统由外地运进相应的产品，以满足本地之需，于是也不会出现价格暴涨。

（六）交通运输与现代工业

一个国家的工业进步程度是该国经济发展水平的重要标志之一，而交通运输对于现代工业来说，犹如一把双刃剑，一方面它借助于现代工业的力量不断地扩大人与物空间位移的水平，使自己成为现代社会的生存基础，另一方面则通过自身发展所产生的巨大需求，反过来推动着现代工业的进一步发展，使自己成为现代工业的先驱。工业革命以来，西方工业国家在其经济发展过程中，努力使它们的工业开足马力，让一代又一代的轮船、火车、汽车和飞机等运载工具像潮水一般接连不断地涌出工厂的大门，并不遗余力地轮番扩大和更新它们的交通运输网络系统，其结果是随着交通运输业翻天覆地的变化而产生出的巨大需求，现代工业又以更快的速度发展起来了：铁路、公路、港口、机场等这些交通基础设施的大规模修建，不断地推动着建筑业的前进；交通运输业的巨大能源消耗，不断地刺激着煤炭、石油及电力等能源和动力工业迅速发展；铁轨及各种运输机械的加工制造，一方面不断地扩大了对金属的需求，从而成为采矿工业和冶金工业迅速发展的基本动因之一，另一方面也极大地刺激着机械加工工业的发展；交通运输业还是现代工业中各种成熟技术加以推广和应用的广阔市场。交通运输业就是这样以自身发展所产生的巨大需求作为强有力的杠杆，推动了资本主义工业的迅速发展。于是，与交通运输业相关的煤炭工业、石油工业、钢铁及冶金工业、建筑业、机械制造业（机车车辆制造、船舶制造、汽车制造、飞机制造）……无一不发展为工业发达国家在不同时期的支柱产业。

（七）交通运输与城市化

城市是指具有一定规模的非农业人口的聚居区；城市化是指因科学技术进步和经济发展而出现的农村人口相对减少、城市人口相对增加，城市数量不断增多，社会生产力不断地向城市集中的过程。城市是社会经济活动的中心，在国家经济生活中占有十分重要的地位，发达国家国民生产总值的绝大部分都是在城市生产出来的，在大多数发展中国家，城市部分的产值也至少占 50% 以上，有些国家已达 70% 以上。工业革命带来了大规模的城市化，尤其是第二次世界大战以后，全世界出现了城市化的高潮。

人们普遍地认为，技术尤其是交通运输技术和通信技术的革新，是城市产生和城市化进程发展的重要动力。在铁路出现以前，因为陆路交通十分困难，运输成本高，所以城市往往坐落在河流或天然港口附近，以图水运之方便，早期的城市多建立在水运方便且有利于灌溉的河流两岸。古代文明的发祥地——黄河流域、尼罗河流域、印度河流域、幼发拉底河和底格里斯河流域，是世界上第一批城市的诞生地，如中国的咸阳、开封，埃及的开罗，伊拉克的巴比伦等。后来，随着马车作为陆路交通工具被广泛应用，便出现了主要道路节点上的内陆城市，如欧洲的罗马、巴黎、维也纳、柏林等；随着航海技术的发展和海运的繁荣又出现了一批又一批的沿海港口城市，如意大利的威尼斯、热那亚，英国的伦敦，德国的汉堡，荷兰的鹿特丹，中国的广州、泉州、上海、天津、大连、青岛等。

城市化的发展与运输工具的革命有着直接的联系，西方工业革命以后出现的轮船和“水运高潮”，革新了交通运输体系，迅速把人口、资本和工商业集中到城市，造就了一大批近代城市；铁路的大规模修建及其大运量的特点，造成了客货运输的集中，除了影响港口城市的继续扩展以外，又在矿区和原料产地，在铁路沿线，尤其是枢纽地区造就出诸多新兴的工商业城市，并且使一批又一批古老的城市焕发青春；铁路时代还给城市带来规模上和结构上的变化，一批新兴的城市在铁路沿线建立并迅速壮大，而且所有的铁路交会点都集中在城市的中心，形成一种放射状的城市形态；依靠通往市郊的铁路，越来越多的人从市郊的居住地前往市中心上班，改变了早期城市范围小而人口密度大的模式。20 世纪得到普及的汽车和现代公路系统，尤其是第二次世界大

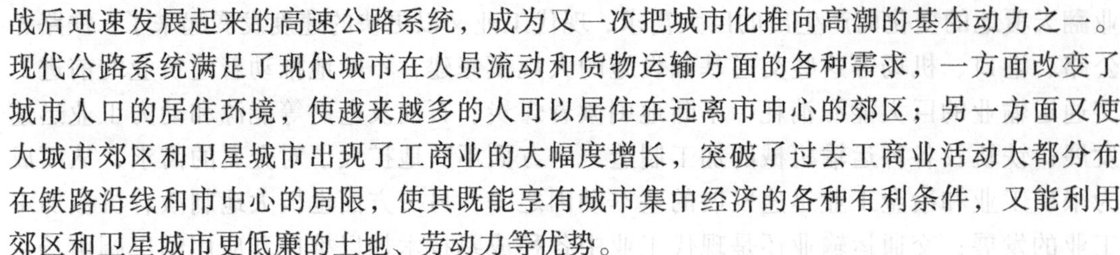

战后迅速发展起来的高速公路系统，成为又一次把城市化推向高潮的基本动力之一。现代公路系统满足了现代城市在人员流动和货物运输方面的各种需求，一方面改变了城市人口的居住环境，使越来越多的人可以居住在远离市中心的郊区；另一方面又使大城市郊区和卫星城市出现了工商业的大幅度增长，突破了过去工商业活动大都分布在铁路沿线和市中心的局限，使其既能享有城市集中经济的各种有利条件，又能利用郊区和卫星城市更低廉的土地、劳动力等优势。

（八）交通运输与物流

物流这一概念在中国已经十分流行，受到人们的普遍关注。相比之下，交通运输则显得暗淡无光。但实际上，物流与交通运输的关系十分密切。

1. 交通运输是物流的载体

交通运输是把物流系统联结起来的纽带，是物流过程不可或缺的重要组成部分。快速有效的物流系统，必须具备良好的交通运输条件，所以，没有交通运输就没有物流。

2. 物流是交通运输业发展到一定阶段后的产物

从社会经济发展的进程来看，交通运输是最为古老的活动之一，从最早的肩背人扛到畜力运输，从利用自然力（风力、水力）到利用机械力的交通运输，从利用蒸汽力到利用电力的交通运输，交通运输业经历了漫长的历史发展过程，而物流的出现是社会化大生产发展到一定阶段后的产物，物流管理是以现代交通运输网相当完善、各种运输方式齐备、运输工具十分先进、交通运输与通信技术高度发达作为自己的先决条件的，没有交通运输业的高度发展，现代物流管理是不可思议的。

3. 货运系统逐渐成为物流体系的中坚

货物运输作为生产过程在流通领域的延伸，从来都不只是简单的物的空间位移，而是社会物质生产活动的重要组成部分。在企业管理现代化的过程中，通过生产过程挖掘潜力、降低生产成本的空间日益狭小，企业的物流管理、供应链管理被提上日程，这就向货运系统提出越来越高的要求，不仅使原来的“厂内运输”日益被简化，直至被社会运输所取代，而且对货物运输的运能、速度、频率与可靠性都提出了更高的要求，以便通过“门到门”的运输，以至“货架到货架”、“桌面到桌面”运输来满足适时生产、“零库存管理”的需要。这就必然使货运

系统在社会物流体系乃至国际物流体系中的地位不断上升，成为物流体系的中坚力量。

4. 物流与交通运输是相互促进的

如果说物流体系的现代化、物流管理水平的提高，不断向运输业提出新的要求，那么交通运输业的进步一开始就决定了物流体系的变化，交通运输业的每一项进步，都会给物流体系带来重要的影响。集装箱运输的出现，不仅使交通运输业产生了一场革命，也使物流体系发生深刻的变革；它不仅使“一体化”交通运输成为现实，也使交通运输与物流的一体化、交通运输与生产的一体化成为可能。

二、交通运输业的社会功能

交通运输不仅有重要的经济功能，它也是我们从祖先那里继承到的所有传统的重要组成部分之一。交通运输缩短了人和货物在时间、空间上的距离，使不同地区之间的接触和交往不断增加，并通过接触、沟通，增进了相互间的了解，强化了相互间的各种社会联系，并逐渐结为一体。因此，交通运输业对民族的形成、国家的统一、社会的进步、政治制度的完善、文化传统的形成和文化水准的提高，以及国防力量的增强等，都发挥着重要的作用。

（一）交通运输与民族国家

各个民族国家文化上的近似，意识形态上的互相理解，尤其是大规模的地区间的经常贸易往来所产生的经济与文化上的互相依存，减少了彼此孤立和封闭的倾向，而交通运输支撑着民族国家的统一和有效的管理。古罗马的建立应归功于它早期形成的公路系统；而古希腊则是另一种情况，它的地理状况妨碍了交通运输的发展，结果是那些争吵不休的城邦长期保持孤立状况，直到沦为外来征服者的牺牲品。在中国，秦始皇时广修驰道，实行“车同轨”，对推进国家的统一发挥了决定性的作用；而封建军阀阎锡山为实行军阀割据，则在山西修建与外界不同轨的铁路。1776 年以前的美国虽然与英国有共同的文化遗产，但却摆脱了不列颠的统治，原因就在于两者远隔重洋，又慢又不方便的交通运输，既有碍于相互理解，更有碍于不列颠的政治统治，而近代美国政府批准并支持修筑的第一条横贯东西的大铁路，却部分地促成了国内战争时期加利福尼亚州留在联邦内部，这正如当时美国流行的一句谚语所说：“但求国家能建设铁路，以后铁路自能建设国家”。铁路促进国家统一的例子还有许多，交通运输业对于民族国家所产生的凝聚力由此可见一斑。而它在国家政治进步的过程中同样也发挥着不可忽视的作用。我国伟大的资产阶级民主革命家孙中山先生曾说过：“曾不知土地之大小，不但以幅员为差别，尤当以交通为差别。果其交通梗塞，土地虽狭，犹阔地也。果其交通发达，土地虽广，犹比邻也，中国今日犹守老死不相往来之训，虽百里犹不为治，若以科学以事交通，则风行四海之内，若身之使臂，贸之使指……”时至今日，世界各国都把本国综合运输体系的完善看做是综合国力的重要内容和国家安全的重要保障之一。

（二）交通运输与文化

文化是人类生活方式中的一项重要内容。不同地域的人们，由于其生存、生活条件之不同，就产生了不同的文化。在古代，人类多依水而居，依水道进行各种交往。于是便产生了流域文化。如埃及文化起源于尼罗河，印度文化起源于恒河，美索不达米亚文化起源于幼发拉底河和底格里斯河，中国的文化则起源于黄河，由此不难看出交通运输在文化形成中的作用是何等重要。不仅文化的形成是如此，而且文化的发展更有赖于交通运输。便利的交通运输可增加学子们求学的机会，使教育得以普及与发展；便利的交通运输也可增进文化和科技事业的发展，更可促进不同地域、不同民族、不同国家之间的科技、教育和文化交流，因而对文化的发展进步，对国民素质的提高，也起着十分重要的作用。而交通运输业本身的发展程度、水平及特色也自然成为本国文化发展的重要内容之一。

（三）交通运输与国防

交通运输业的状况对一国的国防事业有着深刻的影响，古人有“兵贵神速”之说，部队人员、武器装备、给弄的运送，均离不开交通运输，兵员行动迟缓，必然贻误战机，后勤供应不能保证，或交通运输线被切断，则必遭失败之厄运。另外，良好的交通设施可以在战争中及时调动工业力量以应战争之需。交通运输既是一种武器，也是一种威慑力量。现代战争中兴起的特种反应部队，主要依赖于运输之快捷、迅速。人类进入核武器时代之后，交通运输对于国防的重要性更是与日俱增，尤其是火箭、飞船、航天飞机等现代化的空间运输工具，更成为一个国家国防实力的重要象征。

（四）交通运输与人的流动

人为万物之灵。一切经济活动与社会活动都是由人来参与的。交通运输业的发展给人类的活动带来了极大的方便，劳动者上班、下班，无不依赖一定的运输工具；人的流动又是劳动力市场得以形成和发展的前提条件，而这种流动无不依赖交通运输业的发展。我国是拥有14亿多人口的泱泱大国，改革开放以来，农村大量剩余劳动力纷纷涌入城市，给城市经济的发展注入了新的活力，也给交通运输业的发展提出了更严肃的课题，而且随着人们生活水平的提高，人的活动空间越来越广，活动范围也越来越大。我国是几千年的文明古国，历史文化悠久，古迹很多，而且山川秀丽、风景宜人，旅游资源十分丰富。旅游业这一在国外被称为“无烟工业”的产业在国内外均方兴未艾，而这一“无烟工业”的发展，紧紧地依赖交通运输业的发展，如1996年9月京九铁路开通的第一天就有大批游客涌向庐山。旅游业的发展，不仅要求发展道路、港、站、机场等基础设施，而且要求有数量众多、方便、快捷、安全、舒适的运输工具，以满足人们出行的需要。

（五）交通运输与全球化

当今的世界是一个开放的世界，几乎所有的国家都在推行开放政策，世界经济全球化的趋势和区域经济集团化趋势在同时向前发展，国家与国家之间的经济文化交往日益频繁，国际联系日益加强，而在各种国际交往中，国际交通运输业发挥着越来越大的作用。远洋巨轮航行在各大洋的航线上，为参与国际贸易的各国运送各种商品；跨越洲际的陆桥运输可以使沿线各国之间互通有无；大型超音速宽体客机可以使远隔重洋的异国旅客朝发夕至。现代化运输工具缩短了国家与国家之间在时间和空间上的距离，使“地球村”的村民之间的交往越来越方便和快捷了，国际交通运输业的发展必将进一步推动世界经济全球化和经济生活国际化的进程。

第三节　交通运输经济学的主要研究对象与方法

一、交通运输经济学的研究范围和研究领域

（一）交通运输经济学的研究范围

交通运输是一项范围十分广泛的人类基本活动。交通运输经济学作为经济科学的一个分支，不可能去研究人类的一切运输活动，在确定交通运输经济学研究对象之前，必须明确交通运输经济学研究的交通运输这一概念的含义及交通运输经济学的研究范围。

1. 区分交通运输与非交通运输

从一般的定义来说，交通运输是人与物的空间位移，但并非所有的人与物的空间位移都可以称之为交通运输。

首先，作为非经济活动所引起的人与物的空间位移，一般不属于交通运输。比如，人们在家里、在工作单位或其他建筑内的移动；人们在娱乐场所的室外移动，如在公园里、在游乐场所的活动、水上活动、空中旅游等，也不属于交通运输。非运输车辆所引起的人与物的空间位移往往是为了执行特定的任务，一般与经济活动不发生直接关系，也不属于交通运输，如消防车、电视转播车、环境监测车、扫路车、洒水车、高空作业车、工程救险及海上救助的车、船、直升机等，其本身不过是所安装设备的一个载体，虽然其活动也引起人或物的空间位移，往往也利用公共交通线路，但它们不属于交通运输，因而也不属于交通运输经济学研究的范围。

其次，由经济活动所引起的物的位移也必须区分为交通运输与非交通运输。作为经济活动所引起的物的位移有很多，除了一般的货运之外，还有供电、供水、供气、供暖，以及邮政部门投递的信函、包裹等邮件，电信部门传输的信息等。这些物的移动从本质上来说与货物运输并没有什么大的差别，有的确实就是从货物运输中逐渐分离出来的。但是，它们一经分离出去，就有了自身独立的传输系统，由这些传输系统专门完成的物的移动，自然就不再属于交通运输这一范畴，因而也不属于交通运输经济学的研究范围。虽然有的物品移动至今尚未从交通运输业中彻底分离出去，比如一些地区的邮政信函、包裹等仍然是由承担客货运输的车辆、船舶或飞机捎运的，但一般也把它排除在交通运输之外，不作为交通运输经济学研究的内容。

2. 区分经济活动中的交通运输与非经济活动中的交通运输

军事运输也是交通运输，但它是由非经济活动所引起的，因而不属于一般的交通运输。尽管军队的人员、装备和军用物资的调运，要依赖于一个国家的运输体系并作为该体系的重要组成部分而存在，但它毕竟是一个比较特殊的领域，属于军事后勤学的研究范围。虽然两者之间有密切的联系，但也不属于交通运输经济学研究之列。

3. 区分“内部交通运输”与“外部交通运输”

经济活动中，不少运输工具只承担工厂或联合企业内部的短距离运输任务，如有些大型钢铁联合企业在厂区内设有铁路专用线，大型石化企业在厂区内设有输油、输气的专用管道，其内部运输量很大。但这些交通运输是与直接生产过程有关的交通运输，主要是从事原材料和半成品在不同生产环节内的周转或出入库等。上述交通运输不论运量大小、运输方式如何，均是“内部交通运输”，属于企业管理所研究的内容。

交通运输经济学主要研究“外部交通运输”，即社会再生产过程中的流通领域的运输（或称公共运输）。虽然有时“内部交通运输”与“外部交通运输”不易区分清楚、不能截然分开，但交通运输经济学的主要任务是研究“外部交通运输”。

4. 区分古代交通运输和近现代交通运输

交通运输是一种十分古老的经济活动方式，从肩背人扛到人力车、畜力车运输以及从步行交通到自行车交通等，均属于古老的或简单的运输方式。这些运输方式即使在发达国家仍未绝迹，但它在现代运输体系中已经不起主导作用。

交通运输经济学只选择起主导作用的运输方式作为研究对象，尤其是将五种运输方式组成的综合运输体系作为研究的主要内容，较少顾及那些已经过时的、简单的、在经济活动中不再发挥主导作用的运输方式。

总之，交通运输经济研究的是交通运输而不是非交通运输；不是广义的交通运输而是狭义的交通运输；主要研究经济活动领域中的“外部交通运输”，即流通领域中的交通运输；研究包括五种运输方式在内的近现代交通运输。

（二）交通运输经济学的研究领域

在近两个世纪的发展历程中，交通运输经济学的研究领域一直在演变和扩大，但交通运输经济学稍具规模并有较为显著的发展，还是20世纪50年代以后的事。

一方面，这是受交通运输产业发展的带动。两次世界大战期间运输工具的显著进步，特别是由于汽车运输和民航运输的崛起，使交通运输体系产生了重大变化，而私人轿车的普及更加剧了人们对交通运输问题的关注。此外，第二次世界大战后，发达国家对发展中国家的援助贷款中有一大部分用于港口、铁路和公路等基础设施建设，促进了交通运输工程项目经济效益分析的发展，使得交通运输工程项目投资的经济分析成为工程经济学的基本内容，同时也是交通运输经济学一直关注的研究课题。

另一方面，是由于交通运输经济基础理论发展的影响。有的西方经济学者认为，交通运输经济学的理论基础是福利经济学。这是因为，在相当长一段时间内，公路、江河、运河等都由政府兴建，或是自然界所提供，使用者不必付费，交通运输业成了提供公共品的行业。例如，一些国家的免费高速公路网、运河等均基本属于公共品。交通运输具有很强的外部经济特征或外部性。在20世纪20年代，福利经济学家对外部性问题提出了应该用集体干预来纠正市场缺陷的主张。然而，战后西方经济的发展表明，在国家和公共经济的各部门，以至整个社会经济中，国家的干预并非总如同干预理论所想象的那样有效。这种情况激发了人们对公共品的生产和消费的研究兴趣，形成并发展了公共选择理论，进而也影响到交通运输经济学学科的发展。

交通运输经济学的研究领域一直在扩大，它的关注热点也在不断转移。例如尽管大多数国家在交通运输工程项目方面投入巨大建设资金，世界银行的总贷款中有20%、总援助金额中有15%是投向交通运输建设项目的，但是，强劲的运输需求带动下的交通运输工程项目的建设规模之大，使得建设资金来源问题依然成为影响交通运输发展所面临的最大问题之一。特别是道路建设方面，在中国的“十五”计划中，仅计划内道路建设资金缺口已达到5000多亿元，这引发了建设投资的融资方法的改进和收费公路的普及。在中国，收费公路几乎遍布全国所有通公路的地区，全世界14万公里收费公路有10万公里在中国，这肯定会提高公路的运输成本，成为影响公路发展的障碍。有关建设投资的融资方法和收费公路问题已受到经济界的关注。

目前交通运输经济学的研究内容大致可以分为以下九个方面：

①交通运输的发展及意义，包括交通运输发展过程、规律、趋势和它在经济、文化及社会发展中的作用、意义等；

②运输需求与供给，包括运输需求与供给分析、需求与供给平衡理论等；

③运输成本和价格原理，包括运输成本概念和组成，运输价格的组成、制定和管理等；

④运输市场，包括市场基本理论、国内运输市场和国际运输市场的分析等；

⑤运输企业，包括运输企业性质、特点、经济功能、运输业经济管理和发展战略等；

⑥交通运输历史和运输政策，包括运输政策的演变、历史评价、各种运输政策的研究等；

⑦交通运输项目投资、评估和经营，包括交通运输业及基础设施的投资立项、成本效益分析、融资、评估、经营等；

⑧城市交通问题，包括城市交通分析、配置、经济评价及交通拥挤、交通需求管理等；

⑨交通运输与可持续发展，包括交通运输与环境、交通运输与安全、交通运输与能源、交通运输与土地利用等。

研究领域的扩大反映出交通运输与现代社会经济的联系越来越紧密，也反映出交通运输经济学开始走向成熟。

二、交通运输经济学的主要研究对象

交通运输经济学是经济学的一个分支，属于产业经济范畴。它是以经济学的基本理论和方法，研究和探讨交通运输经济规律的科学。交通运输经济学研究的对象是交通运输经济规律，交通运输经济规律按照其功能层次可分为以下两大类：

（一）交通运输业作为国民经济的基础产业，它所提供的运输供给如何满足整个社会的运输需求方面的规律

交通运输业所提供的产品是实现旅客或货物的空间位移，其产品的特殊性决定了满足社会运输需求规律的特殊性。这种规律性体现在运输市场的供需平衡上，要保证运输部门提供的运输服务满足社会需求，就必须对运输需求进行预测，在交通运输业的运作过程中进行不断调整，使运输供给与运输需求达到基本的平衡。

（二）交通运输业自身的规律

交通运输业自身的规律体现在以下三个方面：

1．交通运输业本身所特有的经济规律

交通运输经济学作为一门部门经济学，首先要以马克思主义政治经济学为基础，从生产力和生产关系、经济基础和上层建筑的矛盾运动来研究和揭示交通运输经济的发展规律。

2．交通运输业内部的生产关系

由于交通运输业具有不同于国民经济其他物质生产部门的生产特征，以及这些特征所决定的特有的经济规律和经济关系，所以交通运输经济学要从运输生产的特征出发，研究交通运输业内部的生产关系，包括同各种运输方式与生产技术密切联系的各个方面的经济关系，例如，运输生产力在空间的结构与布局，各种运输方式的合理分工，运输专业化与相互协作等。

3．交通运输经济的运行规律

研究交通运输经济的运行规律，就是研究交通运输行业经济运行的内在机制，归纳出运输经济中的资源配置和利用的规律，通过对交通运输经济中的成本、价格、供求平衡及投入和产出的研究，分析各种经济主题的行为，并由此研讨国家相应的法律、方针、政策。

交通运输经济学不仅研究现代化的运输体系，分析和探讨现代化交通运输的发展方式、方向、速度，根据经济发展的特点研究交通运输业与国民经济其他部门的关系，而且还研究交通运输经济中的政策、管理、效益以及运输的成本、供求和价格。交通运输经济学把交通运输经济运行的客观规律、交通运输业内部各种经济关系，以及交通运输经济同国民经济的相互关系作为自己的研究对象。

三、交通运输经济学的主要研究方法

（一）定性与定量的方法

1．定性研究与定量研究的关系

定性研究是根据一定的经济理论，对经济系统的历史、现状和发展做出解释、分

析和判断，指出未来发展的趋势和调控策略。定性研究的优点是紧密依靠经济理论，能较好地把握经济规律。定量研究则是在一定的经济理论的基础上建立所研究的系统的数学模型，利用数学模型对经济系统进行分析、预测和控制。定量研究的优点是有明确的数量结果。定性研究是定量研究的前提和基础。没有定性研究为基础，定量研究容易由数据到数据，产生盲目性。经济系统的数学模型就是经济规律的数学描述。因此定量研究必须有正确的经济理论为指导。定量研究又是定性研究的深化和提高。在定性研究的基础上，定量研究可以进一步得到包含具体数量的研究结果。在整个研究过程中，把定性研究和定量研究紧密地结合起来是最合理、最有效的研究方法。

2. 典型的定性、定量研究方法

在交通运输经济理论中，比较典型的定性分析法有专家会议法和德尔菲法。专家会议法就是通过召开座谈会、研讨会的方式向与会专家获取有关预测对象的信息，经过归纳、分析和判断得出预测结论；德尔菲法则是在专家会议法的基础上发展起来的一种直观预测法，它是采用匿名函征询、调查的方式，按照规定的程序向参与预测课题的有关专家反复征求意见，然后采用统计处理的方法对专家的意见进行归纳整理并反馈给每一个专家，经过多轮征询，当专家意见趋于一致时停止调查，以此做出预测结论。德尔菲法可以避免专家会议法因心理和感情因素对预测结论的消极影响，是目前经验判断法中最具科学性、最完美的一种预测方法。

在很多情况下，单纯从定性的角度去考虑交通运输经济中的一些相关问题，难免会出现一些偏差，所以在实际中，多采用定量与定性结合的方法来研究运输经济的问题。目前最常用的定性与定量结合的方法是层次分析法。层次分析法是对一些较为复杂、较为模糊地问题作出决策的简易方法，它特别适用于那些难于完全定量分析的问题。层次分析法有三个基本原则：分解、比较判断和层次综合。它把复杂问题分解为各个组成因素，又将这些因素按支配关系分组形成递层关系。通过两两比较的方法确定层次中诸因素的相对重要性，然后综合决策者的判断，确定决策方案的相对重要性。

（二）系统理论与方法

系统分析就是对一个系统内的基本问题，用逻辑推理、科学分析的方法，在确定条件与不确定条件下，找出各种可行的方案。系统分析就是以系统的整体最优为目标，对系统的各个主要方面进行定性和定量的分析，是一个有目的、有步骤的探索性分析过程，以便给决策者提供直接判断和决定最优方案所需要的信息和资料。一般系统论认为，系统是由相互联系、相互作用的若干要素结合而成的、具有特定功能的有机整体。它不断地同外界进行物质和能量的交换，而维持一种稳定的状态。

系统论的观点认为可以将交通运输经济项目的各个环节看做是一个有机结合的整体，整体的作用大于部分作用的总和。交通运输经济项目经济评价需要从经济效益、社会效益、生态环境保护以及自然资源节约等多方面进行分析评估，其本身也是一个复杂的系统。系统分析有助于对整体目标进行设定，有助于对有限资源进行最佳的调配，有助于行动策略的决定，是一种有效的分析方法。

目前比较流行的以系统的观点来解决交通运输经济中存在的问题的主要方法为系统动力学方法。系统动力学是结构的方法、功能的方法和历史的方法的统一，它属于系统论，并且吸收了控制论、信息论的精髓，是一门综合自然科学和社会科学的横向学科。系统动力学对问题的理解，是基于系统行为与内在机制间的相互紧密的依赖关系，并且通过数学模型的建立与运行过程而获得的，逐步发掘出产生变化形态的因果关系。系统动力学对于解决交通运输经济中的整体关联性很强的问题有很大的优势，它结合投入产出法、乘数法以及计量经济学模型在交通建设项目的经济评价、投资评估等方面有很广泛的应用。

（三）比较分析法

比较分析法运用于交通运输经济学表现在它的直观性和可信度，它是通过某项财务指标与性质相同的指标评价标准进行对比，揭示企业财务状况、经营情况和现金流量情况的一种分析方法。比较分析法是最基本的分析方法，在交通运输经济理论中对于交通运输行业的建设项目的评价有着明显的优势。其比较的对象主要包括绝对数比较分析、绝对数增减变动分析以及百分比增减变动分析。绝对数比较分析通过编制比较财务报表，将比较各期的报表项目的数额予以并列，直接观察每一项目的增减变化情况。绝对数增减变动分析在比较财务报表绝对数的基础上增加绝对数“增减金额”一栏，计算比较对象各项目之间的增减变动差额。百分比增减变动分析，在计算增减变动额的同时计算变动百分比，并列示于比较财务报表中，以消除项目绝对规模因素的影响，使报表使用者一目了然。比较分析法在交通运输行业的主要作用表现在反映了各类企业不同时期内都普遍适用的指标评价标准；反映了某行业水平的行业指标评价标准，通过行业标准比较，有利于揭示本企业在同行中所处的地位及存在的差距；反映了本企业目标水平的目标指标评价标准；反映了本企业历史水平的历史指标评价标准。

将比较分析法运用在交通建设领域比较常用的态势分析法（SWOT），即将交通运输经济学研究的各个对象的内部主要优势、劣势、机会和威胁等通过调查罗列出来，并且依照矩阵形式排列，然后运用系统分析的思想把各种因素相互匹配起来加以分析，从中得出一系列相应的结论，这种结论通常带有一定的决策性。

（四）经济计量分析法与数学方法

在交通运输经济领域，经济计量分析法主要体现在以下几个方法层面上：

1. 边际分析法

边际分析法是把追加的支出和追加的收入相比较，二者相等时为临界点，也就是投入的资金所得到的利益与支出（损失）相等时的点。如果组织的目标是取得最大利润，那么当追加的收入和追加的支出相等时，这一目标就能达到。

2. 经济效益分析法

经济效益分析法是传统的边际分析法的进一步完善。当各个选择方案的数量、目标远不像利润、费用等所表示的那样具体明确时，经济效益分析是一种较好的决策方案。它的主要特点是：把注意力集中在一个方案或系统的最终结果上，即根据每个方案在为目标服务时的效果，来权衡它们的优缺点。同时还要从效果着眼，比较每个方案的费用（或成本）。

3. 线性规划法

线性规划法是解决多变量最优决策的方法，是在各种相互关联的多变量约束条件下，解决或规划一个对象的线性目标函数最优的问题，即给予一定数量的人力、物力和资源，如何应用而能得到最大经济效益。其中目标函数是决策者要求达到目标的数学表达式，用一个极大或极小值表示。约束条件是指实现目标的能力资源和内部条件的限制因素，用一组等式或不等式来表示。

4. 现值分析法

现值分析法的基本原理是将不同时期内发生的收益或追加投资和经营费用都折算为投资起点的现值，然后与期初的投资比较，净现值大于零的方案为可行方案，净现值最大的方案为最佳方案。利息一般分为单利和复利两种，在方案评价中多采用复利计算。

5. 期望值法

期望值法是为了减少决策结果的不可靠性采用的一种方法，即决策者对一个方案可能出现的正反两种结果，分别估计其得失数值，再以其可能实现的概率加权，求得两项乘积的正或负的差额，再把各个方案的这个差额加以比较而做出决定。

6. 博弈论法

博弈论法含有冲突的因素，这种决策不能单顾自己一方，而要估计到对手一方，犹如两人对弈，是一个胜负问题。它的理论基础是数学。

从以上的几种方法中可以看出，计量经济理论的基础是一些数学模型或者数学分析的方法，而运筹学又是这些方法中不可缺少的工具之一，结合这些数学模型能够使交通建设项目评价等相关经济问题得到最合理的决策和实施。同时，对比分析可以知道，经济计量分析的方法与定性、定量研究的方法是有相似性的，其相似性主要体现在，两者都是以数学为基础的分析方法，依赖于数学模型来解决运输经济中的问题；经济计量分析法与定性、定量分析法又是有区别的，其区别体现在两者研究的对象和范围上。在交通运输经济学中，经济计量分析法主要研究的对象是运输项目的投资、评估和经营等方面的内容，而定性与定量分析的方法既可以研究国内国际交通运输市场相关的问题，也可以研究城市交通运输以及交通运输业的可持续发展方面的问题；在范围上，经济计量研究的方法适用于“专”，而定性与定量研究方法适用于“全”。在交通运输经济学的研究中，对两者的使用应该随着研究问题的侧重点不同而选择相对应的方法。

第四节　交通运输与经济社会发展

一、交通运输与国民经济发展

（一）交通运输在国民经济中的地位和作用

交通运输是国民经济中的一个重要的物质生产部门，它把社会生产、分配、交换与消费各个环节有机联系起来，是保证社会经济活动正常进行和经济持续发展的前提条件。交通运输在社会劳动分工过程中成为独立的物质生产领域，是19世纪随着铁路、轮船的出现而形成的。随着社会化大生产的到来和发展，交通运输在整个国民经济中有举足轻重的地位。它的基本任务是通过极大地提高整个运输系统的能力和工作质量，改善国家各经济区之间的运输联系，安全、迅速、经济合理地组织旅客和货物运输，最大限度地满足社会、国防建设对运输的要求。另一方面，交通运输又可推动经济发展，因为优良的交通运输和通信联系，对于充分开发、利用各地区的资源，以推动当地经济发展起重要的甚至决定性的作用。

（二）运输化与社会经济发展

交通与社会经济发展的密切关系，还表现在社会经济发展的运输化过程。运输化是社会经济发展到工业化阶段的最重要特征之一，是伴随工业化发展而发生的一种经济过程。在这一过程中，人与货物空间位移的规模，由于社会经济的迅速发展和现代化运输工具的使用而急剧扩大，交通运输成为社会经济发展所依赖的最主要的基础结构和环境条件以及经济增长点之一。关于工业化的特征，人们一向更多强调的是专业化、规模化、科学化、城市化和机械化、电气化等。而实际上，运输化对于工业化来说，与其他几个特征同样重要。运输化是工业化区别于以前经济发展阶段的显著标志之一，运输化与工业化相伴而生，没有运输化就不可能有工业化。

运输化产生的原因在于工业化造成的是一个以制造业为中心的经济。一方面，现代制造业是以大规模利用矿物原材料，以使用机械方式对原材料进行加工并大量销售为特色的。工业化还有一个前提就是农民离开世代耕作的土地，进入城市以做工为生。因此，工业化的发生就必然会引起社会生产和生活中，人与货物空间移动的规模和速度等方面的大幅增加，要求运输业进行革命性的改造以适应其发展的需要。这样使得人与货物空间位移的规模和能力成为衡量一个国家工业化水平的重要标志。没有一个国家在步入现代经济的过程中，不是同时更新了自己的交通运输体系的。在某种程度上，工业文明就是把更多的人和物，用更快的速度和更节约的方式投入空间运动。另一方面，在工业化进程对人与货物空间位移方面提出空前要求的同时，也提供了实现这些位移的可能性。工业化的每一个阶段都及时地产生出一代又一代足够数量的新型运输工具以满足在运输上的巨大需求。工业化推动的现代科学技术则解决了运输上遇到的一系列技术问题。更重要的是，工业化把相当一部分本身积累起来的巨大财富用于实现人与货物的流动，从而推动了人类经济史上空前规模的运输化过程。

社会经济的运输化表现在以下几个方面：

①机械动力交通工具取代早期的交通工具，人类开始大规模地克服自然地理条件对运输造成的限制，改变了运输化以前交通运输对自然运输条件的极大依赖性。社会交通运输能力迅速扩大，速度明显提高，而单位运输成本则显著下降。

②货物对象从过去以农产品和工业产品为主，转向以大工业所需要的矿物能源、原材料以及半成品和产成品为主。在现代交通运输业的推动下，资本和劳动力迅速集中，原材料产地、加工区和销售市场日益分离，商业关系急剧扩大，传统的经济地理概念也在不断改变。

③社会经济生活中人与货物空间位移的总量急剧增加，并在相当长时期内保持增长。由于工商业和其他社会经济活动的扩大，越来越多的人和货物更多次地被推入空间流动。各种特殊运载工具的使用，使得以前很难运送的物品，如液体、气体、危险品和特大型货物等，也进入了空间流动的行列。经济资源的流动性和移动规模越来越大。

④运输占用社会经济资源的数量大大增加，交通成为社会经济的基本构成之一。虽然单位运输成本在下降，但由于运输总量的急剧增加，交通运输耗费的社会劳动和其他资源总量也随之增加。交通基础设施建设、维护和运营所占用的劳动力、能源、各种金属和非金属材料变得相当可观，交通运输业的投资超过了绝大多数其他经济部门。交通费用在居民消费支出中的比重也明显上升。

⑤交通运输构成了社会经济增长所依赖的最重要的环境条件和基础设施。交通运输业及其相关的能源、建筑和机械制造等行业，在社会经济中成为最庞大和最重要的基础产业群，成为带动经济增长的支柱。

根据社会经济发展的不同时期，其运输化过程可划分为三个阶段：前运输化阶段、运输化阶段和后运输化阶段，其中，运输化阶段又可划分为初步运输化阶段和完善运输化阶段。

（三）交通运输业对国民经济增长贡献的衡量

一般来说，交通运输业对国民经济的贡献主要指交通运输业对国内生产总值的贡献。交通运输业对国内生产总值的贡献包括交通运输业直接创造的增加值和间接创造的增加值，以及直接和间接创造的就业机会。

1. 交通运输业对国民经济增长贡献的分析

（1）交通运输业直接创造的增加值

交通运输业的经济活动包括交通建设（主要是交通基础设施建设）和客货运输两个方面的活动。从国民经济行业划分看，交通运输建设属于建筑业，客货运输服务属于运输业。建筑业提供的是有形的产品，运输业提供的是无形的服务，二者都是国民经济的重要物质生产部门。二者在提供有形产品或无形服务的同时，本身也都创造了由劳动者报酬、生产净税额、固定资产折旧和营业盈余等组成的增加值，这种增加值是国内生产总值的重要组成部分。

（2）交通运输业间接创造的增加值

交通运输业间接创造的增加值是指与交通运输业经济活动密切相关的其他行业经济活动所创造的增加值，因此也称对相关行业的促进作用或波及作用，这种波及作用由三部分组成：后向波及作用、前向波及作用和消费波及作用。交通运输业间接创造的这些增加值也是国内生产总值的重要组成部分。

交通运输业的后向波及作用是指交通运输业中间投入的产品的生产所创造的增加值。交通运输业包括交通建设和客货运输，需要直接消耗大量的钢材、水泥、沥青、砂石和能源等物品，这些中间物品的生产会创造出一定数量的增加值。同样，这些钢材、水泥、沥青、砂石和能源等物品的生产又要消耗矿石、能源等中间物品，这些中间物品的生产也会创造出一定数量的增加值。如此循环下去并逐步收敛，直至最初产品的生产。由此创造的增加值即为交通运输业的后向波及效果，它与交通运输业直接创造的增加值之和称为交通运输业对国民经济发展的首轮拉动作用。

交通运输业的前向波及作用是指以交通运输业产品为中间投入的生产所创造的增加值。交通运输是开展经济活动的必要条件，经济活动的各个领域，无论资源开发、产品加工还是商品流通，都要以客货运输作为中间投入。各经济活动部门若要扩大活动规模、扩展活动范围、实现产品和劳务的商品化，都需交通运输业相应增加产品作为这些部门的中间投入。反之，交通运输业若能先行发展，则能促进这些部门的经济发展。这种促进作用即为交通运输业的前向波及效果，也称交通运输业对国民经济发展的支撑作用。

交通运输业的消费波及作用是指上述交通运输业直接创造的增加值、后向波及作用所创造的增加值等形成的国民收入，通过分配与使用而再次引起的国民收入增量。由于上述增加值致使政府、企业和居民的收入增加，政府、企业和居民的消费支出也会随之增加，从而刺激有关部门扩大生产，于是同上述循环相似又创造出一系列的增加值，如此持续下去并逐步收敛，其最终总和为一有限数量。由此创造的增加值称为交通运输业的消费波及作用，它与交通运输业的前向波及作用创造的增加值之和称为交通行业对国民经济发展的再次拉动作用。

（3）交通运输业创造的就业机会

交通运输业的建筑和运输活动，作为交通运输业中间投入的产品的生产活动，以交通运输业产品为中间投入的生产活动，以及因消费增加而扩大生产的经济活动等，都必须有人力的参与。因此，发展交通运输会直接或间接地创造大量就业机会，从而使交通运输业成为接纳社会劳动力的重要行业。但是，与直接创造增加值和促进相关行业发展的贡献相比，创造就业机会的贡献只是衡量角度不同，前者是从最终成果角度来衡量的，后者是从就业机会角度来衡量的，两种贡献实际上都是相互对应地产生于同一经济活动之中。

2. 交通运输业对国民经济增长贡献的评估方法

国内外已经有许多学者研究过交通运输业对国民经济贡献的衡量，对于交通运输业中的具体部门，如水运、铁路等对国民经济的贡献也均有实证研究。下面介绍几种常用的方法。

（1）交通运输业直接贡献的社会经济效益评价指标

在评价运输业对经济增长的直接贡献时，我国一般采用的是运输量、运输周转量等指标，但运输量、运输周转量指标不能直接描述运输社会经济效益的价值数额。另外，为使运输的直接与间接效益有统一的计量口径，一般采用国际上通用的增加值和就业机会等指标来评价运输社会经济效益。

①增加值。增加值是指被考察对象在报告期内生产经营活动过程中所增加的价值。对企业来说，是企业在报告期内生产经营或劳务活动的最终成果的货币表现。企业或部门的总产值或销售额减去生产过程中消耗掉的原材料、半成品、燃料和电力以及劳务等的费用即为增加值，它包括要素成本（劳动者报酬、利润和固定资产折旧等）和税金，计算公式（收入法）如下：

增加值 = 劳动者报酬 + 生产净税额 + 本期计提折旧 + 营业盈余

由于增加值只包括新创造的价值和折旧，不包括生产过程中各环节的能源、原材料等物质消耗，避免了重复计算的弊端，它比总产值更为直接、更为确切地反映一个部门或企业的经济效益。将其应用于运输经济贡献的计量可以保证各考察对象所采用指标的一致性，并且可以清楚地看出运输业在国民经济中的地位和作用。

②就业机会。就业相关指标主要利用所提供的就业岗位数来评价运输业对人员就业的影响。充分就业问题是宏观经济管理的重要目标和任务之一，劳动就业充分程度反映了一定时期内全部劳动力资源的实际利用情况。如果一个地区的就业状况不佳，失业率较高，则说明这个地区的经济不景气，进而会影响社会的安定和人民生活水平的提高。因此，劳动就业成为衡量一个行业对国民经济贡献的重要指标。

（2）交通运输业间接贡献的评价方法

对于间接影响的分析是计算运输业经济贡献的难点。国外研究中的定量分析方法主要包括乘数模型方法、投入产出法、系统动力学方法、重力模型、增加值等方法。

①投入产出法。投入产出法是通过投入产出表来分析运输业对经济系统内部各相关产业的影响。它是宏观经济分析中分析国民经济各部门之间生产、投入与产出的技术经济联系的一种常用方法。投入产出模型的作用是追溯所有“增量”变化的“波及影响”，能够对运输业所产生的结果进行更加全面、清晰的分析和计量，因其操作简单、计量范围较全面的特点被广泛应用于运输发达国家对运输业间接效益的定量分析中。不过，投入产出法的应用基础是投入产出表的编制，投入产出表的准确性决定了这种方法计量运输业间接社会经济效益的准确性。由于各行业之间的投入产出系数会随着

时间的变化而变化，如果使用若干年前编制的投入产出表进行分析，很可能使计算结果失去准确性。

②乘数模型法。乘数模型法是以凯恩斯乘数原理为基础的分析方法，主要是通过计算运输业投资的收入乘数来分析运输业的经济活动对促进国民收入增加的作用。其优点在于分析所需的基础数据获得较为方便，方法简单易行，一直被广泛用于各个行业的社会经济影响的定量分析研究中。但由于理论成立所需假设条件较多，可能会导致计算结果的可靠程度不高。

③系统动力学法。系统动力学法是一种以信息反馈控制理论、决策理论为基础，以计算机模拟技术和系统分析方法为手段，研究复杂的社会经济系统的一种方法。这种方法科学性强，计算精确度较高，但对参数的要求较高，所需的参数条件和信息化条件往往不能得到满足。这种方法是基础行业社会经济效益研究的主要方向之一。

④重力模型法。重力模型方法是通过研究不同地理位置的经济活动单元对于交通运输的依赖性，定量分析评价交通运输的社会经济效益。这种方法的局限性在于不能反映那些与地理上没有紧密联系活动的经济单元。

⑤增加值法。增加值法除了可以用于评估运输业的直接社会经济效益，还可以评估运输业通过旅游和贸易等方式对经济的间接效益。如 2005 年，香港与航空业有关的旅游业和贸易业对香港 GDP 的贡献分别占 0.57% 和 4.36%。这种方法较为简单明了，但只是计算了与运输业关联度较大的行业，容易忽略其他一些与运输业关联较小的行业，导致对运输业间接效益的估值偏低。

二、交通运输区位理论与产业布局

（一）交通区位理论

人类的各种经济活动都是在一定的空间和时间内进行的。经济活动是由能源流、商品流、资金流、信息流和人流等把农村、矿山、工厂、交通线及场站、商店、仓库、金融单位和城市经济中心等连接在一起而组成的体系，包括生产、交换、分配和消费等一系列环节。这一系列经济活动都是在一定的时间在具体的地域上进行，即在时空统一的过程中向前发展的。经济空间是社会经济活动中物质、能量、信息的数量及行为在地理范畴中的广延性存在形式，即其形态、功能、关系和过程的分布方式和分布格局同时在有限时段内的状态。

影响经济区位的因素是很多的，与前面提到的产业布局的条件和因素相似，包括：自然环境方面的地质地形、气候、土地资源、水资源、生物资源和矿产资源等因素；社会政治方面的社会安定、教育水平、法制和政策环境等因素；经济技术方面的劳动力供应量和价格、地价、市场容量、金融信用手段、生产技术工艺及成本等因素；基础设施方面的土地开发利用程度、交通通信条件、能源动力供应、给排水设施因素等。然而并非所有区位理论都能全面考虑这些区位影响因素，特别是早期的区位模型必须把很多因素假设为不变的，只分析某几个重要变量的影响。但目前区位研究所考虑的影响因素已经越来越多，越来越贴近复杂的现实。

交通方式从形态学角度可分为点、线和网，所谓“点”就是交通运输的结节点，如海港、空港和各种车站；“线”是指各种交通运输线路，如航线、铁路线和公路线等；“网”是“点”和“线”的集合，由交通运输结节点和线路组成。人和物的移动将起点、通路和终点三种空间形态连在一起，因此“点”、“线”和“网”这三种空间形态只有通过空间实体“人和物的移动”的联系才有意义，从这个意义上讲，研究交通区位不能离开经济实体的分析，换言之，地域间的经济联系以及社会和文化交流也可通过地域间的交通情况来反映。

1. 交通运输结点的区位

车站、港口、航空港以及由它们组合而成的各种运输枢纽，尽管它们的职能和规模有很大的差别，但都是运网中的节点，在布局上有许多共同要求。

海港区位的原则是经由港口的转运货物（旅客）每单位数量的费用总和极小点就是最佳区位，即所谓的总体费用极小原则。除经济因子外，还应该考虑如下一些条件：一是港口的位置，包括所处的气候带、海洋位置和陆地位置等。如结冰和常年风向一定程度上影响着港口的形态和职能；二是港湾的微地形、地质、水深、潮汐、海流等自然条件；三是港口的职能，一般港口可分为集散职能、产业职能和腹地职能等；四是腹地的经济发展水平，包括腹地的产业结构、生产力水平、消费水平、人口规模和交通设施等。只有在综合分析这些因子的基础上，选择的港口区位才是合理的。

空港与海港的性质和职能具有类似性，因此，空港的区位研究方法与海港也大致相同。一般人和物转送最便利和费用最低的地点就是空港区位的最佳候选地。在空港区位选择时，必须考虑下列因子：一是作为候选地的自然条件；二是空港与腹地的关系；三是空港与其他交通设施的竞争关系。

铁路客货运站区位与地区经济发展水平、地价和腹地交通便利程度有关。一般铁路客货运站大多布局于都市的中心区，因为在市中心有利于人和物的运输。但一些大都市铁路客货运站出现向都市周边迁移的现象，原因在于原有铁路客货运站已不能适应经济发展的要求，但都市中心土地有限而且地价高昂，在原地扩建所需要的资本投入太大，只好选择都市周边交通相对便利的区位。铁路客货运站与海港和空港区位相比，受自然条件的限制较少，与经济因子的作用关系更大。一般经济发展水平高的地区铁路客货运站的规模大，功能也全，如大都市与小城市的铁路客货运站存在着明显的差别。都市内的地铁站则与人口的密度有关，另外也与不同等级的中心地职能密切相关。总之，人口流动量大的地域是铁路客货运站最佳区位候选地。

另外，各种专业货运站与地区货物流通有关，而货物流通又取决于地域的产业结构。

2. 交通运输线路的区位

交通运输线路的建设耗资大，工期长。所以，在一定时期内应修建哪条线路，必须从国民经济的需要与可能出发，进行周密认真的实地勘察和经济可行性分析。首先，要在既定的吸引范围内进行经济调查和运量的科学预测，掌握有关矿产和森林资源分布，以及工业、农业和运网的现有水平与发展前景，人口分布、城市状况及其发展规划等方面的资料，科学预测它们的发展对运输的要求；其次，在满足预测的运输需要的前提下，根据当地的自然条件和运网状况，选择最经济的运输方式和线路等级标准；再次，在确保拟定线路质量标准的前提下，根据自然条件上有利、技术上可能和经济上合理的原则，确定线路的经由和走向问题。

单一线路区位选择的最基本原则是耗费最小原则和交通流量最大原则，也就是要处理好线路长度与交通流量的关系。前者是愈短愈好，因为这样造价低，运输里程短，运输成本低；后者则是愈多愈好，这样才能最大限度地满足社会经济对运输的需要，充分发挥运输设备的潜力。在一般情况下这两个目标很难统一，所谓线路的区位选择和布局，就是在二者之间寻找最佳结合点。

3. 交通运输网络的区位

交通运输网络是由交通节点和交通线路相互交织在一起形成的，是交通运输随着地域经济发展在空间上的投影，因此，地域间的经济联系和文化交流的程度能够反映出交通网络的发展水平。

在交通网中一般根据交通流量可分为重要的交通线路和次要的交通线路，重要的交通线路主要连接着高级中心地，像这样的交通网络布局有利于所有利用者的移动。一般都市与都市之间以主要的交通线路相连接，而都市与小城市之间则以次级交通线路相连接，都市与村落之间的交通连接线的等级就更低，现实中的交通网事实上也是这样布局的。

（二）交通运输与产业布局

交通运输对产业布局的影响，主要指运费对产业区位的吸引作用。生产费用包括原材料取得费、生产加工费和产品销售费三部分，其中，原材料取得费和产品销售费都含有运输费用。

1. 交通运输与制造业布局

在制造产品的过程中，消耗的原料和燃料的重量与产品重量的比值，叫原料指数。根据原料指数，可将受运输影响的制造业区位分为三类：

第一类为原料指向工业，原料指数大于1，如冶金、制糖和水泥等工业，一般布局于原料地运费最低。

第二类为市场指向工业，原料指数小于1，如硫酸制造和食品、饮料工业，它们所生产的产品重量大，经济运程短，布局于消费地运费最节约。

第三类为无明显指向的工业，原料指数等于1，运输条件对此类工业布局影响较小，分布有一定的灵活性，如机床、纺织、面粉等工业，它们对地域生产力发展具有重大意义。

近年来，涌现出来的以微电子、生物工程、光导纤维等为代表的高新技术产业，其产品具有轻、小、细、精和价值高的特点，可运性大，距离阻力影响小，但要求运

输快速化，因而出现了“临空”型布局的新趋势。这说明交通运输业对产业布局的影响是随着科学技术的发展而变化的。

2. 交通运输与采掘工业布局

由于许多采掘部门的产品具有体积大、价值低、可运性小的特点，交通运输对它们布局影响甚大。采掘工业布局的实质是资源的开发顺序和开发规模，而这些又取决于它单位产品的生产成本和运输费。可见一个矿区开发顺序和规模，主要受矿区对外交通条件的影响。交通运输条件好的矿区，必然得到优先开发；交通条件差而资源状况好的矿区，它的开发须以新建或改善交通条件为先导。一个位于消费区附近、交通方便的矿区，即使其矿床质量较低，也可能首先得到开发利用；相反，远离消费中心的矿区，交通不便，也只能在它最有价值时才适于开采。

此外，交通运输还影响采掘工业的集中和分散程度。一般来说，交通运输部门的劳动生产率的增长速度高于采掘部门时，由于运价降低，经济运距增加，会使采掘工业更集中分布于一些开采条件优越的矿区；反之，如果交通运输落后，运价便提高，经济运距缩短，则导致采掘工业布局趋于分散。

3. 交通运输与农业生产区域化、专门化

农业生产的合理布局，就是依据自然可能性与经济可行性两个原则选择社会所需产品的实际生产区位，实现生产的区域化和专门化，最大限度地发挥地区优势，建立某几种农产品的生产基地。在此过程中，土地、热量、水分、光照等自然条件以及劳动力、技术、资金等社会经济条件，只能提供可能性，要将这种可能性变为现实性，交通运输是关键条件之一。

商品农产品的销售范围与它们的可运性成正比，与它们的生产成本成反比。在生产成本一定的条件下，运费越低，运输条件越方便，产品销售范围越大，农业生产的区域化、专门化越发达。美国大西洋沿岸的水果和蔬菜带，大城市周围的乳制品带，中西部的玉米带，大平原区的小麦带，它们的形成、发展和壮大都与市场需求和交通运输条件有密切关系。

三、区域经济一体化与交通运输一体化

（一）区域经济一体化与交通运输一体化的内涵

1. 区域经济一体化的概念与内涵

经济一体化是指不同的空间经济主体之间为了生产、消费、贸易等利益的获取，在社会再生产的某些领域内实现不同程度的经济联合和共同的经济调节，向结成一体的方向发展，包括从产品市场、生产要素（劳动力、资本、技术、信息等）市场到经济政策统一逐步演化。经济一体化有三个不同的层次，分别为：世界范围内的经济一体化；不同国家间的经济一体化；一个国家内某些地区的经济一体化。

目前在世界范围内，欧盟、北美自由贸易区、南美共同体、亚太经济合作组织等

区域经济一体化组织，范围越来越大，联系越来越紧密，一体化的内容也越来越丰富。区域经济一体化的形式有利于消除民族、国家间阻碍生产力发展的各种障碍，有利于劳动和资本的节约，有利于生产要素在成员国间的自由流动、优化配置，从而达到提高规模经济效益、扩大市场的目的，促进各成员国及世界经济的增长。

参考已建立的国际间区域经济一体化组织及我国目前存在的各种区域经济联合体，我国内部区域经济一体化可定义为：在一个主权国家范围内，地域上较接近或地理特征较相似的省区之间、省内各地区之间、城市之间，为谋求发展而在社会再生产的某些领域，实行不同程度的经济联合与共同经济调节，形成一个不受区域限制的产品、生产要素、劳动力及资本自由流动的统一区域的动态过程，它的目的是优化资源配置，实行区域内各地区合理分工，提高资源使用效率，促进联合体共同繁荣。即，区域经济一体化实际上是一个建立在区域分工与协作基础上，通过生产要素的区域流动，推动区域经济整体协调发展的过程，通过深度参与经济分工和合作，发挥“1+1 > 2”的聚合效应，从而赢得竞争优势。

在全球经济一体化的大背景下，我国国内以大都市带、城市群为中心的区域经济一体化浪潮正在兴起。珠江三角洲都市带、长江三角洲都市带以及环渤海湾经济带三大区域带成为推动我国经济起飞最重要的经济增长极。

2. 区域交通运输一体化的概念与内涵

区域交通运输一体化主要是指按照区域经济发展总体目标，打破行政界线、部门界线、地域界线，把区域内所有的交通资源（交通工具、交通设施、交通信息）进行统一规划、统一管理、统一组织、统一调配，以达到区域交通运输系统的整体优化和协调发展，以便最充分地利用交通资源和最好地满足各种交通需求，提高区域交通运输总体效益和服务水平的动态过程。

具体来讲，区域交通运输一体化的含义有多重：第一，是指区域不同交通运输方式组成的综合交通运输体系；第二，是指区域交通运输系统内部各种资源的整合关系；第三，是指区域交通运输系统与区域经济、社会、环境、资源相互作用形成的大系统；第四，是指对区域交通运输的综合管理调控，也就是对区域交通运输一体化工作做到全盘考虑和统筹安排。“区域交通运输一体化”既可以表示一种思想、一个观念、一门学问，又可以表示一个目标、一种实践、一项工程。在某种意义上，还可以将上述几种意义的一体化概括为或简称为“交通运输一体化问题”，包括基础设施规划建设一体化、政策一体化、市场一体化、管理一体化、信息一体化等内容。

（二）区域交通运输一体化的意义

交通运输一体化是交通运输业发展到一定阶段后的必然产物。在欧美等发达国家，城市化之后的郊区化现象使得机动车运输有了很大的发展。与此同时，私家车的广泛普及引发了越来越多的社会经济问题，包括交通安全、交通拥挤、土地资源紧张、空气污染、噪声、全球气候变暖、能源消耗急剧增长等等，使得交通问题，特别是城市问题成为制约社会经济发展的难以解决的瓶颈问题。为解决这个问题，在上世纪 80 年代末期，一些发达国家相继提出了建立一体化交通系统的战略思想。

1. 区域交通运输一体化是区域经济发展的客观要求

区域交通运输一体化是区域经济一体化的重要空间依托及表现形式之一，是区域经济整体协调发展和区域经济潜力充分发挥的前提和基础。随着经济全球化步伐加快和中国加入 WTO，区域一体化已成为区域经济发展的必然趋势和迫切要求。作为区域经济的重要物质生产部门，交通运输业也是现代物流供应链中的关键环节，必须要提供相应的一体化支撑。尤其是生产的社会化分工需要在更大范围内进行资源配置和整合，交通运输资源的配置和整合既是其中的重要内容，也是实现区域一体化的基本途径和重要动力。通过区域交通运输一体化发展，给区域内各地区和部门提供方便、快捷、高效的运输服务，对于发挥区域比较优势和竞争优势、优化产业布局、缩小地区及城乡差距等方面都有重要作用，能够从整体上提高区域经济竞争力。因此它已成为区域社会经济发展到一定阶段带有规律性的必然要求，具有区域经济的明显特征。

2. 区域交通运输一体化是实现可持续发展的必由之路

从可持续发展的观点来看，资源和能源是有限的，环境污染需要人类付出长久的代价，因此，我们不仅需要考虑当代人的需要，同时应该顾及后代人的生存需求。交通发展不仅要考虑建设资金，还需要考虑环境资源、能源以及土地、空间资源，因此，不能无限制地通过扩大交通运输基础设施规模来满足交通增长的需要。

3. 区域交通运输一体化有利于交通运输资源的整体优化

我国的交通运输业经过五十多年的发展已经初具规模。但这种发展是基于过去非常落后的基础上相对单纯的数量增长和质量提高，并不能解决发展中存在的地区不均衡、结构失调、条块分割等问题。随着全面建设小康社会战略的实施，交通运输业要实现现代化和新跨越，必然要突破过去简单粗放的管理方式，通过资源的优化配置和综合利用，提高交通运输效率和效益，以适应新形势下不断增长的多样化的区域交通运输需求。区域交通一体化的过程实际上是区域内交通资源的整体优化过程。通过区域交通一体化，可以有效地实现区域内交通资源的统一规划及合理利用，可以有效地避免重复建设、铺张浪费，从而有效地节约建设资金和土地空间资源。此外，通过区域交通一体化，还可以构筑区域快速化、高效化、人性化、信息化和生态化的交通空间，提高运输效率，促进交通与环境协调发展。

第二章　我国交通运输业的规划

第一节　交通运输综合发展思路

一、交通运输资源优化配置

由于体制和机制的原因，目前我国交通运输资源配置还不合理，资源利用效率不高、公平性体现不够，整体效益不理想。针对我国目前交通运输资源配置中在机制和内容方面存在的问题，需要进一步认识和充分发挥政府与市场在交通运输不同领域中的作用，对其薄弱环节进行重点建设，提高资源的利用效率和公平性。

（一）交通运输资源的范畴

根据经济学中资源的定义进行类推，交通运输资源是指实现运输服务所投入的所有人力资源、物力资源和财力资源的总和。

运输服务是以交通基础设施为支撑，通过运营活动来实现的，因此其资源的投入可以分为两部分：交通基础设施建设、维护投入的资源和运输服务运营活动过程中投入的资源。

交通基础设施（公路、铁路、城市道路、机场、港口码头、航道以及各枢纽场站等辅助设施）是其建设、维护过程中投入的各种资源（人力、资金、土地、空域、岸线等资源）所形成的物质形态，因此交通基础设施的规模数量可以代表该领域投入资源的数量，其布局代表着该部分资源的分布。

运输服务运营活动投入的资源主要指购买交通运输工具（汽车、火车、飞机、轮船等）、设备和运营活动中所投入的资金、人力以及运输过程中消耗的能源等。

（二）交通运输资源的投入主体

交通运输资源的投入有政府和社会企业两大主体，交通运输构成要素的不同经济属性决定了其资源投入的主体不同。

交通基础设施从其经济属性上来说，是公共品或准公共品，其资源投入应该由政府来主导。交通基础设施大体上又分为两类：一类是具有可经营性并有盈利的交通基础设施，一般是重要干线运输通道，如高速公路、铁路客运专线、铁路煤运专线、枢纽机场、枢纽港口等。由于这些交通基础设施的可经营性和盈利性，可以通过一定的机制和手段，全部吸引社会企业投资进行建设、运营。另一类是处于运输线路的末端或偏远地区的交通基础设施，不具有经营性或盈利性，主要由政府来进行投资建设，或通过一定机制吸引社会企业进行部分投资。另外，不管哪类交通基础设施，投入的资源中，土地资源均由政府进行统一投入。

运输服务从经济属性来说是私人产品，其资源主要由社会企业来投入。但有一些运输服务由于客源少或定价问题，本身不具有盈利性，社会企业由于其追求利润的本性，不会投入资源进行相关服务的运营，需要政府通过各种形式进行一定的投入，引导企业投入资源进行该运输服务的运营。

（三）交通运输资源配置的含义

交通运输资源配置有两层涵义：

①指交通运输系统如何从整个社会系统中获得人力、物力、财力等社会资源的投入，进而形成运输服务，最大程度满足人们生活和社会生产发展需要。

②指如何有效地将全社会对交通运输系统投入的人力、物力、财力等资源在各种不同运输方式、空间上的分配，使这些资源能够发挥最大的效益。

一般来说，第二层含义被人更理解和重视，也是本研究所重点考虑的范畴。

（四）交通运输资源优化配置的目的和目标

交通运输资源优化配置的目的是追求公平与效率。从交通运输资源配置的第一层含义理解，其目标是从整个社会系统中获取必要的资源进行交通运输系统建设，该资源在有效利用的前提下，能够最大程度上满足社会生产和人民生活对交通运输的需求。从交通运输资源配置的第二层含义理解，其目标是在交通运输系统内部，实现资源分配的公平和资源利用效率的统一，发挥该部分资源的最大效益。其中，公平是让不同地区或不同层次的人们享有同样或基本类似的基本出行服务，效率是使交通运输资源得到充分、高效的利用。

在交通运输系统内部，对不同要素所投入的资源追求的目标不同可分为两类：投入在干线运输通道上的交通基础设施（如高速公路、客运专线、枢纽和Ⅰ场、枢纽港口等）和大部分运输服务（如公路干线运输等）的资源，追求的目标是利用的高效率；投入在支线或偏远地区的交通基础设施（如农村公路、支线机场等）和部分旅客运输服务（如农村客运、支线航空等）资源，与在干线运输通道上的资源相比，其效率低很多，但仍要投入相应的资源，主要是为了体现公平。对于这些资源本身，也要尽可能地提高其利用效率。

在资源有限的条件下，效率和公平容易产生矛盾，交通资源优化配置的目标选择公平还是选择效率成为两难的选择。交通运输资源配置到干线运输通道上其利用效率肯定比配置到支线和偏远地区高，但这样有失公平；如果把资源配置到支线和偏远地区，在一定程度上体现了公平，但其利用效率又很低。因此，在交通运输系统内部，资源优化配置需要实现效率和公平的统一，实现资源的最大效益。

（五）交通运输资源优化配置的机制和手段

交通运输资源优化配置有政府调控和市场竞争两种机制。市场机制的核心是通过竞争提高效率，对于追求效率为目标的交通运输资源，市场是优化配置的最好机制。但由于市场的自身特性，对于公共品、准公共品以及宏观层面会出现“市场失灵”的现象，需要政府对资源来进行宏观调控配置。同时，在解决公平问题时，市场机制也不能发挥作用，需要政府进行配置。

交通基础设施属于公共品或准公共品，同时由于其自然垄断性，决定了该资源的投入供给主体是政府，更决定了在宏观层面上的优化配置也必须依靠政府。规划是政府在该方面资源优化配置的最重要调控手段和方法，只有在规划范围内的交通基础设施才允许建设。在建设和运营层面，应充分发挥市场机制，增加外部资源投入，提高资源利用效率。

对于可经营的交通基础设施，在建设和运营时，充分利用其可经营性和盈利性，市场化融资，吸引社会资本尤其是民营资本进入，增加外部资源的投入。同时，市场机制也正好能够完成这些资源追求高效率的目标，因为社会投资尤其是民营投资比政府投资更能保证资本即资源的使用效率。这也要求应增加民营资本比重，减少政府投资，包括中央政府、地方政府以及国有企业的投资。

在体现公平的交通基础设施方面，如农村公路、支线机场等，虽由政府为主导进行投资，但在建设、运营模式上可进行市场化运作，如这些设施的建设采用BT等形式；鼓励形成交通基础设施养护、运营公司，通过招投标市场竞争的方式进行运营管理的委托。

交通运输服务属于私人产品，其资源投入主要依靠社会企业，资源的优化配置主要依靠市场，但政府需要进行一定的引导。

运输企业的运营服务活动决定着基础设施的利用效率，只有运输服务活动合理，交通基础设施的资源配置才会合理。政府通过运输价格、税收、基础设施收费定价等手段，尽量做到外部成本内部化，以达到从社会成本看同样也是合理运输的目的。

在城市公共交通和农村客运这些公益性的运输服务运营方面，需要有政府各种形式的投入才会有企业去运营。具体形式包括政府购买运营企业的服务提供给出行者；通过税收减免和直接补贴的形式给予运营企业一定补贴，出行者自己购买相对廉价的服务；直接补贴出行者，让其购买相应服务等。

（六）我国交通运输资源配置的优化构想

基于我国交通运输资源配置方面的现状和存在的问题，对其进行优化的整体构想为：

①在配置机制方面，充分发挥市场和政府两种机制在交通运输资源配置优化中的作用，进一步明确各自使用的范围和领域，改变目前过度依赖政府现状，充分认识和挖掘市场在资源配置过程中的作用。在提高资源利用效率、避免资源闲置浪费的同时，从整个社会系统中获取更多可能的资源，进行交通运输系统建设，以弥补当前交通运输资源整体不足的现状，最终达到在有效利用资源的前提下，交通运输资源能够满足社会生产和人民生活对交通运输的需求。

目前需要以铁路运输领域为重点进行改革，利用市场机制吸引更多的社会外部资金。一方面能够加快增加铁路运输领域的资源数量，促进交通运输系统内部资源配置结构更加合理，另一方面可以把节省下来的政府资金转移到体现社会公平的城市公交和农村客运领域，缩小资源配置在公平方面的差距。

②资源只有投入到最紧缺的领域和最薄弱的环节，其发挥的效益才能最大。目前交通运输资源最为紧缺的两个领域是铁路和城市轨道交通；交通运输枢纽是目前交通运输系统的薄弱环节，也是影响系统整体效率的关键环节。因此，从资源利用效益最大化的角度分析，应该首先建设铁路（客运专线和能源等大宗物资运输线路）和城市轨道交通，同时加大对交通运输枢纽的建设和改善，促进交通运输系统整体协调发展，提高系统效率。

③与城市内相比，我国广大农村和西部偏远地区人们人均交通资源和享有的基本运输服务水平仍有较大差距，这也是目前我国交通运输领域内最大的不公平。从公平享有交通运输资源的角度来看，应进一步加强该领域的建设，即仍需把农村公路和农村客运以及西部偏远地区的支线民航作为未来的建设重点之一。

二、新型城镇化背景下交通运输发展思路与重点

我国城镇化发展进入了新阶段，国家提出了新的发展道路，交通运输作为城镇化发展的基础和前提，必须适应新的城镇化道路和要求，确定发展思路和重点。

（一）交通与城镇化

城镇化的实质是在城市为人们提供就业并吸引在此居住生活，交通对城镇化发展具有间接引导和直接影响两方面作用。首先，工业、服务业等产业发展为人们提供就业岗位，是城镇化发展的根本动力，交通为产业发展提供条件，间接引导带动城市发

展。其次，城市交通是城市公共服务的重要组成部分，是宜居水平重要因素，直接影响城市居住生活的吸引力。因此，交通是城镇化发展的前提条件和驱动力之一，具有较强的支撑和引导作用，是必要而非充分条件。另外，交通对城市、城市群的形成发展和空间布局形态具有重要影响，城镇化发展也影响着运输需求的数量、质量与特点，对交通运输提出新要求。

（二）未来城镇化发展道路

我国城镇化发展方向与目标的核心主要有三方面：首先是缩小区域发展差距；其次，明确城市群是发展的主体形态，东部城市群主要是提高国际竞争力，中西部城市群主要任务是培育壮大；最后，强调促进城市群内各城市功能定位和产业布局，促进大中小城市和小城镇协调发展，强化中小城市、小城镇产业和公共功能。

为适应和引导城镇化健康发展，交通运输发展的出发点必须紧紧围绕缩小区域差距、促进和引导城市群的形成与发展、强化中小城市促进大中小城市协调发展三方面。

（三）交通运输发展思路

基于我国交通运输发展现状和未来城镇化发展道路，交通运输应在进一步完善综合运输通道和区际交通骨干网络，有效支撑"两横三纵"为主体的城市化战略格局，强化城市群之间的交通联系；以构建城市群交通网络为工作重点，推动形成分工合理、联系紧密城市群；引导相对成熟的城市群和特大城市形成合理的交通模式，为提高国际竞争力奠定基础；加快发展初期城市群的对外、城际交通建设，引导促进其形成与发展；落实公交优先，缓解大、中城市交通拥堵；加快小城市和小城镇对外交通、城市交通的改善；推动城乡交通一体化，构建区际、城际、城市和农村四位一体的综合交通运输网络。

（四）交通运输发展主要任务

1. 落实规划，积极完善区际交通网络

目前"五纵五横"综合运输大通道已经基本定型，依托运输通道规划的"两横三纵"全国城市化战略格局也基本形成，两者具有高度一致性。交通已经基本发挥了对空间布局的引导作用。未来区际骨干交通网络建设发展，总体上要按照国家已颁布的各交通专项规划建设实施，重点有以下两方面：

（1）尽快完善中西部地区对外干线网络

我国交通运输发展水平与城镇化发展水平的区域差异相一致，表现出东高西低。虽然总体上全国区际交通干线初步形成，但西部地区对外交通网络特别是向东部地区的运输通道仍存在瓶颈甚至为"断头路"，重点反映在铁路和高速公路省际交界路段，西部地区对外通道已成为我国区际骨干交通网络的薄弱环节。为了统筹区域协调发展，要重点建设、适度超前建设西部地区的对外交通网络，打通"断头路"，扩大运输通道能力，增加新的运输通道，消除瓶颈制约，缩短路网在东中西不同区域建成的时间

差距，使西部的经济发展与中东部具有同等的交通条件，促进全国城镇化均衡协调发展。

（2）视情况加密、加强中东部地区间网络

东中部地区的区际骨干交通网络基本建成，保障了经济社会的快速发展。但东部地区经济发达，人口密集，客货运输需求总量和强度大、增长速度快，客观需要更为密集的干线交通网络。目前许多运输通道内的公路、铁路已经基本饱和。东部地区要根据经济社会发展的客观需求，新建与改造相结合，对区际骨干交通网进行必要的加密，提高运输能力，满足需求；同时有条件地开展客货分开、快慢分开、长途与城际分开，可以更好地发挥交通基础设施的效率。

2. 因地制宜，差异化发展城市群交通

城市群作为城镇化发展的主体形态，其形成和发展需要交通支撑和引导，城市群交通运输网络也必然成为交通运输未来发展的重点。

（1）城市群交通建设发展的出发点

随着国家铁路、公路干线等区际骨干综合交通网络建设，各城市群已经基本形成了以核心城市和主要大城市为中心的交通网络，并具备了较好的对外交通条件。但城市群内的其他中小城市，缺乏与核心城市之间便捷、快速的运输通道，导致核心城市对其辐射、带动作用发挥不够。因此，城市群交通建设发展应以加强中小城市与核心城市之间便捷、快速交通联系为出发点，以更好地发挥核心城市辐射带动作用，推进城市群整体协调发展。

（2）城市群交通建设发展的重点

新型城镇化发展道路，要求交通运输绿色低碳发展。党的十八大报告提出建设生态文明的要求，要求城镇化发展走集约、节约、绿色低碳的道路，实现城镇化与资源环境协调发展。在城市群交通方面的具体体现就是要积极发展城际铁路等集约化的公共客运。

我国城市群的特点要求和国内外的实践经验也证明了必须引导形成以集约化公共客运为主的交通模式。我国城市群内城镇密集、人口密度大，中东部城市群人口密度一般都在每平方公里 500 人左右，长三角、珠三角甚至达到了每平方公里 1000 人。在如此高密度人口的条件下，随着经济社会的发展，人均出行次数不断增长，城市群内的客运需求强度很大。同时考虑土地、能源、环境等因素，必须采取轨道交通等集约化公共客运形式。目前我国一些发展较成熟的城市群，一些主要城际通道内的高速公路已经开始饱和拥堵，这也从实践的角度证明城市群交通单纯依靠公路的模式不可取，必须加强集约化的公共客运发展，否则就会重蹈城市交通发展的老路。

城际铁路是城市群公共客运的主要形式，也是未来建设发展的重点，但应准确把握城际铁路的功能定位、技术标准和建设时机。城际铁路定位为加强城市群内城市间联系，促进功能、产业的合理分工，为了更好地增强沿线小城市和城镇与核心大城市的联系，城际铁路车站应尽量覆盖规划人口 10 万以上的城镇并深入城镇中心。由于城际铁路站点间距较小，线路标准不宜过高，设计时速应在 20。公里以下。同时，由于城际铁路运输能力大，建设投资和运营成本都较高，为充分发挥资源效率和经济效益，应在城市群人口密度、人均 GDP、城镇化率等指标均处于较高水平以上时，才可大规模建设城际铁路。

同时，应注重利用既有铁路和新建的铁路客运专线提供城际服务。城际铁路运输能力较大，建设、运营成本也很大，并非所有城市群都适合建设或在近期建设城际铁路。目前我国正在大规模建设快速铁路等，京沪高速铁路、京广客运专线等都已全线通车，全国快速铁路即将成网。预计到“十二五”规划末期，将基本建成国家快速铁路网，营业里程达 4 万公里，基本覆盖 50 万人以上的人口城市。这些快速铁路的运输能力较大，在运营初期，在满足长途客运的同时，运输能力会有一定的富裕。目前我国城市群大部分还处于发展初期，城际之间的客运需求尚在培育之中，总量不大，完全有条件在近期内利用这些线路的能力提供城际客运服务，承担城际铁路的功能。

（3）城市群交通应差异化发展

我国城镇化发展不平衡，城市群的发展阶段也有所不同，东部部分城市群已经处于相对成熟时期，其突出问题是：轨道交通发展相对滞后，城市群内交通模式不合理等；中西部地区大部分城市群还处于发展初期，主要问题是城际交通滞后，城市之间交通联系不够紧密。针对不同城市群的发展阶段、特点和问题，应采取差异化战略，实施不同的发展策略和重点。

我国东部京津冀、长三角、珠三角等发展相对成熟的城市群，主要是优化城市群城际轨道交通布局和建设，在主要城际通道上尽快修建城际轨道，形成网络，同时通过价格补贴、公路收费等政策措施，引导公路集约化客运，形成合理的城际客运模式。另外，视公路运输需求，进行高速公路改扩建或新建城际高速公路。同一交通走廊内，应合理安排城际轨道和高速公路的新建或改扩建。

东中部其他一些城市群，如辽中南、山东半岛、海峡西岸、中原等城市群，以及成渝等部分西部城市群，目前仍处于发展初期，多数城际客运需求尚未达到独立建设城际铁路的条件，但人口密度大，需求潜力巨大，随着城镇化水平的提高，未来必然要建设城际铁路。从提前引导并形成合理的城际客运模式角度出发，可适度超前建设城际铁路，规划建设以中心城市为依托、周边中小城市为重点、有效发挥辐射作用的骨干线路。同时，由于大部分地处东中部，客运专线、普通铁路较多，需妥善处理相互间的关系，优先利用客运专线和既有铁路开行城际列车，在充分发挥既有资源的基础上，有序推进城际铁路建设发展。

我国西部地区黔中、滇中、呼包鄂榆、宁夏沿黄等城市群，处于刚刚起步阶段，城市群结构形态还具有较大的可塑性，城市群交通网络也很不完善。城市群内交通干线网络的规划建设，既要考虑与城市群空间规划的一致性，也可在一定程度上发挥对其引导。基于城市群人口密度、客流强度方面的考虑，应充分利用既有干线铁路承担城际客运；在新建铁路时，充分考虑满足城际客运需求，建设时速 200 公里左右的客货共用铁路，既为产业发展提供条件，又承担城际客运功能；必要时，根据城市群的发展趋势和要求，适时规划建设城际轨道交通。

3. 突出重点，构建都市圈交通网络

在城镇化发展过程中，在城市群内部会首先形成都市圈、出现同城化现象。即依托核心大城市，与周边组团或新城相结合，形成以通勤为主的都市圈，如北京、上海、南京等都已经形成了一定规模的都市圈；同城化是一些相邻较近的城市逐步形成一体化的现象，如广佛同城化、郑汴一体化等。在促进都市圈、同城化形成和发展过程中，交通建设发展应重视以下几方面：

（1）市郊铁路建设

加强中心城区与新城（或组团）以及新城之间的联系，避免以城市地铁、轻轨延伸的形式代替市郊铁路。市郊铁路是介于城际铁路和城市轨道之间的轨道交通形式，其运营速度、站点间距等技术标准都有所不同，承担的功能和服务的对象也不同。国外大都市圈均已建立了相当规模的市郊铁路网，我国上海金山线、北京 S6 线等都是利用既有铁路资源开行了市郊列车，并取得了良好的效果。

（2）推动既有城际道路客运公交化

都市圈客运有很大部分是通勤交通，对便捷性、速度等有较高要求，既有的道路客运组织模式不能适应和满足其要求，需要推进其公交化。目前在北京、上海等很多城市都已经实施和尝试，如北京开通中心城区到河北固安、高碑店等地区的城际公交，上海也开通到邻近浙江部分城镇的省际公交。

（3）城际快速路必要时设置公交专用道

都市圈内道路资源非常紧缺，许多中心城与新城之间的道路交通已经比较拥挤，再修建快速路等未必可能和有效，应更集约化地利用现有资源，在这些道路上设置公交专用道。美国等一些国家和城市已经把其作为解决未来交通拥堵的主要途径，北京在中心城区和通州、门头沟之间的京通、阜石快速路上均设置了公交专用道，取得了很好的效果。

同城化地区的交通网络，与都市圈交通有较强的相似性。首先，应加快建设出口较多，服务沿线功能更强的城际快速路，以推动和引导周边土地的城镇化开发；其次，依据客流水平选择建设合适形式的轨道交通，或发展城际公交、在快速路上设置公交专用道等。

4. 公交优先，改善大城市的城市交通

我国城市的高密度、高强度的开发模式，要求必须形成以公共交通为主导的城市客运模式。我国城镇化、私人机动化在同步快速发展，由于公交优先政策没有很好落实，大城市交通拥堵已经日趋严重，且向中小城市蔓延。交通系统自身缓解拥堵最有效的途径和手段是发展公共交通，也是城市政府的主要职责。要尽快构建多层次的公共交通体系，增加线网密度和覆盖率，提高地面公交的运营速度，提升公共交通的吸引力和竞争力。

要积极发展多种形式的大容量公共交通，根据不同城市规模、特点和客运需求，选取适合的公共交通形式，如地铁、轻轨、快速公交（BRT）、有轨电车等，有序推进城市轨道交通网络建设；要保障公共交通设施用地，鼓励公共交通用地的综合开发，增强公共交通可持续发展能力；合理分配城市道路资源，加快公共交通专用道建设。同时，逐步放松对出租车的管制，推动停车产业化，实施差别化停车供给策略，加强执法管理；注重交通需求管理，利用经济手段，有效引导小汽车的合理使用；改善自行车、步行出行环境，倡导绿色出行。

5. 外联内通，加快提升中小城市交通

加快改善中小城市和城镇的对外交通条件，尤其是目前相对比较薄弱的中西部地区中小城镇，使全国相同经济、人口规模的城镇，具有基本相近的交通条件。着力提高农村公路的通达深度、覆盖广度和技术标准，5万人以上的城镇保证一条高等级公路连接，县级以上行政区和10万人以上的城市尽可能保证有两条高等级公路相连接，以满足产业发展、人们对外出行的需要。结合中小城市自身特点，建设宜居城市交通，缩小城市交通基本公共服务与大城市的差距，提高中小城市的吸引力。

6. 均等服务，推动城乡交通一体化

按照公共服务均等化要求，统筹城乡交通一体化发展，要继续加快农村交通基础设施建设，提高农村公路的通达深度、覆盖广度、技术标准和网络水平。实施农村公路的桥涵建设、危桥改造以及客运场站等公交配套工程，加强农村公路的标识、标线、护栏等安全设施建设。切实落实农村公路的养护和管理。更大规模地开行农村客运班车，真正为农村百姓提供基本客运服务。

7. 强化衔接，加快综合交通枢纽建设

交通枢纽是交通运输网络的核心，关系到网络的整体效率和服务水平的高低，也是目前的薄弱环节，需要加强综合交通枢纽的规划建设，促进规划、设计、建设、运营一体化，实现城市内外交通、方式之间的紧密衔接。

具体要加强交通枢纽与城市空间布局的协调；合理确定枢纽场站规模，强调实用性，以保障交通功能为前提，鼓励综合利用开发；以客运专线、城际铁路建设为契机，推动客运枢纽的综合性、一体化，加强各种运输方式及与城市交通的紧密衔接，实现“零距离”换乘；整合提升既有货运物流设施，完善其集疏运网络及与产业园区的联系；对城市群内的港门、机场统筹考虑，形成功能分工合理、协调配合的港口群和机场群。

（五）政策措施与保障机制

1. 投入适当倾斜

中西部地区、中小城市的对外交通干线和内部交通网络相对较差，经济发展水平乂较低，难以支撑庞大的交通基础设施建设资金。为促进城镇化均衡发展、大中小城市协调发展，应加快这些地区和城市的交通基础设施建设，适当提高中央、省级政府的投资比例。

2. 创新城际铁路投融资模式

城际铁路是未来城市群交通的建设重点，其建设资金来源是重大问题。未来应创新投融资模式，明晰产权、清晰资产边界，通过设立产业基金、资产证券化等手段，通过政府引导，更多依靠市场手段融资。广东省目前实行“以地养路”的模式也是一种有益探索。

3. 加强城市群交通建设发展协调机制

城市群交通涉及不同省份、不同城市之间的协调，也涉及中央和地方之间的协调，需要进一步完善协调机制。目前重点是城际铁路、干线公路跨省区段的建设，以及既有铁路资源的充分利用。

4. 探索建立城际客运运营管理和补贴机制

城际客运不同于长途客运，在性质上更趋近于城市公共交通，应给予一定程度的补贴，以鼓励集约化、绿色出行。城际铁路、城际公交等的运营管理、亏损补贴等都需要各城市、省市进行磋商。

第二节 运输通道与方式

一、铁路提速对公路客货运输的影响

在综合运输体系中，不同运输方式有不同的比较优势，形成了各自在综合运输体系中的地位和分工。公路运输最主要的特点是机动灵活，反应迅速，可提供门到门的运输需求服务。但公路运输单车运输能力较小、运行消耗资源较大、运营经济性能较差，因而定位于短途运输，更多地用于铁路、水路运输的集散功能。铁路运输最显著的特点是载运质量大，运行成本低，能源消耗少，特别适合于大宗、中长距离的客货运输。但是这种定位和分工不是一成不变的，因为不同的运输方式在技术、经济等方面是在不断地发展变化，这种变化改变了各自的比较优势，从而影响着市场分工。

近几年来，铁路的建设速度相对比较慢，虽然这两年开始大力建设，但是基本上还没有什么新的重要线路投入运营，因此在运输能力方面有很大的限制，造成很多时候铁路购票难、要车难的局面。而近几年由于公路的建设发展比较迅速，公路运输市场市场化程度比较高，公路充裕的运输能力和灵活的运输组织在一定程度上弥补了铁路在这方面的不足，同时，高速公路与重型汽车的问世，在一定程度上改变了公路运输的技术经济特征，承担了一部分中长途的客货运输。

铁路进行了第六次大提速后，铁路作为综合运输体系的重要组成部分，其货运重载、客运提速这种技术经济特征的改变，不仅仅对其自身有重要的影响，而且对综合运输体系中的其他交通运输方式也有一定的影响，尤其是影响着各种运输方式在整个运输市场中的市场份额。铁路提速后，不仅仅节省在途时间，而且由于速度的提高等因素，运输的能力也有了一定的增加，根据铁道部有关的数据，铁路提速后客运能力提高了18%，货运能力提高了12%，但是铁路提速后是否能够吸引相关的客货运输需求，充分利用自己能力，使自己的能力达到饱和呢？这还需要从铁路的吸引力或者说竞争力来进行分析。

为了分析铁路提速后对客货运输的吸引力，尤其是对公路运输的影响，需要抛去能耗、对环境的影响等社会影响，仅仅从客货运输的目标进行分析、对比公路和铁路在吸引客货运输方面的优势。客货运输的目标可以概括为安全、快速、便捷、经济、舒适，下面将逐一分析。

从安全的角度讲，铁路相对公路来说，更为安全，但是铁路提速后，尤其是一些时速200公里以上的线路，公众对其安全性还持有一定的怀疑态度，是否真的像原来一样安全还需要时间的检验。在这一点上，铁路刚刚提速后没有像想象的那样，那么多人去购买和乘坐铁路，这也是其中的原因之一。

从快速的角度看，铁路提速，最大的优势是拥有了更快的速度，由原来的时速100多一点提升到200多公里，有了一个较大的提高。但是，不妨再仔细分析一下具体的运营时间，尤其是公路和铁路相互竞争的中短途的客货运输。根据铁道部的数据，第六次提速后主要城市间旅行时间总体压缩了20% ~ 30%。但是对于中短途的城际交通，缩短的时间仅仅是十几分钟。如广州—深圳、北京—天津的运行时间仅仅缩短了2 ~ 12分钟。即使是500公里的路程，缩短的时间不足一个小时。而根据交通部的统计公报，2006年全国公路客运平均运距为54.5公里，货运平均运距为66.5公里，因此从中可以看出，铁路提速后，对于中短途的运输需求，提速带来时间方面的缩短优势没有想象的那么明显。

从便捷的角度看，主要分为乘坐时间的合适程度、到达火车站的方便程度、购买车票的便捷程度等。首先，铁路的提速并没有改变客货运输到达火车站的效率，因为车站的位置没有改变、客货进出站的手续没有简化等。相反，由于铁路的提速，许多小站不再停留，尤其是客运，这必然导致这些地方的客货不能便捷地上下火车，需要转乘到大城市大火车站乘坐火车，或者直接利用汽车进行门到门运输。同时，购买车票的方式也没有改变，在这一方面也没有更大的优势。另外，从乘坐时间上来看，火车提速后，很多车次在时间上并不是很合适，不像原有的“夕发朝至”等列车，方便商务等旅行。但是由于速度的提高，原来有些在时间上不合适的旅客，现在可能合适了。所以从便捷的角度整体上看，铁路提速后没有更好的优势，起码在当前还没有，反而在某些方面为公路运输提供了更多的机会和市场份额。

从经济的角度看，铁路提速后虽然号称“提速不提价”，但是对于新增加的D字头车次，也就是时速200公里以上的动车组，票价是原来的两倍甚至更多，逐步接近飞机票打折后的价格，基本上都高于公路运输的价格。以北京—天津为例，动车组票价高出原有特快列车硬座票价 12 ~ 29 元，增幅达 40% ~ 130%。这无疑使得铁路这部分客货运输定位于中高档的客货群体，而这部分客户群体是与航空争夺的范围，同时使得原来一部分中档客户转向了相对便宜的公路运输市场。

从舒适的角度看，新型列车在舒适度方面有了明显的改变，逐步向飞机靠近，但是对于公路、铁路争夺的中低档客户群体来说，对舒适度的敏感程度是否有那么高呢？相对于价格、便捷程度等，舒适度未必很重要。

从以上分析也可以看出，提速不是提高竞争力的唯一方式，也不一定是最重要的方式。如北京到上海，在 1000 公里左右，比如提速到时速 300 公里，到上海 5 个小时，旅客总出行时间可以和飞机竞争，但有些人愿意乘坐“夕发朝至”这种类似夜间旅馆的列车，不耽误时间；而在白天，飞机的航班很多，基本上能够随到随走，所以目前在该运输通道上，民航的客流量超过了铁路。同时，也应该看到，这次铁路的调整，也沿用了原来铁路竞争力的措施，如继续增加“夕发朝至”的客运车辆，增加货运的“五定”班列；并出现了一些新的提高铁路竞争力的措施，如城际铁路客运的公交化运营，如广深线，现在深圳至广州间每天开行的城际列车将达 91 趟，其中，时速达 200 公里的“和谐号”CRH 动车组 65 趟。第一趟为早上 6 点 22 分，最后一趟为凌晨 1 点，这样平均下来每小时 5 趟车，极大地方便了旅客，应该具有较强的竞争力。

基于以上几个方面分析，从宏观的角度进行进一步分析。总体来看，铁路实际客货运输不会有很大增长，很快达到新的运输能力，即使最乐观估计也不会因此原因增加 10%。由于现在公路运输在整个客货运输中的份额很高，基数很大，公路运输的总份额也不会变化很大。因为公路、铁路的平均运距相差很大，所以比较周转量意义不大，而从运输量看，不管是客运量还是货运量，铁路对公路的影响都不大。但应该看到的是，铁路增加的这块份额应该更多的是中长途客货运输，也就是说，可能对公路的中长途运输有相对较大的影响，而对于中短途运输没有大的影响。

总之，铁路提速后，优势的市场范围在运行时间 3 ~ 5 个小时所能达到的距离，大约 400 ~ 800 公里的中长途运输，并且由于价格、舒适的因素，更多的是中高层次客户需求。对于公路、铁路相互争夺的中短途、中低档的运输市场，铁路的提速相对于原来没有更大的优势，不会占有更大的运输市场份额。至少是在近一段时间内，铁路在没有在运输能力、运营方式和服务水平等方面有大的变化前，对公路现有的运输市场不会有大的冲击。

二、我国民航航线网络运营模式分析

我国民用航空运输量虽然已经排名世界第二，已经成为民航大国，但是我国离民航强国还有一定距离，因为我国民航现在结构性矛盾突出，支线比例明显偏小，这种状况与我国的航线网络运营模式有很大关系，因此，深层次的问题是我国航线网络运营模式不适应当前以及未来一段时间的运输需求，从而影响着我国整个民航的健康发展。

民航航线网络运营模式主要分为两大类：一种是点对点的城市对模式，欧洲的航线网络以这种模式为主；另外一种是中枢轮辐式，美国的航线网络以这种模式为主。我国当前的航线网络模式是自发形成的点对点的模式。不同的网络模式具有各自的优缺点，也是与不同的需求结构、航线长度、飞机性能等有很大关系。

（一）相关研究现状

在航线网络运营模式方面，以往有一些学者进行过相关的研究和阐述，其中与本研究关系相对比较密切的有以下几个：

许世新在其学位论文《我国航空公司支线航空市场开拓策略研究》中提出了在航线网络结构上要形成城市对与辐射式相结合的航线网络结构。文章中简单说明了航空公司要形成城市对与辐射式相结合的航线网络结构的必要性，重点提出了构建这种网络结构的措施以供航空公司借鉴。但是该研究没有详细论述这种结构的合理性，更没有站在政府宏观的角度论述其社会经济意义及其合理性。

郭睿君在其学位论文《我国机场管理改革问题的探讨》中也提出了要建立中枢辐射式航线网络，并定性地分析了建立这种网络意义所在，认为主要有两大方面，“有利于提高客座率，增加航班密度”和“有助于支线机场走出困境”。但是该研究重点是以新疆为例提出了在建立这种网络过程中，机场应该做的工作。

吴桐水等曾经以西北航空公司的航线网为例，构筑一个以西安为枢纽站，以银川、包头、呼和浩特等 12 个城市为辐射城市的轮辐式航线网，研究提出了轮辐式航线网的航班计划优化模型。但是该研究的基础是微观的某一航空公司，而不是宏观的整个枢纽航线网络安排，也没有对该网络的经济效益进行分析。

刘庆惠在《关于民航航线航班设计的思考》中提出：中心辐射式有利于加大航班密度、减少航班的延误，有利于引导投资方向，有利于航路、航空管制、航空导航和通信设备的建设，有利于机队机型合理构成和飞行人员的培养。目前，国内航班中城市对式形式已占相当比例，满足了市场的某些需要，特别是满足了对时间要求不甚紧而希望直接到达的旅客的需要。最后提出设计航线航班必须优先选择“中心辐射式”的结构形式，“城市对式”只能作为辅助形式。

从以往的研究及成果看，一方面，从研究的角度看，大部分是从航空公司的角度进行分析的，比较微观，而不是从整个航空业的角度进行分析；另一方面研究的重点是促进网络结构模式措施，而不是论证网络结构的合理性，即使在论证其合理性时，也偏重于定性分析，说服性不强。基于以往的研究现状，本书将结合我国航空需求的实际情况，从整个航空业宏观角度，对不同运营模式进行模拟，重点通过定量分析论证提出适合我国航空发展的航线网络运营模式。

（二）我国航线网络发展模式现状

在我国，较为成熟的中枢辐射航线网络仅在云南地区有所体现，其他地区基本上都是采用点到点式的航空网络。这种航线网络结构导致干线航空与支线航空网络基本脱节，大型枢纽机场与区域枢纽机场、区域枢纽机场与小型机场之间的航班衔接存在很大障碍，支线在很大程度上还是贴附在干线网络上的边缘体，没有成为整个航线网络的有机组成部分，没有形成干线与支线的“共生”关系，中、小机场始发航班争抢大型枢纽资源。如内蒙古自治区共有九个支线机场，无一例外有通往北京的直达航线，北京成为内蒙古区域航线的枢纽机场，而呼和浩特作为自治区首府，中转的旅客实际很少，呼和浩特的区域性枢纽作用难以发挥。

（三）航线网络组织模式的决定因素

选择何种航线网络组织模式很大程度上取决于航线上的客流量。如果某一航线上的客流量达到某一临界点以上，那么这两点之间进行点对点的航空运营就更经济。如果点对点的航线多了，那么整个航线网络组织模式就是点对点的模式。如果两点之间的航空客流量达不到经济运量规模，那么就采取中枢轮辐式的网络结构更经济、合理。其中经济运量又与飞机性能、两点之间的距离有关。因此整个网络结构主要与两点间的客流量、两点间的距离、飞机的性能等因素有关。

在民用航空发展的初期，两点之间的客流量相对较小，采用中枢辐射式的航空网络更合理；随着社会经济的发展，客流量不断增加，达到经济运量规模后，就逐步采用点对点直飞，整个航空网络就会逐步变为点对点的网络结构模式，世界发达国家和地区的航线网络模式也是按照这个规律在逐步发展演变的。

三、从我国支线民航的属性谈供给主体

我国民用航空运量已经排名世界第二，成为一个航空大国，但是结构性矛盾突出，支线航空发展明显滞后，这种结构性矛盾已经影响了整个民航业的健康发展，影响着我国由民航大国向民航强国的迈进。在促进支线民用航空发展的过程中，涉及各级政府、航空公司、机场等主体的角色和应该承担的作用，通过何种机制来实现等一系列问题。这其中的基点为支线民用航空的属性，它在很大程度上决定着政府角色和应该做的工作，决定着可以采取何种机制和体制等。

（一）支线航空的属性

支线航空包括以支线机场为代表的基础设施和支线航空运营服务两大部分。对于支线航空的属性定位，根据不同的分类原则和标准，主要是判定两方面的问题：①支线航空是公共产品还是私人产品的问题；②支线航空是公益性还是收益性问题。

1. 支线航空是公共产品还是私人产品的问题

在公共经济学中，依据物品的竞争性和排他性及其程度，可分为公共产品和私人产品，公共产品又可分为纯公共产品与准公共产品，准公共产品又有公共资源和俱乐部产品两种。

从公共产品和私人产品的特点及判断标准来说，支线机场等基础设施属于准公共产品中的俱乐部产品。一项俱乐部产品是可以排除其他人消费的一种拥挤性质的公共产品，即消费成员在没有超过一定数量前，具有非竞争性，但是超过一定数量就会发

生拥挤现象，破坏非竞争性特征；同时，俱乐部产品可以轻易地做到排他。对机场来说，航班是其消费者，从竞争性来看，每增加一个航班不会增加新的成本，边际生产成本为零；但是当航班数量达到一定程度时，机场会出现拥挤现象。同时，机场很容易做到排他，如果飞机不交起降费等费用，机场即可不允许其降落使用等。

按照同样的判定标准，支线航空运营服务属于私人产品。因为从竞争性上来看，每增加一个乘客运输，必然会带来运输成本的增加，边际生产成本是随着乘客的增加而增加。从排他性上来说，也很容易做到排他，如果不购买机票，就不允许登机；另外，如果一个乘客购买了该航空运输服务后，其他人就不能再获得该服务，因此具有排他性。由于同时具有竞争性和排他性，因此，航空运输服务属于私人产品。

2. 支线航空是公益性的问题

（1）机场运营、航空运营服务自身的亏损性和盈利性问题

不管是机场基础设施还是航空服务，虽然在属性上不同，但由于都具有排他性，所以具有可运营性。产品的生产运营自身的亏损性和盈利性与公共产品、私人产品的性质没有直接的、必然的联系，并不是说公共产品必然是亏损的、私人产品必然是盈利的。

对于航空领域来说，不管是机场运营还是航空运营服务，市场自身的盈利性与市场需求规模有直接关系，在市场需求达到某一规模以前，该服务是亏损的，超过这个规模以后，该服务是盈利的。

对于我国的机场来说，由于东部机场，尤其是一些大中型枢纽机场，由于旅客吞吐量比较大，航班多，本身具有盈利性，而一些小的支线机场，尤其是中西部的支线机场，旅客吞吐量比较小，航班少，本身是亏损的。对于航线也具有同样的特点，一些客流量大的干线航线，其运营具有盈利性；而客流量小的支线航线，运营具有亏损性。

（2）支线航空的公益性问题

对于公益，有很多版本的解释。学界及实务界通常认为公共利益就是受益者尽量广，对受益者生活直接有益的利益；同时，公益事业还具有运营上的亏损性。可以根据公益事业的这两大特点来判定支线航空服务是否具有公益性。

衣、食、住、行是人们生活的基本要素，因此出行是对人们生活直接有益的活动。在人们出行的这个问题上，从社会公平的角度看，不同地区的人们应该具有相同的出行权利，即消费者在付出相同的成本情况下，应该能够获得相同服务质量的出行服务。在我国东部地区，高速公路、铁路网和机场比较密集，人们能够比较方便地获得较高质量的交通运输出行服务。而中西部地区，各种运输方式都相对比较落后，没有获得相应的出行服务，因此应该改善该地区的出行条件，会使受益者更广泛。在这些地区地广人稀，航空是最经济、合适的交通方式。如果确定我国人们应该具有某一标准的出行服务标准，东部大部分地区已经通过公路、铁路等方式实现，而中西部地区许多地方需要支线航空来实现，因此从提高普遍出行服务的角度看，东部地区支线航空政府支持的必要性很小或者没有，而中西部地区具有较强的必要性。同时，又由于这些

地区航空客流量比较小，航空运营本身具有亏损性，因此在这些地区发展支线航空运输服务具有公益性。

支线航空的功能作用很多，主要有促进当地经济的发展和提供普遍出行服务两大功能，另外还有抗震救灾、国防等。对于某一确定的支线航空服务，功能往往是复合性的，应该具体情况具体分析，可以按照实际需求中服务对象的比例确定主要功能，并以此进行划分。目前从全国宏观情况看，东部地区和旅游发达地区的支线航空主要是为促进当地经济服务，因此在性质定位上主要是经营性为主；而中西部地区，由于陆路交通不是很方便，航空运输方式是最经济合理的，主要功能是提高普遍出行服务，同时还有其他公益性的功能，因此在性质定位上应该是公益性或者准公益性。

（二）从属性看供给主体及供给方式

私人产品完全可以由私人部门进行生产供给，但是由于公共产品的特性，公共产品的供给成为政府不可推卸的责任。因此从这个角度看，政府有义务对支线机场进行建设和管理，而没有义务对航空运营承担所有的责任。在供给方式方面，根据公共经济学原理，政府供给公共产品的形式一方面可以是政府建立企业对公共产品进行直接生产，包括中央政府直接经营、地方政府直接经营、地方公共团体经营；另一方面，政府可以通过预算安排或政策安排等某种形式委托给私人部门进行生产。目前我国机场建设运营方式这两种形式都有，即机场作为地方政府的一个事业单位、国有机场集团公司还有航空公司委托经营等。根据国内外经验，在条件成熟的情况下，采用委托经营的运作方式将更有效。对于支线机场，可以市场化运营，形式也多种多样，可以采取中央政府或地方政府或共同进行资金补贴，提出运营条件，采取招标方式，寻求机场运营商。

无论在哪个国家，在公益事业的供给方面都是多角度、多层面的，公益事业是政府、市场力量和公民社会组织共同合力推进的一项事业。政府机构、市场组织、公民社会组织及公民个人都在提供公益服务，大量的企业也直接从事公益事业。但是，公益性服务的实现主要依靠政府，同时，非营利组织的“公益性”是不同于政府组织的“公益性”，因为非营利组织提供的“公益性”是作为一个民间机构来提供的，它不是一个义务，非营利组织只是把“公益性”作为自己的使命，这种服务对于机构和个人来说是自愿的，非强制性的。而政府的“公益性”行为是来自其做了一个公民认同其对自身的管理，作为一个强大的官方机构，必须做出的，为每一个公民的有责任的行为。因此，对于中西部地区的支线航空运营，在没有其他组织和个人自愿去做的情况下，政府有责任去管理和运营，以保障该地区人们的公平出行权利。对于具体的供给方式，可以借鉴政府对公共产品的供给方式。当前主要是根据有关政策措施，对某些确定的支线航线进行补贴。也可以采取另外一些市场化形式，如政府出钱购买服务的方式，即政府确定某一航线的班次频率和其他服务标准，采取招标的方式寻求航空公司，要求补贴最少的航空公司获得该航线的运营权。

第三节 交通运输枢纽

一、城市型综合运输枢纽的内涵及规划理念

（一）城市型综合运输枢纽的内涵

综合运输枢纽城市是指由于地理、交通区位等因素，位于综合运输网的重要交汇点，有广大的吸引和辐射范围，对区域内交通运输的衔接顺畅和高效运行具有全局性和重要影响的城市；是从交通运输的角度定位一个城市在综合运输体系中的地位和作用。综合运输枢纽城市中有许多要素共同作用，形成一个系统，发挥着运输枢纽的功能，城市中这些所有构成要素形成的系统可以称为城市型综合运输枢纽。

城市型综合运输枢纽可以说是在原来传统意义具体枢纽场站基础上的继承和发展。所谓的继承主要体现在城市型综合运输枢纽在本质上仍然是一个运输枢纽，在功能方面基本没有什么本质的变化，主要是在综合运输体系中起客货运输的集散、中转、换乘、换装和过境等功能。所谓的发展是指由原来的一个点，即一个具体枢纽场站，扩展到一个面，即一个城市，该城市内所有与实现运输枢纽功能有关的组成要素的统称，变成一个抽象的概念。

城市型综合运输枢纽从具体的基础设施上升为宏观的、抽象的概念的这种发展变化，使得其在内容范畴方面也有了较大的拓展，不能简单地理解为综合运输枢纽的一种类型。

首先，在运输枢纽服务范围方面，城市内部不但成为其集散的范围，而且是其最重要的组成部分。这样，城市型综合运输枢纽的集散包括对城市内部客货的集散和城市以外区域内的客货集散两部分。但一个城市的交通运输体系非常庞大和复杂，城市型综合运输枢纽不是城市内所有交通运输系统。从城市型综合运输枢纽的功能就可以看出，其城市内部的交通不是综合运输枢纽的范畴，只有与中转、集散、过境等有关的交通运输才是城市型综合运输枢纽的内容范畴。

其次，这个面的内部有自己的交通运输，即城市交通，这使得运输枢纽衔接协调的内容不仅仅局限于大交通运输内部的衔接协调，而且增加了新的内容：大交通与城市交通的协调衔接。另外，由于城市交通自身越来越复杂，拥堵越来越严重，这在引起大家对城市型综合运输枢纽的认识和重视的同时，也对城市型综合运输枢纽在发挥其功能时提出了新要求：有利于城市交通组织，尽量减少对城市交通的影响，缓解城市交通压力。具体来说，大交通运输内部的衔接，由于所涉及的客货运输的起点和终

点都不在城市市区内，与城市交通无关，在交通运输组织时，处理的原则主要是与城市交通剥离，尽量减少对城市交通的影响；大交通运输与城市交通之间的衔接，客货运输其中的起点或者终点有一方在城市内部，在处理的原则上主要是衔接通畅。

因此城市型综合运输枢纽需要解决的问题是在该城市范围内，使各种运输方式及城市交通在物理和逻辑上进行良好协调和无缝衔接，在尽量减少对城市交通影响的前提下，使客货集散、中转、过境等流畅，提高综合运输网络的运输效率和运输能力。

（二）综合运输枢纽城市涉及的交通运输组织形式

要分析和找到解决这些问题的方法，就必须对交通运输的组织形式进行分析。不管是大交通与城市交通的衔接还是大交通内部的衔接，在组织形式方面都有两种，通过交通网络直接运输和利用交通运输场站进行中转（换乘或换装）。但对不同类型的交通运输衔接，同一种组织形式其含义和内容不同。

1. 直接运输组织形式

对于大交通与城市交通的衔接，直接运输的组织形式是指利用运输工具直接从城市外运送到城市内终点或者从城市内起点直接运送到城市外。如高速公路直接跟城市道路相连接，汽车直接进入城市，没有交通运输方式的改变。由于运输方式的限制，主要是公路汽车运输，如货车在城市外和城市内门到门的运输、私人小汽车在市区与城外之间的交通出行。利用的交通基础设施主要是城市道路和对外运输公路，衔接点在城市道路与外部公路衔接的交汇处，路口、立交等。

对于大交通内部的衔接，直接运输的组织形式是指运输工具在运输过程中经过本城市而不进行停留。利用的基础设施往往是绕城环路、过境公路、过境铁路（已经出现，如武汉）等。

对于直接运输，不管哪种类型的交通运输衔接，客运与货运往往是利用同一交通运输基础设施，没有区分和分离，即一般不会分客运对外运输通道、货运对外运输通道和客运过境公路、货运过境公路等。

2. 场站中转组织形式

利用场站如机场、火车站、汽车站、港口、货运中心或者物流中心等，中转往往有换乘、换装行为的发生，一般需要改变交通运输方式，也有的不改变运输方式，但要改变运输工具。

对于两种不同的交通运输衔接，在场站中转组织形式中，相同点在于都有一段运输都是场站与区域外的运输，不同点在于大交通与城市交通运输衔接的另外一段运输更多地在市区内，属于城市交通运输。而大交通内部衔接另外一段运输更多地属于区域交通运输。由于其共同点，所以这两种不同的交通运输衔接往往利用相同的交通运输场站。

（三）城市型综合运输枢纽的构成要素

从城市型综合运输枢纽的内涵和涉及的交通运输组织形式可以看出，城市型综合运输枢纽既不是原来所说的多种运输场站、运输设备构成的综合体，更不是指整个城市内所有交通运输构成要素的组合，而是指与发挥综合运输枢纽客流和货流中转、换乘、换装与集散等功能相关的基础设施设备、信息系统、组织管理机构等要素组成的系统。

城市型综合运输枢纽功能的实现需要以基础设施的一体化为基础，以信息的一体化为支撑，以协调的运输管理政策为保障，以统一的管理体制或良好的协调机制为前提，涉及交通运输基础设施、信息和管理体制三方面。信息之间的衔接可以通过建立统一的交通信息平台等手段来实现；管理体制，可以通过成立大交通运输管理委员会等措施进行统一协调和管理；最复杂的是交通基础设施的有效衔接，下面内容以基础设施为重点进行阐述。

对于城市型综合运输枢纽基础设施的构成要素方面，在以往的研究中没有人专门提及过，但徐双应在《绕城高速公路的交通运输枢纽作用》中详细阐述了绕城高速公路的交通、运输枢纽作用，既然绕城高速公路发挥着运输枢纽的作用，其无疑也是运输枢纽的组成部分之一。通过对综合运输枢纽城市在功能发挥过程中涉及的交通运输组织形式的分析，可以看出其基础设施的构成要素不仅包括传统所说的运输枢纽场站，而且包括相应的过境公路、铁路和绕城公路等，同时，大交通干线公路与城市道路衔接点的路口和立交也应该看作是其要素之一，因为这些都对运输枢纽功能的实现具有一定的影响。

（四）城市型综合运输枢纽基础设施规划要求和理念

城市型综合运输枢纽的要求（也可以说是追求的目标）是各种运输相互衔接流畅、一体化，并且尽可能小地影响城市交通。由于同种组织形式下不同类型的交通运输衔接也具有不同的含义，所以需要对不同类型的交通运输衔接及其不同类型的组织形式分别阐述具体要求和相应的规划设计理念。

1. 直接运输组织形式

大交通与城市交通衔接的直接运输组织形式，即汽车利用公路和城市道路直接进行门到门服务和私人小汽车对外出行，因为主要涉及公路和城市道路及相互衔接，要想达到运输衔接流畅并对城市交通影响小的目标，首先要求对外公路与城市道路有良好的物理连接，即通过路口或立交，这一点往往比较容易达到，但是需要注意的是与对外公路衔接的城市道路应该是城市的主干道，而不是支路等，并且应该不仅仅是一条城市道路。因为要想保持良好的交通流，仅仅物理上的连接是不够的，更重要的是在通行能力上的匹配。只有与对外公路衔接的所有城市道路的通行能力之和与对外公路的通行能力相匹配，在相互衔接处才不会产生交通拥堵的情况，交通流比较流畅。需要注意的是城市道路的通行能力是有效通行能力，因为城市道路本身要承担城市内部的交通，并不是所有通行能力都来承担对外集散运输的交通，所以有效通行能力指总通行能力减去所要承担的城市内部交通流量的剩余能力。因为不管城市交通还是对外干线交通都有时间上的不均匀性，如城市交通的早晚高峰的特点等，因此还要考虑时间的不均匀性，只有这样才能使衔接真正流畅。

大交通运输内部衔接的直接运输组织形式，因为是不在本市停留，所以往往把这部分交通运输剥离出来，利用过境公路、过境铁路、绕城高速公路等形式达到分离的目的，进而不影响或少影响城市交通。这里存在两方面的问题，一方面是采取什么样的形式进行交通组织，另一方面是如何引导交通达到预期目的。对于前一问题，过境交通目前在中小城市往往利用城市道路过境，随着城市发展和扩大就必须修建干线公路的过境线，大部分城市都在考虑修建环城线过境。修建城市环城线既有优点也存在着不足，优点是能减轻城市中心的交通压力，有利于沿线土地开发，同时由于环线与城市接触带长，有利于互通的设置，给城市出入境带来方便。不足是容易吸引当地绕行交通，给过境交通带来不便，若是采用高速公路过境，全封闭环线对城市发展有一定的影响。因此，对过境公路的路线方案应进行综合分析，既要因地制宜，远近结合，又要兼顾过境与出入境交通，通过比较来确定路线方案。确定交通组织形式后，接下来的问题就是如何引导交通，达到预期目的。往往独立的过境线路在距离上较长或者线路条件差等，交通运输运营主体（驾驶员）不愿意选择这些线路，所以需要在线路条件方面进行改善或者通过交通管制、经济等手段引导交通运输运营主体选择这些线路。

2. 场站中转组织形式

对于场站中转的组织形式，由于两种交通运输衔接的共同点使得共同使用同一个交通运输场站。但也正是因为共同使用同一交通运输场站，两种交通运输衔接的不同性质导致了其要求上的双重性：与城市本身有关的交通运输要求场站与城市交通密切衔接；与城市本身无关的交通运输要求以不同运输方式为主的场站之间，如火车站与汽车站之间，进行有效衔接，并且它们之间的交通运输尽量少影响城市交通。

（1）客运场站、货运场站的差异点

由于客运场站和货运场站往往是分开的，客运与货运在运营组织上也有较大差别，在衔接方面的要求也不一样，现分别进行描述。

①客运场站。在与城市交通衔接方面，不管是机场，还是火车客运站，亦或公路长途客运站，都要求与城市公交具有良好的衔接，最好是立体换乘，实现真正的“零距离换乘”。另外，衔接时还要注意两方面问题，一是注意能力匹配，如火车站所衔接的干线铁路与城市轨道、公交能力匹配，因为相对货物运输来说，旅客具有很强的时效性，城市公交具有良好的疏散能力，能够很快地疏散到发旅客，不能滞留在站内；二是注意衔接方式的经济性，尤其在机场与市区的衔接，不能主要依靠高速公路为主要衔接方式，以小汽车作为主要集散方式，而应该主要依靠更为经济、准时的公共交通（最好是快速公交、轨道交通等）。

大交通运输的内部衔接往往涉及各场站之间的衔接，不管是同种场站不同场站之间（多个长途客运站之间、多个火车客运站之间等），还是不同种场站之间（火车客运站、机场、汽车长途客运站之间）都需要有效的衔接。因为同种场站的多个场站设置时，往往按照不同的集散区域或对外运输方向进行划分，对于中转的旅客来说往往要改变方向，所以需要从一个场站下车到另外一个场站上车进行换乘。不同类型场站之间的换乘是因为出行距离较远时，乘客通过发挥不同交通运输方式的比较优势，取得整体出行最优时，在此城市进行必要的交通运输方式换乘，这种换乘在城市型综合运输枢纽中比前者更为普遍。为了更好地对这些换乘进行组织，最有效的方式是把各场站集合在一起，形成一个综合交通换乘枢纽。但是往往由于各种条件的限制，不可能在物理上集合在一起，因此进行有效的交通运输组织衔接成为必要。因为这些换乘交通出行的目的是各个客运场站之间，而非城市内部交通出行，所以原则应该是提供明确、快速、经济的换乘方式。一种方式是利用城市地面公交或者轨道交通，另外一种方式是在各场站之间建立专门的免费换乘公交，这种公交按一定的频率穿梭往来于各场站之间，也仅在各场站停靠，这样对换乘者来说，既明确，又快速且经济。

②货运场站。在与城市交通衔接方面，不管是机场、码头，还是火车货运站、汽车货运站（物流中心、配送中心等），衔接的组织形式都是汽车运输，所以只要保证这些场站与城市道路有良好的衔接即可。

相对于客运来说，各个货运场站之间的衔接也比较简单，因为总体来说，货物很少从一个场站运送到另外一个场站，所以相互衔接的必要性不高。首先机场由于其运输的都是批量小、价值高、时效性强的货物，很少与其他运输方式场站之间进行联系。由于水运的货物数量比较大，时间要求不高等，需要火车和汽车集疏运，但不是把码头的货物运输到火车站或汽车货运站，只需要连通公路和铁路即可。火车货运站也是一样，往往是汽车把货物直接从火车站运送到目的地或者从目的地运送到火车站。

（2）客运场站、货运场站的共同点

客货场站虽然有各自的特点，但在与城市交通关系方面也有共同点，最主要的就是交通运输具体场站的布局对于对外交通运输和城市交通的衔接与影响也有重要的作用。这主要包括以下两个方面：

①集中布局还是分散布局的问题。集中布局与分散布局各有特点，集中布局可以有效地缩短各种交通方式站点间的距离和乘客换乘时间，如果交通设施利用立体的竖向空间分别设置，可以节约在城市中心地区可贵的土地资源提供条件。但是交通枢纽集中布局也有明显的缺点，往往工程难度大，造价高昂，更重要的是常常使各个方向通往交通枢纽的人流和地面机动车交通汇集于十分狭小的区域内，如果客货流量较大时会使得交通积聚性太强，造成平均集散距离多长，并且局部交通组织困难，为避免堵塞，进行有效的交通组织，常常出现大大小小的各种高架匝道和地下隧道，对城市特别是城市中心区的景观有很大的影响。当客货流达到一定程度后，这种组织形式是一种不可行的事情。而分散布局恰恰相反，可以分散积聚度，不至于以场站为中心的交通积聚性太强，对城市交通影响较小，但是由于分散在不同地方，一部分换乘、换装需要在不同场站间进行，换乘距离长，增加了一部分交通出行。

当选择分散布局而设置两个或两个以上的场站时，货运站可以按照不同的线路方向分工，客运站的分工可根据具体情况采取如下方案：按衔接线路分别办理始发、终到旅客列车；按办理始发、终到和通过旅客列车分工；按办理快、慢车分工；按办理长途、

市郊旅客列车分工。

②位置问题：市区还是市郊。不管客运场站还是货运场站，其位置主要由集散的重心来决定，重心不同，两者的位置也不同。对于客运场站，除了机场由于噪声、空域、起降条件等因素必须远离市区以外，对于火车客运站和汽车长途客运站，综合各种因素，应该在市区内更为合适。其原因是城市客运场站主要的客流目的地是到该城市，进行中转和或目的地为市域内的客流相对占少数。而到该城市的目的主要以公务、商务和旅游为主，城市的办公区和商务区一般都是在城市的核心区，因此总体上说客运枢纽的客流目的地以市区为主，如果把客运场站集散的目的地求几何重心的话，一定是靠近市区的，而此重心恰恰是客运场站的最佳位置。从实际运营的角度看，不管是火车还是长途汽车，都属于公共交通，到客运场站后客流进行分散，产生更多的交通流，集散的距离决定着产生的交通周转量，也就是对城市路网的交通容量。只有枢纽位于集散的几何重心，产生的交通周转量最小，对路网的交通容量最小。同样的道理，对于货运场站也是货运目的地的几何重心，但是由于大城市产生大货运量的工业一般城市市区的外围，因此货运场站位于市区外围更合适。

二、综合运输枢纽（城市）规划研究内容及分析方法

（一）枢纽城市的功能定位

运输枢纽城市是指具有良好的地理、交通区位等条件，是综合交通网中的重要节点，有广大的吸引和辐射范围，对区域内交通运输的衔接顺畅和高效运行具有全局性和重要影响的城市，是从交通运输的角度定位城市在综合运输体系中的地位和作用。

枢纽城市的层次和类别划分有多种，各枢纽城市应根据自身特点确定功能定位。在《综合交通网中长期发展规划》中对枢纽城市划分为全国性、区域性、地区性三个层次，并确定了 42 个全国性综合交通枢纽城市。这虽是一种地位级别划分的方法，也在一定程度上明确了部分枢纽城市的定位，但对具体枢纽城市的功能定位还需具体分析。枢纽城市在类型划分上有多种，根据主导运输方式的不同，可以分为以港口水运为主、以铁路枢纽为主、以铁路和机场为主等；根据主要运输对象的不同，可以分为以客运为主、以货运为主和客货兼顾；根据所处的地理区位不同，有沿海陆水联运枢纽、国内陆路中转枢纽、边境对外门户枢纽等之分。

枢纽城市功能定位的论述主要依据城市的地理交通区位、城市规模及周边区域的经济基础、枢纽城市对外交通条件等。地理区位和城市规模是枢纽城市的内在决定因素，决定着交通运输网络是否以其为中心和节点，对外交通条件是外在前提，影响着枢纽辐射范围的广度与深度，共同决定着运输量的大小和枢纽规模。

地理区位决定了枢纽在区域运输中集聚、中转内在的经济性和过境运输的可能性与必然性。地理区位条件主要是指该城市在区域中的位置，是在沿海、内陆，还是边境地区。有的城市处于边境地区，但从更大的国际区域角度看，该城市又是该国际区

域的中心，如昆明。有的处于大陆的末端或边角，但从全球角度看是全球的重要枢纽中心，如纽约、香港、新加坡等。地理区位分析还需要充分考虑经济发展分布和交通网络情况。

枢纽城市的规模及其在区域中的集聚辐射度决定了以该城市为起止点的客货运输流吸引、产生量，这些客货运输同时为集散、中转运输的经济性提供了基础条件。城市（或地区）的人口规模、经济规模以及经贸发展水平、对外开放程度都是影响客货运输流量的极其重要的因素。枢纽城市应有较大经济规模，产业体系相对比较完善，是区域经贸往来中心，具有较强集聚辐射和引领作用。确定枢纽城市的功能定位要分析其经贸、商贸市场以及文化交流情况，分析其经济上的实力和发展潜力，在区域经济发展中的影响力和领导地位。

对外交通运输发展水平直接关系到一个城市或地区的获取发展所需资源、要素的能力，同时也直接关系到是否能成为枢纽城市必要条件。作为外在条件，在分析枢纽城市功能定位时，主要依据对外交通运输发展现状情况。

枢纽城市的功能定位分析需横向考虑与周边城市的协调、配合。一个区域中，存在不同层级的枢纽城市，既要考虑分析不同层级间的相互配合，也要分析同一层级间的分工协调。枢纽城市的重要性既要看城市自身规模的绝对大小，还要看与周边城市的相对大小及其聚集度，如昆明市的经济规模在全国城市排位中比较靠后，但由于其周边区域中的没有更大的城市，其聚集度很高，无可争议地作为区域枢纽城市。

枢纽城市的功能定位分析需以历史发展的眼光，既要依据目前的发展现状，又要着眼未来。枢纽城市的地理区位、经济基础、对外交通条件都会发生变化。原来是边境末端的城市，区域对外开放等发展外部环境的变化可以使其地理经济区位发生根本变化，由区域末端变成对外开放的前沿和区域经济合作发展的中心。枢纽城市及其周边地区城市的经济发展速度不同，影响着城市绝对规模和相对大小，进而影响着枢纽城市的地位。区域交通路网的变化也直接影响着枢纽城市地位的改变。

由于对外交通条件的改变相对容易，应更多地根据地理区位条件和城市在区域经济中的地位，确定该枢纽城市应该承担或可能承担的功能定位，作为枢纽城市未来发展的目标。

（二）对外交通运输通道网络

运输枢纽与运输通道相对应，两者相互依存、相互促进发展。通道的功能在于为载运工具的运行提供大能力的通行条件，客货运输必须依托枢纽进行组织和提供相应的服务才能实现。枢纽依托通道而产生和加强，通道的通达程度是枢纽服务范围和辐射半径的主要体现，枢纽的地位和功能很大程度由所连接的通道决定。因此，枢纽城市的规划和打造需要构建完善的对外运输通道网络。

运输通道是区域综合运输体系规划的重点，其中对通道的走向、能力、方式构成等都进行详尽的规划描述，但其着眼点是站在区域的角度，为了加强城市、区域间客货运输的互联互通，非从打造枢纽城市的角度，实现枢纽城市的功能定位。两者有较

强的共性，但又有一定的区别，对于运输枢纽（城市）规划，应在区域综合运输体系规划的基础上，根据需要对通道规划进行补充完善。

作为实现枢纽功能定位的外部前提条件，应根据确定的枢纽城市功能定位，结合目前发展现状与问题，构建打造与枢纽城市功能定位相适应的对外交通运输通道网络，其线路等级和能力与枢纽城市的规模和承担的客货运输作业量相匹配。

对外运输通道既包括交通基础设施网络，又包括运输运营网络。枢纽主要服务范围和辐射半径既取决于交通基础设施网络的通达程度，也取决于运输运营网络的覆盖范围。运输网络是进行运输经营与服务提供的生产要素，它决定看枢纽的服务辐射范围和与相关连接点之间的通达度、便捷度。因此，枢纽通道网络规划既要构建交通基础设施网络，又要依托该通道构造运输网络，并进行运输组织模式设计。对于国际枢纽通道网络还需进行口岸和便利通关等方面问题的研究。

（三）城市内运输枢纽体系

运输枢纽（城市）在综合运输体系中承担客货运输集散、中转、换乘、换装以及过境等功能，该功能的发挥依靠城市中相关交通基础设施及其设备、信息系统等要素构成运输枢纽体系。基础设施具体包括各种运输枢纽站场及其集散线路、运输枢纽场站之间的联络线、城市道路与对外公路的衔接以及过境线路等，其中运输枢纽站场是主体，是枢纽功能的主要承担者。综合运输枢纽城市主要发挥城市交通和对外交通运输的衔接以及外部交通运输在城市内中转换乘，运输枢纽站场主要指机场、火车站、长途汽车站、港口等，不包括城市内客运出行形成的中转换乘枢纽站场，即市内交通枢纽站场，如轨道交通换乘枢纽站、地面公交换乘枢纽站等。

城市内运输枢纽体系规划应主要处理与城市发展和产业布局的协调、减少对城市交通的影响、便于客货集散、提高旅客中转换乘的方便和快捷，以及城市土地资源的集约利用等问题。根据运输枢纽体系的构成要素，规划内容包括以下几方面：

1. 枢纽站场布局调整

枢纽站场的布局应在与城市发展及产业布局相适应的前提下，尽量便于旅客和货物到达站场，缩短枢纽站场与客货源点之间的运输时间。在确定枢纽站场的具体位置时，还需考虑其他一些实际因素，如周边道路交通条件、土地的可获得性、与周边环境的协调性等。另外，枢纽站场尤其是大型客运枢纽站场对周边地区具有很强的催生效应，在目前我国城市化进程快速发展阶段，一些城市为了拓展城市发展空间，调整城市布局，利用枢纽的集聚效应，可以把枢纽站场布局在建成区以外或者更远地区，促进形成城市副中心。

2. 枢纽站场的规模与集中度、综合性

枢纽站场的规模主要依据未来客货吞吐量、中转量确定。客运枢纽站的集中和综合可以减少旅客换乘次数和换乘时间，大大提高便捷性，同时还可以节约城市中宝贵的土地资源。铁路、民航主要承担中长途客运，公路客运是中短途，部分是为中长途

进行旅客集散。为方便旅客中转换乘，应重视公路长途客运站与铁路客运站、机场的一体化。随着客运专线、城际铁路的建成运营，铁路客运站与机场的综合一体化也逐步必要。枢纽站场过度集中也会带来规模过大、集散距离过长，并且使大量集散客流、车流汇集于枢纽站场周边相对狭小的区域内，局部交通组织困难等问题，因此也不应该过于追求枢纽站场的规模和集中，大城市规划建立几个客运枢纽站场是合理的。

3. 枢纽站场的功能分工

城市内规划布局两个或两个以上的客货运输枢纽站场时，对其进行功能分工非常必要。货运站场可以依据所服务的区域范围和业务类型，结合对外运输线路的方向进行分工。客运站场可根据具体情况采取如下方法进行功能分工：按衔接线路方向进行分工；按办理快、慢车分工；按办理中长距离、城际和市郊旅客列车分工。即使综合性客运枢纽，如上海虹桥客运枢纽，其铁路功能、航空功能也应在全市铁路运输、民航运输中有一定功能分工。

4. 枢纽站场的集疏运网络

枢纽站场集疏运网络规划应该对其周边区域交通现状及未来发展全面了解的基础上，结合城市轨道交通、城市道路等建设，合理构建。其核心理念应为干线运输与集疏运能力匹配，能够实现快速集散，并尽量减少城市交通压力。具体应依据三方面原则，首先，客运枢纽应建立以公共交通为主导、出租车和社会车辆为辅的多种客流集散方式，大型综合客运枢纽应以城市轨道交通为骨干；其次，大型国际机场既要有轨道交通与城市轨道网相衔接，又要有高速铁路经过或与主要铁路客运站建立直接、快速的客运通道；最后，加大铁路运输在港口货物集散中的比重，并采取建立货运专用通道等措施，尽可能减少公路集散运输对城市的影响。

5. 枢纽站场间运输联系通道

大型客运枢纽站场之间都有较大规模的旅客进行中转换乘，有必要建立有效的衔接。这些中转换乘交通限于客运站场之间，目的明确、相对集中，与城市内部交通出行有较大不同，应为其提供快速、经济、直达的中转换乘方式。一种方式是与城市地面公交或轨道交通相结合，有运营线路为枢纽站场间建立快速、直通的联系，同时服务城市居民日常出行；另一种方式是在各站场之间建立专门、独立的换乘公交线路，这种公交按一定的频率穿梭往来于各站场之间，仅在各客运站场停靠。货物很少从一个站场运送到另外一个站场，货运站场之间一般不需要衔接通道。

6. 合理处理（分离）过境运输

枢纽城市的地理区位决定了必定有较大规模的过境运输，过境运输不在枢纽城市停留，与城市的经济社会发展基本没有关系，有必要通过各种形式实现分离。分离的形式有过境公路、过境铁路、绕城高速公路等。如果受客观条件限制或从技术经济角度修建独立过境线路不经济合理，过境交通运输通过城市

内部道路，该道路应按城市快速道路的标准建设与控制，或直接采用高架或下穿

的方式过境。目前在中小城市过境交通可以利用城市道路与城市交通混行。随着城市发展和扩大，应修建专用过境铁路和公路。对于过境公路，还需通过交通管制、经济手段等加以引导，以达到过境交通与城市交通分离的预期目的。

7. 对外公路与城市道路的衔接

综合运输枢纽城市还有大量的汽车进出城区，为了使这部分交通流顺畅，避免在城郊接合处出现交通拥堵，要求对外公路与城市道路有良好的物理连接和通行能力的匹配。其中通行能力的匹配是指对外公路衔接的所有城市道路的通行能力之和与对外公路的通行能力相匹配。由于城市道路本身要承担城市内部的交通，只有部分通行能力可以用来承担对外客货运输，因此应是该有效通行能力之和与对外公路通行能力相匹配，需要主要对外公路与多条城市主干道相衔接。另外，城市交通和对外干线交通流在时间上都有不均衡性，如城市交通的早晚高峰等，能力匹配还需考虑这种时间上的不均衡性。

另外，城市枢纽体系规划还应对站场设计的立体化和人性化，信息系统与运营服务方面的完善、衔接等提出一定的要求。

总之，城市内运输枢纽体系规划应以强化衔接为核心，建立功能完备、布局与分工合理、设计人性化、集疏运体系完善的枢纽站场和能力匹配的线路网络，加强信息系统、运营服务的衔接，使城市内外交通、客货中转换乘更加便捷、顺畅，提高综合运输体系的整体效率和服务水平，促进运输枢纽与城市的协调发展。

（四）推进策略与近期建设重点

对外运输通道网络和市内枢纽体系的构建，涉及许多建设项目和工作任务，在投资资金、外部环境条件等方面的约束下，需要长期持续不断的完善，需要统筹合理、分阶段逐步实施推进。

确定推进策略和近期建设重点，应从项目和任务对构建枢纽城市、打造枢纽功能定位的重要性、建设的紧迫性和实现的可能性三方面进行考虑。其中连接周边主要城市、港口的大容量、快速对外干线线路和市区内主要的大型客货运站场对枢纽的构建、功能定位的发挥具有重要作用，应优先重点考虑。对规模不满足目前运输需求、对城市发展和周边市内交通拥堵已经造成较大影响的枢纽站场和线路，具有较强的迫切性，需要尽早实施搬迁或集疏运系统改造。实现的可能性主要从资金、土地以及相关方协调合作的成熟度等方面进行考虑。

（五）保障措施与政策建议

保障措施与政策建议应主要包括运输枢纽的管理体制与协调机制、投融资与建设模式、运营管理模式与制度建设等方面。

1. 管理体制与协调机制

运输枢纽的要素较多，涉及多个行业管理部门，目前这些管理部门各自独立。枢纽的建设、运营既涉及城市管理部门与上级行业主管部门的协调，也涉及城市内相关部门之间的协调。缺乏统一的管理责任主体和相互间协调衔接不够是目前运输枢纽发展薄弱的根本原因。要推动运输枢纽的健康快速发展，必须建立有效的管理体制和协调机制。城市政府应明确某一部门为枢纽建设的责任主体，赋予一定权限，以其为核心，建立城市部门间协调机制。同时，该部门全权负责与上级各行业主管部门的沟通与协调。

2. 投融资与建设模式

运输枢纽尤其是客运站场具有较强的公益性，应由政府主导建设，在资金、土地、税收等方面加大支持力度。同时，多数枢纽站场具有一定的可经营性和盈利性，应充分利用该特点，以政府的相关支持为基础，采取灵活的方式，吸引企业及民间投资。城市政府应充分考虑不同交通枢纽在公益性、经营性等方面的不同，采取不同的投融资方案。在此基础上，按照市场规则形成投资法人，对枢纽站场进行投资建设。投资建设主体法人化可在一定程度上避免建设项目决策、建设与生产、经营相互脱节，经济效益低下等问题。

3. 运营管理模式与制度建设

枢纽场站的运营管理模式有很多种，如所有者及相关部门各自独立管理、所有者及相关部门统一协调管理、委托运输企业管理、委托专业化的运营企业进行管理等，应根据不同枢纽站场的性质情况，选择合适的运营管理模式。同时应建立相应的机制和明确的制度，保证所有运输服务市场主体享有公平使用的待遇。

三、以城市为主导加快推进综合运输枢纽建设发展

综合运输枢纽是综合运输体系的重要组成部分，是运输生产经营活动的重要场所，是运输效率、服务水平高低的关键。在我国综合交通网加快形成的历史阶段，推进完善综合运输枢纽对增强交通网的有效供给能力、提高综合运输体系的整体效益和服务水平等均有重要作用。

（一）推进我国综合运输枢纽规划、建设的必要性与紧迫性

1. 社会经济发展对交通运输需求变化要求加快综合运输枢纽建设

随着我国经济发展方式的转变，高端产业的比重越来越大，货物运输呈现小批量、多批次、高附加值等特征，在时间上对及时送达等也有较高要求。同时，随着人们生活消费水平的提高，对出行的舒适性、便捷性等服务质量的要求也越来越高。运输枢纽作为提高服务水平的关键，需要进行建设和完善。

2. 城市发展、枢纽站场大规模调整和重构，需要整体考虑、系统规划

城市功能布局调整、各种运输方式场站和城市轨道交通的建设使许多城市的综合运输枢纽进入了新一轮调整和重构时期。除了城市发展使许多客货运输站场调整外迁外，近些年是我国正处在各种运输方式枢纽站场大规模建设完善期和城市轨道建设高峰期。轨道交通作为客运枢纽主要的客流集散方式，目前国家已经批复了 25 个城市的

轨道交通规划，还有许多其他城市正在积极筹备建设。运输枢纽站场位于城市内，涉及多种运输方式和城市交通网络，拆迁成本高、协调难度大，建成后进一步整合、调整的代价和难度很大。因此，在这个重构的关键时期，迫切需要整体考虑、系统规划。

（二）推进我国综合运输枢纽快速健康发展的政策建议

1. 提高对综合运输枢纽重要性和建设迫切性的认识，各级政府通过各种形式加大支持与引导，加快其完善发展

加快综合运输枢纽的完善发展，首先要提高对其重要性和建设的迫切性认识，进而通过各种形式加大支持和引导。运输枢纽尤其是客运站场有较强的基础性和社会公益性，在目前收费体制下，运输枢纽站场建设运营作为独立商业投资项目的吸引力不足，需要政府给予扶持。具体政策措施包括：提高枢纽站场投资在交通基础设施投资中的比重；制定合理优惠的土地出让政策，客运枢纽站场以划拨为主；完善建立市场化定价收费机制；降低或减免相关税收；增加信贷贴息力度等。

积极探索客运枢纽站场的综合利用开发。便利的交通和大规模客流聚集使客运枢纽充满了商机，奠定了其综合利用开发的可能性。同时，客运枢纽一般位于市中心，为了更好地利用稀缺的土地资源，从土地集约利用方面也要求进行同步商业开发。综合开发利用的收入可以用作投资建设和维护费用，是政府对综合客运枢纽的一种间接投入方式，保证其可持续发展。

2. 明确综合运输枢纽的责任主体以及规划编制、项目建设等审批、验收机制

①城市政府应为综合运输枢纽规划、建设、运营管理的主导者。综合运输枢纽的公益性和自然垄断性决定了应由政府主导进行建设，而综合运输枢纽集各种要素为一体，其规划、建设、运营管理涉及各种运输方式主管部门以及城市规划、土地、城建、环保等多个相关部门。为了有效集合各要素，发挥枢纽的整体功能和效益，需要建立统一的规划设计、投资建设、运营管理体制或协调机制。

城市政府最合适也有条件作为综合运输枢纽的主导责任主体。运输枢纽是重要的交通基础设施，更是城市基础设施的组成部分。铁路、公路、机场、港口等运输枢纽站场在区域及全国运输组织中具有重要的作用，但这些站场在城市中的具体位置对该功能作用的发挥影响不大。相反，从城市的角度看，运输枢纽主要为该城市及周边地区服务，场站往往需要布局在大型工商企业集中、人口密集的地区及周边，与城市其他基础设施联系极为紧密，其布局对城市的整体发展、运营对城市的秩序以及提供运输服务的便利性等均具有直接重大影响。城市政府作为主导者可以统筹考虑、更集约有效地利用土地资源，可以更好地促进客货运输设施与经济社会活动相协调，促进枢纽站场集疏运体系与城市交通相衔接和协调，有效避免和解决目前存在的问题。

②城市政府负责统一规划和大型综合枢纽站场的前期工作，国家宏观经济管理部门组织协调各行业主管部门进行审批及项目验收。城市政府负责综合运输枢纽的统一规划和前期研究。城市政府依据本城市在综合运输体系中的地位功能，在充分考虑和

满足运输需求的前提下，结合城市功能、产业布局、城市交通状况等因素，在城市层面统筹协调规划、土地、城建、环保等多个相关部门，对综合运输枢纽城市各构成要素进行统一规划。对于大型运输枢纽场站，城市政府负责组织进行可行性研究工作，明确枢纽站场的建设内容范围及其集疏运体系、投融资模式和构成比例，以便形成统一投资主体或者协调机制。

国家宏观经济管理部门组织协调各行业主管部门对规划、重大项目进行审批和验收。由于综合运输枢纽构成要素的涵盖面很广，铁道部、交通运输部、民航局以及城乡建设部等行业主管部门均难以对城市综合运输枢纽规划和重大综合性枢纽站场可行性研究进行独立审批，有必要让国家宏观经济管理部门来组织协调这些行业主管部门并进行审批。经批准的综合运输枢纽规划，应纳入城市总体规划。重大运输枢纽站场可行性研究通过审批后，城市政府进一步征求铁路、公路、航空、水运等行业主管部门以及相关运营企业的建设要求，组织设计和建设，国家宏观经济管理部门与各行业主管部门共同参与最终验收工作。

3. 鼓励实施运输枢纽站场投资建设主体法人化

投资建设主体法人化可在一定程度上避免建设项目在决策、建设与生产、经营相互脱节，经济效益低下等弊病。对港口等可以完全市场融资的枢纽站场，按照市场规则形成投资法人主体。对具有公益性难以完全商业化运作的枢纽站场，城市政府针对具体枢纽站场与各行业主管部门及其他投资主体通过合理的方式确定各自的投资比例。铁路、公路、民航等行业主管部门按照相关规定，分别投入一定数量的资金作为建设资本金；城市政府通过已有的基础设施投资公司或组建新的站场建设投资公司管理相关资金，对枢纽站场进行投资；两者共同作为资本金，使其成为吸纳民间资本的有效媒介。在此基础上，按照市场规则形成投资法人，对枢纽站场进行投资建设。

4. 加强运营管理模式及制度建设，保证枢纽站场的公共性

枢纽站场具有自然垄断性，如果运输企业掌握枢纽站场的运营，容易形成运输市场的垄断，进而影响运输市场的公平竞争和资源的有效利用，有必要采取措施保证枢纽站场的公共性，其措施和形式有多种：首先，应尽可能使枢纽站场的投资运营主体与运输服务的市场主体分开，并且前者在运营过程中不受后者的控制和影响。这需要政府作为主要的投资主体，拥有枢纽站场的控制权，选择枢纽站场的运营主体；或者寻求多家运输企业共同参股，相互制衡，以达到对枢纽站场的公平使用。其次，对于枢纽站场的投资、运营主体同时也是运输服务的市场主体的情况，应建立相应的机制和明确的制度，保证其他运输服务市场主体享有公平的待遇。

第三章　交通运输的需求与供给

第一节　运输需求分析

一、运输需求的概念与特征

（一）需求与需求量

1. 需求

经济学中所指的需求（demand）是指消费者在一定时期内，在各种可能的价格水平下愿意而且有能力购买的商品的数量。

经济学家所关心的不仅仅是人们想要的，而是在他们的收入限定的支出和各种商品价格已知的条件下所选择购买的商品数量。可见，需求是支付意愿与支付能力的统一，两者缺一不可。人们的需要只有在具备了支付能力的情况下才会形成现实的市场需求，否则只是意念中的主观愿望，是无法实现的。

需求可以分为个人需求和市场需求。个人需求是指单个消费者或者家庭单位对某种商品的需求。某一商品市场不同价格水平对应的所有消费者或家庭的需求总和即是该产品的市场需求。个人需求是构成市场需求的基础，市场需求是所有个人需求的总和。

消费者对一定商品所愿意支付的价格称为需求价格，它取决于商品对消费者的边际效用。需求一般随价格上升而减少，或随价格下降而增加。

2. 需求量

需求量是指在某一时期内，消费者在某一价格水平下愿意并能够购买的商品数量。从需求和需求量的概念上可以看出二者的区别：需求量对应的是某一特定价格下的具体数量，而需求则是每一可能价格水平下的需求量组合。用函数表示为

$$Q = f(P) \tag{3-1}$$

式中 P—价格；Q——需求量。

（二）运输需求的概念

1. 运输需求

运输需求是指在一定的时期内，一定价格水平下，社会经济生活在货物和旅客空间位移方面所提出的具有支付能力的需要。运输需求必须具备两个条件，即具有实现位移的愿望和具备支付能力，缺少任一条件，都不能构成现实的运输需求。

运输需求包含以下六项要素：

①运输需求量，也称流量，通常用货运量和客运量来表示，用来说明货运需求和客运需求的数量与规模。

②流向，指货物或旅客发生空间位移时的空间走向，表明客货流的产生地和消费地。

③运输距离，也叫流程，指货物或旅客所发生的空间位移的起始地至到达地之间的距离。

④运输价格，简称运价，是运输单位重量或体积的货物和运送每位旅客所需的运输费用。

⑤运送时间和送达速度，又称流时和流速，前者是指货物或旅客发生空间位移时从起始地至到达地之间的时间；后者是指货物或旅客发生空间位移时从起始地至到达地之间单位时间内位移的距离。

⑥运输需求结构，是按不同货物种类、不同旅客出行目的或不同运输距离等对运输需求的分类。例如，铁路货物运输分为 28 个品类；旅客运输可分为公务、商务、探亲、旅游等；不同的运输方式中常按运输距离分为短途运输、长途运输等。

2. 运输需求的产生

运输需求按运输服务对象可分为旅客运输需求和货物运输需求。

旅客运输需求一般可分为四类：公务、商务、探亲、旅游。其中，以公务和商务为目的的旅客运输需求来源于生产领域，是与人类生产、交换、分配等活动有关的需求，可称为生产性旅行需求，这种需求是生产活动在运输领域的继续，其运输费用进入产品或劳务成本。以探亲、旅游为目的的旅客运输需求来源于消费领域，可称为消费性旅行需求，其运输费用来源于个人收入。

货物运输需求的产生有以下几方面原因：

①自然资源地区分布不均衡，生产力布局与资源产地分离。自然资源是大自然赋予人类的巨大财富，然而，自然资源分布不均衡是一种自然地理现象。生产力的布局要考虑自然资源分布状况，但不可能完全一致；人类的经济活动必然要求自然资源由储藏丰富的地区向贫乏的地区流动，这就必然产生运输需求。

②生产力布局与消费群体的空间分离。由于各地区经济发展不平衡，生产力布局与消费群体的分离必然存在；生产力的布局同时决定了生产性消费的分布，而生产性消费的生产和消费同样存在分离。随着社会经济的发展，某些商品的生产与消费的空间分离可能日益减少，但是随着生产的社会化、专业化、区域经济的分工与合作、生产要素的进一步优化组合，某些商品（包括中间商品）的生产将日益集中在某个或某些区域，因此，生产与消费的空间分离将日益增大。由于生产与消费的空间分离不可避免，就必然产生运输需求。

③地区间商品品种、质量、性能、价格上的差异。不同地区之间、不同国家之间自然资源、技术水平、产业优势不同，产品的质量、品种、性能、价格等方面会存在很大差异，由此可引起货物在空间上的流动，产生运输需求。

（三）运输需求的类型

根据研究运输需求的内容和目的的不同，可对运输需求进行如下分类。

①按运输对象的不同，可分为旅客运输需求和货物运输需求。旅客运输需求是一种派生需求，它是由于人们的出行需要所派生出来的，即人们的出行行为派生了旅客运输活动。

②按运输需求的范围不同，可分为个别运输需求和总体运输需求。个别运输需求是指在一定时期内，一定价格水平下，许多性质不同、品种不同、运输要求相异的具体需求；总体运输需求是由个别运输需求的总和构成的。个别运输需求是有差异的，但总体运输需求是无差别的，都是实现运输对象的空间位移。

③按运输需求产生的地域不同，可分为区域内运输需求、区域间运输需求和过境运输需求。运输需求的起点与终点在同一区域A，则为A区域内的运输需求；运输需求的起点在A区域而终点在B区域的，为A、B区域之间的运输需求；运输需求的起点、终点均不在A区域，但运输对象利用了A区域内的运输线路完成其位移的，为A区域的过境运输需求。

④按运输方式不同，又可分为铁路运输需求、公路运输需求、水路运输需求、航空运输需求和管道运输需求以及多种方式的联合运输需求。

（四）运输需求的特征

1. 派生性

在经济生活中，如果一种商品或服务的需求是由另一种或几种商品或服务派生出来的，则称该商品或服务的需求为派生需求，引起派生需求的商品或服务需求为本源需求。运输需求是社会经济活动的需求派生出来的，因为货主或旅客提出位移要求的目的并不是位移本身，而是为实现生产或生活的目的，完成空间位移只是其为实现真正目的的一个必不可少的环节。所以，相对运输需求而言，社会经济活动是本源需求，运输需求是派生需求。因此，研究运输需求要以社会经济活动为基础。

2. 规律性

运输需求起源于社会经济活动，而社会经济的发展及增长速度具有一定的规律性，因此，运输需求也具有规律性。通常经济繁荣带来运输需求的增长，经济萧条带来运输需求的下降。在国际运输中，由于运输需求是由世界经济和国际贸易派生出来的，其发展变化同世界经济和国际贸易密切相关，但由于国际贸易和国际运输的特点，往往世界经济活动的兴衰反映到国际运输需求上有一定的时间滞后。

3. 不平衡性

这种不平衡体现在时间、空间和方向上。时间上的不平衡主要起因于农业生产的季节性、贸易活动的淡季和旺季、节假日及旅游季节等。空间和方向上不平衡主要起因于自然资源分布、生产力布局、地区经济发展水平、运输网络布局等，如盛产煤炭的地方多为煤炭运输需求的起始地；具有大型钢铁冶炼企业的地区通常是铁矿石运输需求的目的地等。

4. 个别需求的异质性

这种异质性指的是个别运输需求对运输质量管理和工艺要求不同，对运输方向和运输距离要求不同，对运输时间和运输速度要求不同，对运价水平要求不同等。如煤炭、石油、小汽车这些不同种类的货物对运输质量和运输工艺要求不同；鲜活易腐货物同一般货物在运输速度上要求不同；高价值货物与低价值货物能够承担的运价水平的能力不同等。

5. 部分可替代性

随着现代通信技术的发展，旅客流动的一部分可被替代；在工业生产方面，当原料产地和产品市场分离时，人们可以通过生产位置的确定在运送原料还是运送半成品或产品之间作出选择；某些地区间的煤炭运输可以被长距离特高压输电线路替代等。

二、运输需求函数及其影响因素

（一）运输需求函数

运输需求的大小通常用运输需求量来描述。运输需求量是指在一定时间、空间和一定的条件下，运输消费者愿意购买且能够购买的运输服务的数量。根据研究的目的和范围不同，从时间上说，可以是一年、一个季度、一个月等的运输需求量；从空间上说，可以是一个国家、一个地区、一条线路或一个方向的运输需求量；从运输方式上说，可以是各种运输方式的总需求量，也可以是某种运输方式的需求量；在运输对象上，可以是总货运需求或分货种的运输需求或客运需求等。“一定的条件”是指影响运输

需求的诸多因素，如工农业生产规模和速度、资源分布及生产力布局、运输服务价格、人口等。

运输需求量可表示为影响它的诸多因素的函数，即

$$Q=f(P,a_1,a_2,\cdots,a_n) \tag{3-2}$$

式中 Q——运输需求量；

P——运输服务价格；

$a_1,a_2,\cdots,a_n$——除运价以外的其他影响因素。

式（3-2）是运输需求量的一般表达式，并没有表示运输需求量同其他影响因素之间的确定关系。要得到有实际应用价值的函数关系，必须对具体问题进行具体的经济分析、数据统计和数量计算，从而得出确切的函数表达式。

对运输的需求量表现为运量和周转量两个方面。运量是指运输的旅客和货物的数量，是以人次、t 为单位的。周转量则还要反映运输距离上的指标，它等于运量与运距的乘积，以人•km、t•km 等为单位。一般情况下，运输需求量采用周转量这个指标来表示。

（二）影响运输需求的因素

在运输需求函数中，客运需求和货运需求分别有各自的影响因素。

1. 影响客运需求的主要因素

①人口数量及构成情况。客运需求的变化与人口数量成正比关系，人口数量的增加必然会带来客运需求的增加。城市的客运需求就要比农村高出许多，我国目前城市化进程的加快，必然会带来更大的旅客交通压力。同时，人口的年龄构成、性别构成、文化程度构成也会对客运的需求产生不同程度的影响。

②居民收入水平。运输需求的产生基础在于移动的需要，但必然要有居民支付能力的支持。以人均收入指标反映的居民生活水平的高低对于客运需求的影响很大。居民经济收入的提高，必然会带来更大的探亲访友、旅游观光以及文化娱乐等方面的出行需求。

③工农业生产的发展。工农业生产的发展将会带来公务、商务出行的大量增加，由此带来客运需求的大量增加。近年来，随着我国经济的高速增长，地区之间、城乡之间、产销之间的联系日益频繁，人员来往不断增加，客运的需求增长相当迅猛，特别是由于农村运输条件的改善，在很大程度上也促进了农村经济的发展。

④人口的地区流动。近年来，在我国由于人口的地区流动所带来的运输压力日益增大。农民工进城打工形成的民工流，学生放假形成的学生流，“十一"、春节黄金周所形成的旅游观光流和探亲流，形成大量的人口跨地区流动•这种运输需求表现出了极强的时间特征和地域特征。

2. 影响货物运输需求的主要因素

①国民经济发展的规模和速度。经济规模的增长，意味着更多的运输需求，产生更多原材料的运输需求、更多生产环节内部的运输需求、更多流通环节的运输需求。经济增长的速度在很大程度上刺激着运输需求的增长速度。一般情况下，运输需求增长的速度要高于经济增长的速度。

②经济行业和部门结构。不同的部门、行业对于运输的需求是不同的，可以用产品的运输系数来描述不同产品的运输需求。

产品运输系数 = 某种产品的运输量 / 该产品的生产量

当产品运输系数高的行业和部门在国民经济中的比例增加时，即便此时经济总量没有增加，也会带来运输需求的增加。

③生产力布局。生产力布局决定着运输网络的布局，运输网络布局的合理性影响着货流的流向、流量和运输距离·不合理的运输网络布局会导致大量不必要的运输需求，从而增加生产的总成本。所以，在进行生产力布局的同时，合理的运输网络布局必须予以考虑。

④运输行业的发展。交通运输业的重要目的是保证最大限度地满足国民经济发展对运输的需要。因此，交通运输作为一个独立的经济部门，在社会再生产过程中处于“先行”的战略地位。这一点早已是世界各国的共识。新的运输工具的出现，运输能力的增加，运输速度的提高和质量的改善，运输成本的下降，都会刺激运输需求的增加。

三、运输需求的价格弹性

（一）需求价格弹性

“弹性”是一个物理学名词，指一物体对外力的反应程度。在经济学中，弹性指在经济变量之间存在函数关系时，因变量对自变量变化的反应程度，其大小可以用两个变化的百分比之比例来表示。

需求的价格弹性又称需求弹性，指价格变动的比率所引起的需求量变动的比率，即需求量变动对价格变动的反应程度。

1. 需求价格弹性的含义

各种商品的需求弹性是不同的，一般用需求弹性的弹性系数来表示弹性的大小。弹性系数是需求量变动的比率与价格变动的比率的比值。如果以 E_P 代表需求弹性的弹性系数，$\Delta Q/Q$ 代代表需求量变动的比率，$\Delta P/P$ 代表价格变动的比率，则需求弹性的弹性系数的表达式为

$$E_P = \frac{\Delta Q / Q}{\Delta P / P} \tag{3-3}$$

在理解需求价格弹性的含义时要注意以下几点：

①需求价格弹性反映的是价格变动所引起的需求量的变动程度，或者说是需求量变动对价格变动的敏感程度。所以，价格是自变量，需求量是因变量，二者不能进行互换分析。

②需求价格弹性系数是需求量变动的百分比与价格变动的百分比的比率，而不是需求量变动的绝对值与价格变动的绝对值的比率。因为绝对值是有计量单位的，而不同的计量单位之间是不能相比的，但是采用百分比的形式，可以消除计量单位的影响，需求量的变动与价格的变动就具备了可比性。

③需求量对价格的反应一般是反方向的，所以需求价格弹性系数一般为负值。对于某些特殊商品，其需求价格弹性系数也可能为正值。在实际运用时，为了方便起见，一般都取其绝对值。

④同一条需求曲线上不同点的弹性系数大小并不相同。这一点可以从以下关于弹性系数的计算中得到说明。

2. 需求价格弹性的分类

各种商品的需求弹性不同，根据需求弹性的弹性系数的大小可以把需求价格弹性分为五类：

①完全无弹性，即 $E_P=0$。在这种情况下，无论价格如何变动，需求量都不会变动。这时的需求曲线是一条与横轴垂直的线。

②需求有无限弹性，即 $E_P=\infty$。在这种情况下，当价格为既定时，需求量是无限的。这时的需求曲线是一条与横轴平行的线。

③单位需求弹性，即 $E_P=1$。在这种情况下，需求量变动的比率与价格变动的比率相等。这时的需求曲线是一条正双曲线。

以上三种情况都是需求弹性的特例，在现实中是很少的。现实生活中常见的是以下两种：

④需求缺乏弹性，即 $0 < E_P < 1$。在这种情况下，需求量变动的比率小于价格变动的比率。这时的需求曲线是一条比较陡峭的线，粮食、蔬菜等大多属于此类型。

⑤需求富有弹性，即 $E_P > 1$。在这种情况下，需求量变动的比率大于价格变动的比率。这时的需求曲线是一条比较平坦的线，一般工业商品大都属于此类型。

（二）运输需求价格弹性

1. 运输需求的价格弹性

运输需求的价格弹性 E_P 反映了运输需求量对运输价格变动反应的程度，表示为

$$E_P=\frac{\Delta Q/Q}{\Delta P/P} \tag{3-4}$$

式中 Q，ΔQ——运输需求量及其变化值；

P，ΔP——运价及其变化值。

一般情况下，运输需求弹性指的是运输需求的价格弹性。旅客运输需求中，生产性旅行需求的价格弹性较小，尤其是客运中有相当部分运量属于出差等各种形式的公费旅行，这部分运量对运价的弹性比较小。消费性旅行需求的价格弹性较大，但消费性旅行需求要受收入水平高低的影响，人均收入高的国家和地区，由于运输费用占收入的比例小，价格弹性小些，而在低收入的国家和地区，运价的变动对旅行者的影响要大些，故价格弹性要大。然而，在很多国家公共客运长期不进入市场调节的范围，旅客位移不能当作纯粹的商品，而是一种半福利品。在福利价格下，旅客票价仅相当于运输成本的1/3 ~ 1/2，交通费用在家庭生活支出中的比重非常小，因而价格变动对交通需求量的刺激是有限的。

货物运输需求的价格弹性往往与货物价值有关，价值小的价格弹性较大，价值大的价格弹性较小。价格弹性的大小还同货物的季节性以及市场状况等有关。例如，当某种货物急于上市销售或不易储存时，其运价弹性小，货主情愿选择运价高、速度快的运输方式，而不去选择运价低、速度慢的运输方式。此外，运输需求与资源分布及工业布局关系极大，它们决定了相当部分的货运量，这些运量一经形成，其运价弹性就比较小。又如，在铁路的货物发送量中，30% 左右是运距在 200km 以内的，但其中的 70% 属于铁路专用线的运输，这部分运量已经形成比较固定的运输形式，对运价变动的弹性也比较小。如果希望利用提高铁路短途运价将一部分运量分散到公路上，使公路在短途零散货运中充分发挥作用，则这种措施对铁路专用线运量的影响是十分有限的。

不同运输市场上客货运输的需求弹性有很大差别，这表现在弹性与具体的运输方式、线路和方向有关。对能力紧张的运输方式、线路和方向，需求的价格弹性显然较小，运价变动尤其是运价提高对需求影响不大；而能力富裕的运输方式、线路和方向，需求的价格弹性就较大。

（1）运输需求价格弹性的计算方法

运输需求价格弹性的计算可采用如下两种方法。

①点弹性。点弹性是运输需求曲线上某一点的弹性 ε_P，即

$$\varepsilon_{\mathrm{P}}=\lim_{\Delta P\to 0}E_{\mathrm{P}}=\lim_{\Delta P\to 0}\frac{\Delta Q/Q}{\Delta P/P}=\frac{\mathrm{d}Q}{\mathrm{d}P}\cdot\frac{P}{Q} \tag{3-5}$$

②弧弹性。弧弹性为运输需求曲线上某两点间的平均弹性，记为

$$E_{\mathrm{p}}=\frac{\dfrac{Q_2-Q_1}{(Q_1+Q_2)/2}}{\dfrac{P_2-P_1}{(P_1+P_2)/2}}=\frac{Q_2-Q_1}{P_2-P_1}\cdot\frac{P_1+P_2}{Q_1+Q_2} \tag{3-6}$$

当运输需求曲线方程未知，只知道曲线上两点的坐标时，则可用弧弹性的公式求此两点间弧的弹性。

应当说明的是：第一，由于运价与运输需求量是反方向变化的，所以，求出的弹性系数值为负值－第二，通常使用绝对值比较弹性系数的大小，当我们说某种运输需求的价格弹性大时，指的是其绝对值大。第三，如果需求曲线是一条直线，尽管直线上各点斜率的值不变，但由于 $E_P=\frac{dQ}{dP}\cdot\frac{P}{Q}$，直线上各点 P/Q 的值是变动的，所以这条直线上的价格弹性也是变动的。

（2）运输需求价格弹性的五种情况

根据价格弹性取值的不同，运输需求价格弹性又可分为以下五种情况：

①完全无弹性：$|\varepsilon_P|=0$，在这种情况下，不论运价如何变动，需求量保持不变。具有这种弹性的需求曲线是一条垂直于需求量轴的直线。

②完全有弹性：$|\varepsilon_p|=\infty$，在这种情况下，运价不变，需求量可以无限增加。具有这种弹性的需求曲线是一条与需求量轴平行的直线。

③单位弹性：$|\varepsilon_p|=1$，运价每变动一定的百分率，导致需求量变动同样的百分率。具有这种弹性的需求曲线是一条正双曲线。

④缺乏弹性：$0<|\varepsilon_p|<1$，在这种情况下，需求量变动的百分率小于运价变动的百分率。具有这种弹性的需求曲线比较陡峭且斜率较大。

⑤富有弹性：$1<|\varepsilon_p|<\infty$，在这种情况下，需求量变动百分率大于运价变动的百分率。具有这种弹性的需求曲线比较平坦且斜率较小。

上述五种情形中前二种只是理论上的推导，极少数商品可能呈现这种需求弹性，大多数商品需求弹性为后两种。我们讨论的运输需求弹性也多为后两种，即富有弹性或缺乏弹性。在需求曲线的各个部分，弹性是变化的，即使运输需求曲线是一条直线，其弹性也有几种情况。

（3）不同运输弹性时，运价变动对运输收入的影响

运输需求曲线的 $E_P>1$。当运价为 OP_M 时，运输收入 $=OP_M\times OQ_M=S_1+S_2$；当运价降为 OP_N 时，运输收入 $=OP_N\times OQ_N=S_2+S_3$。因为 $S_1<S_3$，所以，当富有弹性时，降低运价可增加运输收入；反之，提高运价将减少运输收入。

运输需求曲线 $E_P<1$。因为 $S_1>S_3$，所以，当缺乏弹性时，降低运价将减少运输收入，而提高运价将增加运输收入。

2. 运输需求收入弹性的概念及计算

运输需求的收入弹性 E_I 反映了运输需求量对消费者收入变化的反应程度，多用于

分析客运需求，表示为

$$E_1 = \frac{\Delta Q / Q}{\Delta I / I} \tag{3-7}$$

点弹性：

$$\varepsilon_1 = \frac{\mathrm{d}Q}{\mathrm{d}I} \cdot \frac{I}{Q} \tag{3-8}$$

弧弹性：

$$E_1 = \frac{Q_2 - Q_1}{I_2 - I_1} \cdot \frac{I_1 + I_2}{Q_1 + Q_2} \tag{3-9}$$

运输需求收入弹性一般为正值。因客运需求量Q和居民收入水平一般按同方向变动，即居民收入增加时，消费性旅行需求增加；反之，居民收入减少时，消费性旅行需求减少。

客运需求分为两种类型：第一类是派生性需求，是生产和生活过程必要的需求，它是维持生产和消费正常进行的基本需求。即使人们收入水平降低，但为了工作需要仍必须利用交通工具；相反，即使人们收入水平提高，用于上、下班乘坐交通工具的支出也不会提高。第二类是本源性需求，如观光、旅游、赛车等利用交通工具本身就是为了消费。旅游、观光等活动的增加将导致娱乐场所、住宿设施的大量建设以及交通工具的不断改进等。由于客运需求具有派生性和本源性，所以在收入水平很低时，也具有较高的弹性系数值。这说明运输需求的收入弹性与居民收入水平关系并不十分密切，派生性需求占有较大的比重。

3. 运输需求交叉弹性的计算

由于运输服务具有替代性，引入交叉弹性反映一种运输方式、一条运输线路和一家运输企业的运输需求量受可以替代的另一种运输方式、另一条运输线路或另一家运输企业的价格变化影响的反应程度，即一种可替代的运输服务的价格每变化百分之一将引起的另一种被替代的运输服务的需求量变化的百分之几，表示为

$$E_{\mathrm{PYX}} = \frac{\Delta Q_{\mathrm{Y}} / Q_{\mathrm{Y}}}{\Delta P_{\mathrm{X}} / P_{\mathrm{X}}} \tag{3-10}$$

式中 E_{PYX}——价格 X 变动引起需求量 Y 变动的反应灵敏程度。

点交叉弹性：

$$\varepsilon_{PYX}=\frac{\mathrm{d}Q_Y}{\mathrm{d}P_X}\cdot\frac{P_X}{Q_Y} \tag{3-11}$$

弧交叉弹性：

$$E_{PYX}=\frac{Q_Y-Q_{Y1}}{P_{X2}-P_{X1}}\cdot\frac{P_{X1}+P_{X2}}{Q_{Y1}+Q_{Y2}} \tag{3-12}$$

不同的交叉弹性值具有不同的经济意义。

①交叉弹性为正值：$E_{PYX}>0$，说明运输服务 X 的价格变动将引起运输服务 Y 的需求的同方向变动。如航空运价提高，会使铁路、水路的运输需求量增加，表明航空运输同铁路运输、水路运输存在可替代性。

②交叉弹性为负值：$E_{PYX}<0$，说明运输服务 X 的价格变动将引起运输服务 Y 的需求的反向变动。如水运价格提高会使疏港汽车的运输需求量减少，表明这两种相关运输服务存在互补性，即它们结合使用更能满足消费者的要求。

③交叉弹性为零：$E_{PYX}=0$，说明运输服务 X 的价格变动对运输服务 Y 的需求量没有影响，表明两种运输服务互相独立，互不相关。如航空运价提高，对公路长途运输需求量没有影响，因为航空运输与公路运输无替代性和互补性，两者互不影响。

四、运输需求效用

（一）效用与运输产品效用

1. 效用

效用是指商品满足人的欲望的能力，或者说，效用是指消费者在消费商品时所感受到的满足程度。一种商品对消费者是否具有效用，取决于消费者是否有消费这种商品的欲望，以及这种商品是否具有满足消费者的欲望的能力。效用这一概念与人的欲望是联系在一起的，它是消费者对商品满足自己的欲望的能力的一种主观心理评价。

效用是对欲望的满足，效用和欲望一样是一种心理感觉。某种物品效用的大小没有客观标准，完全取决于消费者在消费该种物品时的主观感受。例如，一支香烟对吸烟者来说可以有很大的效用，而对不吸烟者来说则可能毫无效用，甚至有负效用。因此，效用本身既没有客观标准，又没有伦理学含义。对不同的人而言，某种物品所带来的效用是不同的。

2. 运输产品的效用

讨论运输产品的效用，实际上是在讨论为什么消费者要购买运输产品，以及运输产品能在多大程度上来满足消费者的需求。

一般情况下，消费者购买运输产品是为了在最后的目的地能得到某种利益。自然也有“爱驾车兜风者”和“旅行家”等原因来选择运输产品的，但毕竟是特例。大多数的客运需求是为了达到自己“运动”至某一地的愿望。货运的需求则是来自于经济的目的，显然客观上运输实现的是物品的使用价值与价值的统一，但消费者在选择的时候是不会考虑这一点的。货物运输的使用者会把运输当作生产中的一个环节，要花费一定的费用，并总是要使之尽可能地低，以期获得更大的收益。同时，无论是货运还是客运需求，大多有及时性、安全性、舒适性等共性的要求。

（二）效用的基数度量与边际效用递减规律

1. 效用的基数度量

如何衡量效用的大小？19 世纪西方经济学家认为，效用大小是可以用计量单位来衡量的，就如同千克可以用来衡量物体的质量、人次、吨千米可以用来衡量运量一样，计量效用大小的单位被称为“效用单位”。例如，使用公路运输给消费者带来的满足程度是 30 个效用单位，而用铁路运输是 20 个单位；吃一个苹果给消费者带来的满足程度是 3 个单位，而两瓶啤酒则可能带来 4 个单位的满足程度。同时认为，任何一个消费者都是理性的，都谋求在一定收入水平下效用的最大化。用效用单位来计量效用大小的效用分析理论被称为“基数效用论”（Cardinal Utility）。

尽管基数效用论对效用的衡量方法令人怀疑，但毕竟这种理论提供了一种衡量效用的实用的方法，还是有很现实的意义。效用可以用总效用和边际效用两个指标来衡量。所谓总效用，是指从消费一定量物品中所得到的总满足程度，用 TU（Total Utility）表示。一般情况下，在单位时间内，消费的商品数量越多，消费者得到总效用就越大。边际效用是指消费量每增加一个单位所增加的满足程度，用 MU（Marginal Utility）表示。边际效用是总效用增量 ΔTU 与消费量增量 ΔQ 之比，即

$$MU=\text{总效用增量} / \text{消费量增量}\ \Delta TU / \Delta Q \tag{3-13}$$

2. 边际效用递减规律

边际效用是递减的，这种情况普遍存在于一切物品的消费中，所以被称为边际效用递减规律，这一规律可以表述如下：随着消费者对某种物品消费量的增加，他从该物品连续增加的消费单位中所得到的边际效用是递减的。

那么，为什么边际效用会递减呢？经济学传统上有两种解释：一是从人们主观的满足程度角度分析，当人们消费某种商品的数量逐渐增加时，他们对这种商品的需求欲望与满足程度会随之降低：二是从商品用途的多样性去分析，每种商品都有多种多样的用途，当消费者只有少量此类商品时，按照理性的行为准则，他会将这种商品用于最需要的地方，而当他可以拥有更多此类商品时，他就会将一部分用于其他用途，这就会造成这种商品最后一单位带给消费者的效用一定小于前一单位带来的效用。这

就导致了边际效用递减现象的发生。

（三）运输产品消费者剩余

西方经济学者根据边际效用论认为，消费者根据边际效用的大小，对不同效用的商品支付不同的价格。效用大的商品，消费者愿意支付较高的价格；效用低的商品，消费者愿意支付较低的价格。同时，商品的效用比较高的时候，消费者愿意支付较高的价格，随着消费数量的增多，商品的效用降低的时候，消费者愿意支付的价格就会降低。但事实上商品的市场价格大多固定在某一价格水平上，并不会根据边际效用取价。这样在消费者愿意支付的价格和商品的实际销售价格之间就会存在一个差额，这个差额被称为消费者剩余。

随着消费数量的增加，消费者愿意支付的价格越来越低，直至消费者愿意支付的价格低于商品的正常售价时，消费者剩余就变为负值，商品的边际效用也就变成了负值，这件商品的购买将不会给消费者带来任何的满足感了。消费者将不会再愿意购买新的商品，除非商品降价，以创造新的消费者剩余，商品的打折促销会带来销售量的增加就是这个原因。

这一理论很好地解释了需求价格弹性，即为什么价格的降低通常情况下会带来需求量的增加。运输产品也具备一般产品的这种特性。我们应当利用边际效用递减规律和消费者剩余理论，研究消费者需求规律，有助于分析消费者收入水平、心理偏好及本企业条件，以正确制定运输价格、确定运输的质量和档次，做好运量的安排工作，实现社会和经济效益的最大化。

在实际应用中，这一理论有着重要的指导意义。运价的制定不能仅仅考虑运输的成本，还应顾及消费者剩余，以满足社会普遍的运输需求，这一点突出表现在公共运输领域（例如城市公交系统）的运价制定上。公共运输的消费者的收入水平较低，需求价格弹性较大，较高的运价水平会大大降低消费者剩余水平，会削弱消费者对公共运输系统的需求，转而去寻求其他价格更为低廉的运输方式（例如自行车），这就会给城市道路管理带来巨大的压力、但是，如果低价政策带来企业亏损，就应当由政府承担。还有一个比较有意思的例子，就是铁路客运票价的确定采用的是两部分定价法。对于基本的社会普遍服务的要求（仅仅是移动，由硬座席位承担），其消费者主要是较低收入人群，价格弹性较大，采用较低的定价；而较高收入人群的运输需求（不仅仅是移动，而更多考虑的是舒适、安全等，由卧席承担），就采取高水平的定价方式（通常是硬座席位的两倍）。另外，政府在确定指导性的基础运价时，也要考虑消费者剩余的情况，基础价格要定得适当，如果基础价格定得太高，消费者剩余减少；如果基础价格定得太低，运输产品的生产者就没有积极性。

（四）序数效用论、需求的无差异曲线与产品替代

1. 需求的无差异曲线

基数效用论采用效用单位来衡量商品的效用大小时，面临的一个关键问题就是很

难确定一个效用单位到底是多少，其标准不好确定。于是，西方的经济学家提出了“序数效用论”（Ordinal Utility），认为消费者主观感受到的满足程度是无法具体衡量的，但是，由于满足有程度的不同，可以采用序数（第一、第二、第三……）来比较效用的大小。例如，公务旅行乘坐飞机所得到的满足程度是高于乘坐汽车的，消费者更加偏好飞机的消费，所以，乘坐飞机的效用在次序上是先于汽车的。因此，乘坐飞机的效用排第一，乘坐汽车的效用排第二。如果乘坐汽车的效用大于喝一杯水的话，那么乘坐飞机的效用也大于喝一杯水，喝一杯水的效用在次序上就应该排第三。用序数来衡量效用回避了效用的具体数值。

序数效用论以消费者偏好为前提，提出了三个假设条件。

①偏好的完全性。偏好的完全性指消费者总是可以比较和排列所给出的不同商品组合。换言之，对于任何两个商品组合 A 和 B，消费者总是可以作出，而且也仅仅只能作出以下三种判断中的一种：对 A 的偏好大于对 B 的偏好；对 B 的偏好大于对 A 的偏好；对 A 和 B 的偏好相同（即 A 和 B 是无差异的）。偏好的完全性的假定保证消费者对于偏好的表达方式是完备的，消费者总是可以把自己的偏好评价准确地表达出来。

②偏好的可传递性。可传递性指对于任何三个商品组合 A、B 和 C，如果消费者对 A 的偏好大于 B，对 B 的偏好大于 C，那么消费者对 A 的偏好大于 C。偏好的可传递性假定保证了消费者的偏好是一致的，因而也是理性的。

③偏好的非饱和性。如果两个商品组合的区别仅在于其中某种商品的数量不同，那么，消费者总是偏好于含有这种商品数量较多的那个商品组合。这就是说消费者对每一种商品的消费都没有达到饱和点，或者说，对于任何一种商品，消费者总是认为多比少好。

基于这样三个条件，序数效用论提出了无差异曲线的分析方法。无差异曲线就是用来表示消费者偏好相同的两种商品的不同数量组合的曲线。在曲线上任意两点的商品组合，对于消费者而言效用是相同的。

2. 产品替代和运输产品替代

当消费者沿着同一条无差异曲线来变化自己对两种商品的数量组合时，这种组合的总效用并不发生变化。在总效用不变的情况下，在商品 1 和商品 2 之间存在着一种相互替代的关系，即增加一定数量的商品 1 的需求，就会降低一部分对商品 2 的需求数量。

如果把边际替代率和边际效用递减规律结合起来，就可以发现在一般情况下边际替代率是递减的。即在总效用水平不变的情况下，消费者在选择增加单位数量商品 1 时而愿意放弃商品 2 的数量，会随着对商品 1 拥有数量的增多而不断降低。这是因为当商品 1 的消费数量增加时，消费者对它的偏好程度会下降，或者说商品 1 的边际效用就会降低，而同时商品 2 数量的不断下降，会使得商品 2 的边际效用升高，这就使得边际替代率不断下降，在无差异曲线的图形中就表现为曲线的斜率不断下降，从而曲线凸向原点。当然也有例外的情况，如两种商品是完全替代商品，即这两种商品对

于消费者具有完全相同的效用时，那么边际替代率是不变的。再有就是互补关系的商品，如汽车和轮胎之间的边际替代率恒等于零。

运输业的各种运输方式都具有替代性的特征。由于运输的这种替代性，任何一种运输方式价格的变化，都会引导社会资源通过市场方式调节运输需求在各种运输方式间的分配，最终实现运输产业结构的合理化，促使运输资源得到最优配置和充分利用。在前面讨论运输需求价格弹性的时候，在某种程度上已经反映了运输的替代性问题：如果存在满意的替代运输方式，则价格的上升就会导致需求者转向寻求另一种替代的运输方式。因此，能够相互替代的运输方式往往只有较高的价格弹性。

（五）收入效应与替代效应

当一种商品的价格发生变化时，会对消费者产生两种影响：一是使消费者的实际收入水平发生变化。在这里，实际收入水平的变化被定义为效用水平的变化。二是使商品的相对价格发生变化。这两种变化都会改变消费者对该种商品的需求量。

例如，在消费者购买商品 1 和商品 2 两种商品的情况下，当商品 1 的价格下降时，一方面，对于消费者来说，虽然货币收入不变，但是现有的货币收入的购买力增强了，也就是说实际收入水平提高了。实际收入水平的提高，会使消费者改变对这两种商品的购买量，从而达到更高的效用水平，这就是收入效应。另一方面，商品 1 价格的下降，使得商品 1 相对于价格不变的商品 2 来说，较以前便宜了。商品相对价格的这种变化，会使消费者增加对商品 1 的购买而减少对商品 2 的购买，这就是替代效应。显然，替代效应不考虑实际收入水平变动的影响，所以，替代效应不改变消费者的效用水平。当然，也可以同样地分析商品 1 的价格提高时的替代效应和收入效应，只是情况刚好相反罢了。

综上所述，一种商品价格变动所引起的该商品需求量变动的总效应可以被分解为替代效应和收入效应两个部分，即总效应 = 替代效应 + 收入效应。其中，由商品的价格变动所引起的实际收入水平变动，进而由实际收入水平变动所引起的商品需求量的变动，为收入效应；由商品的价格变动所引起的商品相对价格的变动，进而由商品的相对价格变动所引起的商品需求量的变动为替代效应。收入效应表示消费者的效用水平发生变化，替代效应则不改变消费者的效用水平。

第二节 运输供给分析

一、运输供给概述

（一）供给与供给量

1. 供给

供给是指生产者在某一特定时期内，在每一价格水平时愿意而且能够供应的商品量。

供给也是供给欲望与供给能力的统一。供给能力中包括新生产的产品与过去的存货。供给是商品的供给，它取决于生产。

2. 影响供给的因素与供给函数

（1）影响供给的因素

影响供给的因素很多，有经济因素，也有非经济因素，概括起来主要有以下几种：

①生产者的目标。在经济学中，一般假设生产者的目标是利润最大化，即生产者供给多少取决于这些供给能否给他带来最大的利润。如果生产者的目标是产量最大或销售收入最大，或者如果生产者还有其他政治或社会道义目标，那么供给就会不同。

②商品本身的价格。一般来说，价格上升供给增加，价格下降供给减少。

③其他商品的价格。在两种互补商品之间，一种商品的价格上升，对另一种商品的需求减少，从而这种商品的价格下降，供给减少；反之，一种商品的价格下降，对另一种商品的需求增加，从而这种商品的价格上升，供给增加。在两种替代商品之间，一种商品的价格上升，对另一种商品的需求增加，从而这种商品的价格上升，供给增加；反之，一种商品的价格下降，对另一种商品的需求减少，从而这种商品的价格下降，供给减少。此外，两种没有关系的商品，一种商品价格的变动也会影响另一种商品的供给。例如，同一个生产者既生产军用品又生产民用品，如果军用品价格上升，生产者则会把资源用于生产更多的军用品，从而就减少了民用品的供给。

④生产技术的变动。在资源为既定的条件下，生产技术的提高会使资源得到更充分的利用，从而供给增加。

⑤生产要素的价格。生产要素的价格下降，会使产品的成本减少，从而在产品价格不变的情况下，增加利润，增加供给；反之，生产要素的价格上升，会使产品的成本增加，从而在产品价格不变的情况下，减少利润，减少供给。

⑥政府的政策。政府采用鼓励投资和生产的政策（例如减税），可以刺激生产增加供给；反之，政府采用限制投资和生产的政策（例如增税），则会抑制生产减少供给。

⑦生产者对未来的预期。如果生产者对未来的经济持乐观态度，则会增加供给；反之，如果生产者对未来的经济持悲观态度，则会减少供给。

影响供给的因素要比影响需求的因素复杂得多，在不同的时期、不同的市场上，供给要受多种因素的综合影响。

（2）供给函数

如果把影响供给的各种因素作为自变量，把供给作为因变量，则可以用函数关系来表示影响供给的因素与供给之间的关系，这种函数称为供给函数。以 S 代表供给，a，b，c，d，…，n 代表影响供给的因素，则供给函数为

$$S=f(a,\ b,\ c,\ d,\ \dots,\ n) \tag{3-14}$$

如果只考虑供给量与价格之间的关系，把商品本身的价格作为影响供给的唯一因素，以 P 代表价格，就可以把供给函数写为

$$S=f(P) \tag{3-15}$$

上式表明了某商品的供给量 S 是价格 P 的函数。

3. 供给量的变动与供给的变动

在分析供给问题时，同样要注意区分供给量的变动与供给的变动。

供给量的变动是指其他条件不变的情况下，商品本身价格变动所引起的供给量的变动。供给量的变动表现为同一条供给曲线上的移动。当价格由 P_0 上升为 P_1 时，供给量从 Q_0 增加到 Q_1，在供给曲线 S 上则是从 b 点向上方移动到 a 点。价格由 P_0 下降为 P_2 时，供给量从 Q_0 减少到 Q_2，在供给曲线 S 上则是从 b 点向下方移动到 c 点。可见，在同一条供给曲线上，向上方移动是供给量增加，向下方移动是供给量减少。

供给的变动是指商品本身价格不变的情况下，其他因素变动所引起的供给的变动。供给的变动表现为供给曲线的平行移动。如果生产要素价格下降了，在同样的价格水平 P_0 时，生产者所得到的利润增加，从而产量增加，供给从 Q_0 增加到 Q_1，则供给曲线由 S_0 移动到 S_1。生产要素价格上升了，在同样的价格水平 P_0 时，生产者所得到的利润减少，从而产量减少，供给从 Q_0 减少到 Q_2，则供给曲线由 S_0 移动到 S_2 可见，供给曲线向左方移动是供给减少，供给曲线向右方移动是供给增加。

（二）运输供给

1. 运输供给的概念

运输供给是指在一定时期内、一定价格水平下，运输生产者愿意而且能够提供的运输服务的数量。运输供给必须具备两个条件，即运输生产者出售运输服务的愿望和生产运输服务的能力，缺少任一条件，都不能形成有效的运输供给。

运输供给是由现有的社会运输能力所确定的，或者说现有的运输能力是运输供给的基础因素。当现有的运输能力发生变化时，如运输基础设施建设增加、运输工具增

加或减少时，运输供给就会发生改变。

2. 运输供给量

运输供给的大小通常用运输供给量来描述。运输供给量是指在一定时间、空间和一定的条件下，运输生产者愿意而且能够提供的运输服务的数量。在这里，“一定的时间、空间”同运输需求量中时间、空间的含义是相同的；“一定的条件”指的是影响运输供给的诸多因素，如政府对运输业的政策、运输服务的价格、运输服务的成本等。

（三）运输供给的特征

1. 运输设施的能力决定着运输供给能力

运输生产活动是通过运输工具使运输对象发生空间位置的变化，不生产新的物质产品。运输产品的生产和消费是同时进行的，它不能脱离生产过程而单独存在，所以，不能像一般工业一样，可以将产品储存起来，这就是运输产品的不可储存性。一般工业可以通过产品储备的形式适应市场供需变化，而运输产品的非储存性决定了运输业不能采取产品储备的形式，而只能采取运输能力储备的形式来适应运输市场变化。

运输业有着固定设备多、固定资产投资大、投资回收期长等特点，运输能力的设计多按运输高峰的需求设计，具有一定的超前量。运输能力的超前建设与运输能力的储备对运输市场来说，既可适应市场需求增长的机遇，也可能因市场供过于求而产生风险。因为运力储备越大，承担的风险越大，适应市场需求的能力也大；相反，运力储备小或没有储备，承担的风险小，但适应市场需求的能力也小，这一点在国际航运市场上尤其明显。

2. 运输供给的不平衡性

运输供给的不平衡主要表现在：①受运输市场运价和竞争状况影响，当运输市场繁荣时，刺激运力投入；当运输市场萧条时，迫使运力退出。②运输需求的季节性不平衡，导致运输供给出现高峰与低谷供给量的悬殊变化。这两方面都带来运输供给量在时间分布上的不平衡。③由于世界经济和贸易发展的不平衡性，运输供给在不同国家（地区）之间也呈现出一定的不平衡性。经济发达国家（地区）的运输供给量比较充分；而经济比较落后国家（地区）的运输供给量则相对滞后。运输供给的不平衡性在我国国内市场上表现得不很明显，而在国际运输市场上表现突出。供给与需求的平衡是暂时的、相对的，而不平衡却是绝对的、长期的。

3. 运输供给使用的不充分性

运输业是特殊产业部门，其生产与消费过程是同时进行的，运输服务的生产过程，既是运输对象发生位移的过程，亦是运输服务的消费过程。但这并不意味着运输产品的生产必然能与运输产品的消费相结合，现实中生产与消费脱节的现象不可避免。如运输需求在运输时间上的规律性、在运输方向上的单向性、个别运输需求对运输工具的适应性等都会导致运力浪费；为实现供需时空结合，企业要经常付出空载行驶的代价，这种由于供给与需求之间在时空上的差异所造成的生产与消费的差异，使运输供给者必须承担运力损失、空载行驶等经济上的风险。所以，运输活动的经济效果取决于供需在时间与空间的正确结合上，这就要求运输企业掌握市场信息，做好生产组织，运用科学管理方法提高企业经营管理水平。

4. 运输供给的成本转移性

同运输生产的时空差异带来运力浪费情况相反的是，运输供给能够在较大范围内超额生产，并不带来成本的明显上升。这种情况在我国各种方式的旅客运输中较为普通。运输企业可以在成本增加很少的情况下，在需求允许时，增加供给量（运输工具超载），但伴随而来的是运输条件的恶化，运输服务质量的下降，使得本该由运输企业承担的成本部分地转移到消费者身上。运输供给的成本转移还体现在由运输活动带来的空气、水、噪声等环境污染，能源和其他资源的过度消耗，以及交通阻塞等成本消耗也部分地转移到运输业外部的成本中。

5. 运输供给的可替代性与不可替代性

在现代运输业中，铁路、公路、水运、航空、管道等多种运输供给方式同时存在，各种运输方式中的千千万万个运输供给者同时存在，并都有可能对同一运输对象进行空间位移，在这种情况下，运输需求者完全可能根据自己的意愿来选择任何一种运输方式中的任何一个运输供给者，这就是运输供给的可替代性。这种可替代性构成了运输业者之间的竞争。但这种可替代性又是有一定条件的，因为运输需求和运输供给有时空特定性的特点，各种运输方式的技术经济特征不同，发展水平不同，运输费用不同，运送速度不同，在运输总供给中的分工和地位不同，都决定了运输供给的可替代性会受到不同程度的限制。因此，运输供给的可替代性与不可替代性是同时存在的，运输市场的供给之间既存在竞争、垄断，也存在协作关系。

二、运输供给的价格弹性

运输供给的价格弹性是指在其他条件不变的情况下，运价变动所引起的供给量变动的灵敏程度。运输供给的价格弹性系数表示为

$$E_s = \frac{\Delta Q / Q}{\Delta P / P} = \frac{\Delta Q}{\Delta P} \cdot \frac{P}{Q} \tag{3-15}$$

点弹性：

$$\varepsilon_S = \lim_{\Delta P \to 0} E_S = \frac{dQ}{dP} \cdot \frac{P}{Q} \tag{3-16}$$

弧弹性：

$$E_S = \frac{Q_2 - Q_1}{P_2 - P_1} \cdot \frac{P_1 + P_2}{Q_1 + Q_2} \quad (3\text{-}17)$$

由于运价同运输供给量同方向变动，所以供给弹性值为正值，这样，供给量对运价变化的反应可以用供给弹性系数的大小衡量：$E_s > 1$，供给量是富有弹性的；$E_s < 1$，供给量是缺乏弹性的；E_s=1，供给是单位弹性的。

供给曲线上的每一点，表示一定的供给状态。根据供给曲线上的特定点，可检验其供给弹性的状态特征，即是富有弹性还是缺乏弹性。

（三）运输供给价格弹性的特点

1. 同考察期间的长短有关

运输业是资金密集型产业，有初始投资大、建设周期长，运力储备风险较大等特点，所以短时间内调整运力不易做到，供给价格弹性较小。但从长期考察，运输市场在运价的作用下，供给与需求会逐步趋于相互适应，表明在长期内运输供给具有足够的弹性。

2. 同运输市场上供需的相对状况有关

当需求量低时，通常运输市场供给过剩，因此具有较大的供给价格弹性；需求量高时，通常运输市场供给紧张，即使价格上升，也无大量供给投入，因此供给弹性较小。

3. 同运价波动的方向有关

运价朝不同方向变化时，运输供给价格弹性大小亦不同。一般地说，运价上涨时，刺激供给增加，运输供给弹性较大；运价下跌时，供给并不情愿退出市场，只有实在难以维持，才被迫退出市场，故供给弹性较小。

4. 同运输市场范围有关

运输经营者往往是分布于各个地区的大小承运人，其行动基本上是相互独立的。各个经营者无力左右运输市场运价，只能在一定的运价水平下采取一定的营运策略。当运价上涨或下跌时，运输公司将采取复运或停运，租进或租出运力，买进或卖出运输工具，推迟或提前报废运输设备等策略以增加或减少运力供给。如果市场形势在较长时期内运价坚挺，这将进一步刺激投资建造新运输设施或工具的兴趣，竞相订造新运输设施或工具以增大供给能力，因此，个别的供给弹性较大。

从整个运输市场考察，可能与个别供给有所不同。在短期内运价上升，虽有租进运输设备、买进运输设备等活动，但是在新运输设备投入市场之前，整个市场的供给量不会有显著增加，其主要增加的运力是复运运输设备和加速运输的结果。当运价上涨并且在一段时间内保持较好的水平时，必然会引起运输工具价格的上升，这时，用巨额投资建造新运输设备的热情会有所减弱。因此，整个市场的供给弹性相对较小。

（四）运输供给的交叉价格弹性

由于运输业在不同运输方式之间存在某种程度的可替代性和互补性，因此，有时要研究在运输企业、各运输方式之间的供给交叉价格弹性，即某种运输服务价格的变动引起的另一种运输服务供给的变动的灵敏程度，表示为：

$$E_{\mathrm{SAA}}=\frac{\Delta Q_{\mathrm{A}}/Q_{\mathrm{A}}}{\Delta P_{\mathrm{B}}/P_{\mathrm{B}}}=\frac{\Delta Q_{\mathrm{A}}}{\Delta P_{\mathrm{B}}}\cdot\frac{P_{\mathrm{B}}}{Q_{\mathrm{A}}} \tag{3-18}$$

式中 E_{SAB} ——B 种运输服务价格变化引起 A 种运输服务供给的变化的弹性值（即 A 对 B 的价格交叉弹性）；

Q_A，ΔQ_A——A 种运输服务供给量及供给量变化值；

P_B，ΔP_B——B 种运输服务价格及价格变化值。

理论上，若 A、B 相互独立、不可替代，则 $E_{\mathrm{SAB}}=0$；若 A、B 可替代，则 $E_{\mathrm{SAB}}<0$；若 A、B 互补，则 $E_{\mathrm{SAB}}>0$。

三、运输供给的结构

（一）水路运输

1. 水路运输的特点

（1）运输能力大、运输成本低、投资少

水运与其他运输方式比较，其优越性之一是量大、效率高，一般万吨轮的货运量可抵 4 列火车。无论内河船还是海船，水路运输工具的运载能力都很大，如我国长江干线上的大型顶推船队，其载货量已达 3 万 t，相当于 10 列火车。航道的通过能力也居各种运输方式之首，如长江下游的年通过能力可达 11 亿 t。

水运的港口费用很高，但其船舶运输费用很低。这主要是因为船舶的装载量大、燃料消耗量小。水路运输成本在各种运输方式中是最低的。水路运输航道一般天然形成，不需要太多投资。海上运输航道一般不需要支付费用，内河疏浚的投资也较公路少得多。水路运输的投资主要集中在港口建设和船舶的购置上。

（2）技术速度和运送速度较低

水路运输无论在技术速度上连是在运送速度上都较公路运输和铁路运输低，这是由其运输阻力的特性决定的。船舶要提高航速，其燃料消耗和成本都会大幅度上升。水路的运送速度仅为铁路的 1/3 ~ 1/2，因此不适合运输对时间效益要求高的货物。

（3）时间准确性和灵活性差

水路运输的持续性强，适合长距离的运输，是国际间货物运输的主要方式；但易受气候条件影响，时间准确性较差。

水路运输基本上是两点间的运输，受航道限制，灵活性较差，不能实现“门到门”

运输，且因其装载量大，必须有其他运输方式为其集散客货。

2. 水路运输的适用范围

水路运输是最经济的运输方式，对大宗原料性物资的运输有着明显优势。我国有丰富的水运资源可以利用，在综合运输体系中水路运输应成为主要运力。其适用范围主要有三点：①国际货物运输；②长途大宗货物的运输；③在综合体系中发挥骨干作用。

（二）铁路运输

1. 铁路运输的特点

（1）运输能力大

铁路输送能力和通过能力大。铁路运输的牵引动力和功率可达数千千瓦，牵引货物列车的重量多在千吨以上。我国京沪、京广等干线铁路已开行 5000t 的货物列车，大秦铁路上运行的重载运煤列车已达万 t。我国京沪高铁目前开行的旅客列车最短间隔时间是 5min，2015 年运送旅客量达 1.3 亿人次。

（2）安全程度高

铁路运输采用了大量的先进技术用于行车控制，有效地防止了列车冲突事故和旅客伤亡事故，大大提高了铁路运输的安全性，其事故率远较公路运输低得多。

（3）运输的能耗少、成本低

铁路运输的能耗较航空和公路运输的能耗要低得多。铁路运输的成本在各种运输方式中也是较低的，仅高于水路运输，但只是公路运输成本的 1/11，为民航运输成本的 1/128，在美国则分别为 1/5 和 1/8。

（4）有较高的技术速度和运送速度

常规铁路列车的技术速度可达 80 ~ 100km/h，准高速列车可达 160 ~ 250km/h，高速铁路可达 300km/h 以上。但高速化运输会加大铁路运输的燃料消耗和运输成本。在长距离运输中，铁路的技术速度可以得到发挥，但在短途运输中受其自身技术组织因素的影响，运送速度仅是公路运输的 1/5 左右。

（5）始发终到作业量大、时间长、灵活性差

铁路运输的装卸作业量和成本都较公路运输要高。此外，铁路还要进行编组作业，作业量大，时间长，对铁路运送速度影响较大。这一点在短途运输上的表现尤为突出，造成其短途运输无论是在成本上，还是在运送速度上都较公路运输差。

从技术上讲，铁路沿线的运输需求，铁路虽可满足，但过密的站点会大大降低铁路线路的通过能力和运送速度，所以铁路的站间距应适当扩大。并且铁路列车的运量较大，除少数有专用线的企业外，大多数货物和旅客必须有汽车为其集散客货。

此外，铁路运输还有投资大、建设周期长、计划性和准时性强的特点。在目前和今后相当长的时间内，铁路运输都将作为主要运力存在与发展。

（6）铁路在综合运输体系中起重要的作用

铁路是保证我国客运通畅的重要运输方式之一，是中长途旅客运输的主要力量。

从宏观经济角度看，铁路建设投资对拉动经济增长具有重要的作用。发展铁路运输业可以增加对建材、钢铁、石油、电力、煤炭、机械设备制造及商业等国民经济重要产业的需求，从而带动这些行业加快发展。

从国民经济可持续发展角度看，铁路运输占有明显优势。铁路具有运量大、能耗低、污染小、安全性强、用地省等优点，被誉为“绿色交通工具”，是一种比较理想的运输方式。近几年来，各种交通运输方式发展迅速，竞争日趋激烈，铁路作为国民经济的重要基础设施，与其他运输方式一起，为经济发展、社会进步、提高人们生活质量作出了贡献。但各种运输方式发展不够平衡，铁路供需矛盾并未根本解决。

2. 铁路运输的适用范围

从铁路运输适用的范围看，它主要应承担：①中长距离的运输：②长距离大宗货物的运输，特别是长距离的货物运输；③在联合运输中发挥重要作用，在陆上联合运输中发挥骨干和纽带作用。

（三）公路运输

1. 公路运输的特点

（1）机动灵活，适应性强，可以实现，“门到门”的运输

汽车对路面要求不高，克服障碍能力较强，可以深入广大的农村、山区，并在抢险救灾中被广泛应用。汽车对货运量的要求不高，可以为大批量货物运输服务，也可以满足零星货物运输的需要，既可以完成短途客货运输，也可以承担部分零星的中长距离运输及其他运输方式不能到达情况下的长距离运输。

汽车由于其技术特性决定其可以很好地接近客货源，从而缩短在装卸作业时的搬运距离，减少装卸作业量，降低装卸费用。这在铁路运输、水路运输、航空运输上是做不到的。稠密的公路网和城市公路使汽车的机动灵活性得以充分发挥，可以使汽车无处不在。如果说管道运输、航空运输是“点”上的运输，铁路运输、水路运输是“线”上的运输的话，公路运输则可以称为“面”上的运输，其方便性是其他运输方式不可比拟的。

此外，公路运输的直达性好，运输过程不需要其他运输方式协助就可以实现。而铁路运输、水路运输、航空运输一旦离开汽车为其集散客货就很难进行。

（2）有较高的运送速度

汽车的技术速度在各种运输工具中并不是最快的，它比飞机和火车都慢。但由于汽车可以实现门到门直达运输，因此公路运输的运送速度较铁路高，特别是 200km 以内的短途运输，其运送速度是铁路的 5 倍左右。

（3）初始投资少，资金周转快，易兴办，资金转移的自由度大

公路运输企业的固定资产主要是各种车辆、装卸机械和汽车用场站，而投资最大的公路工程往往由国家投资，具有公用设施的性质，运输企业只需要缴纳养路费和过路过桥费。因此，公路运输的初始投资小，并且其生产的协作性比其他运输方式都低，

规模可小可大，小的一辆、几辆车，大的可拥有成百上千辆车。公路运输所用车辆设备的用途广泛，在不需用时转移的自由度大，因此从供给弹性来看，比其他运输方式都大。

（4）运输工具载运量小，持续性差

汽车的单位载运量较铁路列车、船舶小得多，因此在人力消耗和运输能力上远远小于铁路和水路运输。由于技术原因，汽车可持续行驶的里程也较铁路、水路运输短得多。

（5）运输成本较高

公路运输成本中燃料消耗、车辆折旧两项要远远高于铁路和水路运输，在长距离运输上不合理。

（6）安全性差，环境污染严重

公路运输的交通事故无论是数量上还是造成的损失总量上都较其他运输方式多。此外，汽车的尾气、噪声对环境的污染也严重。各种运输工具中，对大气污染最严重的首推汽车排放的主要污染物一氧化碳、碳氢化合物、氮氧化合物和铅微粒，这些物质对人类和生物造成了严重危害。机动车发出的噪声主要是发动机、轮胎、排气、吸气、刹车、喇叭、机械摩擦撞击所发出的声音，对人的危害也很大。为了减少公害，各国先后颁布了法规对汽车排放污染物予以限制，我国也颁布了车辆废气排放标准。

2. 公路运输的适用范围

①公路运输是承担短途客、货运输任务的主要运力；

②公路运输为其他运输方式集散客货；

③鲜活、易腐货物的运输能充分发挥汽车机动灵活、运送速度快的优势；

④公路运输在综合运输体系中起补充和衔接的作用。

（四）航空运输

1. 航空运输的特点

（1）高速性

高速是航空运输的最大优势，喷气式飞机时速在900km左右，是铁路运输的10倍。在长距离运输上，航空运输的速度优势发挥得最好。但如果运输距离较短，由于航空运输集散客货需要时间，对运送速度的影响较大，高速性就难以发挥，因此航空运输不适合短距离的运输任务。

（2）不受地形限制，可取最短路径

飞机在空中飞行，不受地面障碍的限制，可在两点之间直线运行，运输距离最短。在抢险救灾时，其他运输方式因线路破坏无法到达，航空运输却能将人员、物资送到，这是其他运输方式做不到的。

（3）客运的舒适性强

航空运输的舒适性首先表现为大大缩短旅客的在途时间。例如，从北京到乌鲁木

齐乘火车最快要 31h，而乘飞机只需 3h。再有，喷气式飞机的飞行高度一般在 1 万 m 以上，不受低空气流的影响，飞行平稳、噪声小，加之机上的优质服务，客运的舒适性很高。

（4）运输成本高

航空运输燃料消耗量大，运输成本在各种运输方式中是最高的，经济性较差。

2. 航空运输的适用范围

航空运输主要适用于长距离、对时间性要求高的客货和贵重货物的运输以及抢险救灾物资的运输。

（五）管道运输

1. 管道运输的特点

（1）运输量大

根据管径大小，一条管道每年的运输量可达数百万吨至数千万吨，甚至超过 1 亿 t。一条直径 720mm 的管道，年输送原油可达 2000 万 t 以上，相当于一条铁路的运量，易于全面实现自动化管理。

（2）占用土地少

管道埋于地下的部分占其总长度的 95%，并且可以埋入农作物种植所需深度以下，占地少，受地形、地貌限制小，宜选取短捷路径，缩短运输距离。

（3）能耗低，运输费用低

管道运输在大量运输时的运输成本与水路接近，燃料消耗量也比铁路低得多。例如，原油运输管道的单位能耗只相当于铁路的 1/12 ~ 1/7。

（4）污染小

管道运输无噪声污染，且管道的漏失量极小，基本上不产生废渣废液，不会对环境造成污染。

（5）安全性好

管道运输的货物中，危险品占有较大的比重。易燃的油料在管道中运输既可以减少挥发，又能保证运输安全性，很适合管道运输。管道安全密闭，基本上不受恶劣气候的影响，能够长期安全稳定运行。

（6）灵活性差

管道运输只能完成两点之间单一品种货物的单向运输，很难适应运量、货种的变化。设施转移的自由度很低，一旦停运，只能报废，不像其他运输方式还可移作他用。

2. 管道运输的适用范围

目前管道运输在交通运输体系中主要在原油、成品油、天然气及煤炭这几种特定货物的运输上有优势。

（六）多式联运

多式联运是指在两种及两种以上的运输方式之间实行两程及两程以上的相互运输衔接，相互接力，联合实现货物或旅客的全程运输。

多式联运是多种运输工具、多道运输环节、多种运输方式衔接的组织方式。通常可以理解为铁路、公路、水路、航空等各运输环节联结起来的运输方式。联合运输是按照社会化大生产的客观要求组织运输的一种方法，用以谋求最佳经济效益，它对于充分发挥各种运输方式的优势，组织全程运输中各环节的协调配合，充分利用设备，加快车船周转，提高运输效率，加速港口、车站、库场货位周转，提高吞吐能力，缩短货物运达期限，加速资金周转，方便货主和旅客简化搬运和乘车、船、飞机手续，活跃城乡经济，促进国民经济发展，提高社会经济效益，都具有明显的实效。

多式联运的优点主要有：

①方便旅客和货主，实行一票到家，简化旅行和托运手续。

②减少旅客中转业务手续和货物运输中转搬运环节，缩短旅客或货物流转时间和全程运费支出，节约大量的人力、物力、财力，能取得较好的经济效果，而且效率高，加快运达速度。

③提高不同运输方式的协作配合，计划性强，使客源、货源相对稳定，提高参加联运企业运输工具的利用效率，资源利用率高。

④联运把一些地区的运输手段结合为新的综合运输能力，扩大了运输组织面，从而为选择经济运输线路提供了新的条件，促进了合理运输。

四、运输供需均衡

（一）运输市场供需均衡及其变动机制

运输市场的均衡是指市场上各种对立、变动着的力量，在相互冲突、调整、运行过程中，出现相对力量相当、供给与需求处于暂时平衡的状态。

从运输供给与运输需求两方面的对比关系考察市场状态及其变化规律的方法属于均衡分析。根据所考察的对象与前提，均衡分析可以分为局部均衡分析和一般均衡分析。局部均衡分析是假定在其他条件不变的情况下，分析某一货类或运输工具的供给与需求达到均衡的运动过程；一般均衡分析是假定在各货类和所有运输工具的总供给、总需求与运价相互影响的情况下，分析总供给与总需求同时达到均衡的运动过程。

供给与需求是决定运输市场行为的最基本的两种力量，它们之间平衡是相对的，不平衡是绝对的。但是，市场作为一种有机体，总是存在着自行调节机制——市场运行机制。由于市场机制的自行调节，使供给和需求形成某种规律性的运动，出现某种相对的均衡状态，即市场均衡。

1. 市场均衡的形成

首先分析在供给条件与需求条件没发生变化的情况下，供需是如何实现并保持均衡的，即研究稳定的均衡机制。

所谓均衡，就是当运输需求和运输供给两种力量达到一致时，即处于均衡状态。运输的需求价格与供给价格相一致，这个价格称为均衡价格；运输需求量与供给量相一致，这个量称为均衡供求量。均衡价格一经确定，均衡供求量也相应确定。

均衡运价是通过运输市场供需的自发调节而形成的。当市场运价背离均衡运价时，由于需求与供给曲线没有变，也就是说该市场上的均衡点没有变，这样，市场供需就会自发地发挥作用，促使运价又恢复到均衡运价的位置。

之所以称为“均衡”，是因为当价格高于 P_0 为 P_1 时，对应的供给量为 Q_{S1}，需求量为 Q_{D1}，因为 $Q_{S1} > Q_{D1}$，意味着部分卖者找不到买者，导致卖者压低价格出售；当价格低于 P_0 为 P_2 时，对应的供给量为 Q_{S2}，需求量为 Q_{D2}，因为 $Q_{S2} < Q_{D2}$，意味着部分买者找不到卖者，导致买者提高价格购买。所以，在需求与供给确定的条件下（DD、SS 确定），当价格不为 P_0 时，市场供需会自发地调节运价，使运价朝 P_0 方向移动。只要没有新的干扰因素（即供需曲线不发生位移），均衡价格就不会改变。这一机制在市场学中叫做供需均衡机制，这种均衡的形成是以运输市场的充分竞争为必要条件的。

2. 运输市场均衡变动机制

当某种均衡形成之后，随着时间的推移，各种力量对比发生变化（即供给与需求条件发生变化），这种均衡就要被打破，从而向新的均衡推进。从长期看，运输市场的供求发展就是处于旧的均衡被打破、新的均衡被建立起来的动态过程中。均衡是暂时的、相对的，不均衡是永恒的、绝对的。决定均衡状态变动的因素，就是那些使供给曲线与需求曲线发生位移的因素，即供给条件与需求条件。

在需求、供给均增加的情况下，均衡运量是一定增加的，而均衡价格的上升还是下降，则取决于需求与供给增加幅度的相对大小。若需求增加幅度大于供给增加幅度，则均衡价格上升；若需求增加幅度等于供给增加幅度，则均衡价格不变；若需求增加幅度小于供给增加幅度，则均衡价格下降。用同样的方法可分析在需求与供给的其他变化情形时，均衡价格的变化情况。

以上分析了均衡运价与均衡运量如何确定，以及当需求状况与供给状况发生变化时，相应的均衡量的变化，但并未论及从原均衡点到新均衡点的发展变化过程，故称为静态均衡分析法。

（二）运输市场运行机制

运输市场均衡的形成与变动过程是其基本的运行机制。通常，在供求条件不变的情况下，市场处于一定的稳定均衡状态。虽然不均衡是经常、大量出现的，但是通过运价与供求的相互冲突、调整等作用，能够不断地恢复和维持均衡。

当供求之间出现矛盾，比如供大于求时，势必导致运价的下跌，随着市场运价下跌，供给逐渐减少。需求逐渐增加；反之亦然。供给与需求变动到一定程度，即两者趋于一致时，运输市场会出现供求平衡状态。然而，由于市场盲目冲击力的存在，市场“不均衡—均衡—不均衡—均衡”的过程是反复进行的。在一定的供给和需求条件下，就必然能够形成和维持相对稳定的均衡，即稳定的均衡机制。

从长期来看，随着世界经济和国际贸易的发展，航运需求必然相应增长；科技进步、造船工业的发展也必然推动供给增加，供求条件发生变化，这就必定打破原有的均衡，引起新的供求冲突与矛盾。这一新的供求冲突与矛盾又会引起运价的波动，随着运价的变动，将会推动市场走向新的均衡。供给、需求和市场运价就是这样在相互影响、相互作用中，推动运输市场形成稳定均衡、维持均衡、均衡被打破、从而形成新的均衡，这样周而复始地运动着。这就是以运价为自动调节的市场机制的动态运行过程。

（三）供需均衡与短缺

运输市场供需均衡调整着运输系统内外部的关系，在完全自由竞争的市场经济中，在供求条件不变的情况下，市场处于一定的稳定均衡状态。虽然失去均衡是经常的、大量出现的，但是通过运价与供需的相互冲突、调整等作用，能够不断地恢复和维持均衡。当种种因素变化导致需求与供给发生变化时，旧的均衡被打破，随着运价的波动，将会推动市场走向新的均衡。因此，从长期发展来看，市场均衡是暂时的、相对的，不均衡却是绝对的。在市场经济的运输市场上，供需均衡的变动过程时常出现。但对于存在一定计划经济的运输市场来说，供需均衡的变动过程较少出现，因为政府对某些运输服务规定法定价格，这种价格或者高于或者低于均衡价格，从而不会出现因价格变动而带来的供需状态变化。尤其是在运输业发展滞后于经济发展的国家或地区，更多出现的则是运输的短缺。短缺作为需求与供给差异的一种表征，反映了一定经济条件下生产不能满足需求的滞后现象，这种短缺的结果不仅表现为数量上的不足，也表现为质量上的下降。在我国运输市场中，这种短缺现象尤为突出。

短缺作为供给的约束，制约着经济的增长。运输短缺表明许多地区得不到足够的物资补给，自身的产品不能送到市场上去，从而使经济蒙受损失。在运输业内部，运输短缺还可引起运输需求在运输方式之间的替代或转移，这种需求的替代或转移将引起运输投入分配的变化，也会改变运输格局。

第四章　交通运输的经济性分析

第一节　运载工具的经济特性

一、载运工具的经济装载量

运输业的产品是旅客与货物的位移，然而除了管道以外，运输服务却是以在线路上运行的载运工具（车、船、飞机、列车等）为单位进行组织的。载运工具的成本和供给特性在不同运输方式之间甚至同一运输方式内部都是有差别的。那么，面对货运需求者（包含了货物的生产者与消费者）选择的货运批量和运输方式，货运供给者应该如何选择载运工具的类型呢？对购置或租用的载运工具又该如何利用呢？由于这些问题及其影响因素之间存在着相互反馈关系，因此很难简单地做出回答。出于简化问题的考虑，我们分别探讨以上三个问题。

（一）载运工具的经济装载量模型

在载运工具的类型已定（载运工具已购置或租用）的情况下，运输业者选择装运多少的目的是为了使提供运输服务的利润最大化。根据经济学的基本原理，供给者应当将产量置于边际收益等于边际成本处。对于某一运程来说，产量就是载运工具的装载量乘以运输距离。因此，运输供给者应当将装载量定在运输的边际收益等于边际成本时的水平上，我们将此时的装载量定义为“经济装载量”。

假定对于某一运程，运距不可调整，市场运价 P 也固定不变，我们用图 4-1 来说明装载量选择的问题。图中，横坐标为载运工具的装载量。AFC 曲线代表载运工具这一运程的平均固定成本。固定成本是与装载量无关的费用，例如车辆的时间折旧、固定税费、司乘工资等等。随着载运工具装载量的增加，平均每一吨货物或每一位旅客所分摊到的固定成本呈逐渐下降的趋势。AVC 曲线代表载运工具这一运程的平均变动成本，要包括燃料消耗、物理折旧、维修费用以及其他一些变动开支。它是一条先下降然后逐渐上升的曲线。AVC 曲线后期逐渐上升的一个原因是，随着装载量的增加，车船的使用强度渐渐超过其原有的设计标准，载运工具的平均燃料消耗和平均维修费用会大大提高。AFC 曲线与 AVC 曲线的叠加是载运工具这一运程的平均成本曲线 ATC。而市场运价 P 与边际成本曲线 MC 的交点对应的装载量 L* 即为载运工具这一运程的经济装载量。要注意市场运价 P 有可能高于，也有可能低于平均成本 ATC。

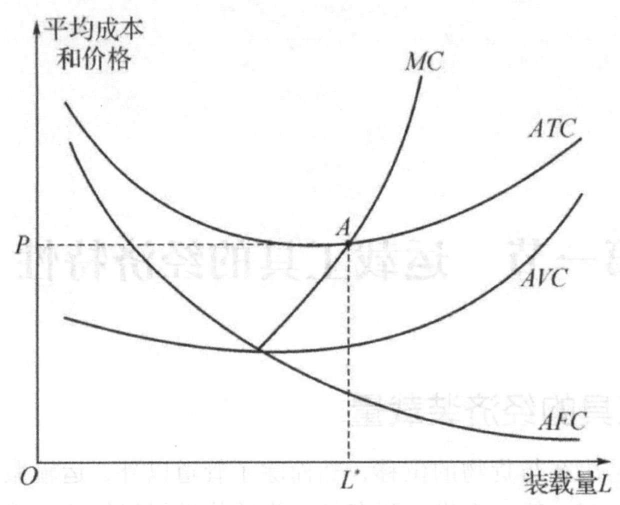

图 4-1　载运工具经济装载量示意图

从经济的观点来看，如果装载量达不到经济装载量，载运工具的运输能力出现闲置，这当然是不经济的；而如果载运工具的装载量超过了经济装载量，又会导致对载运工具的过度使用，在经济上也是无效率的行为。据此，运输供给者应当选择经济装载量为某一运程的最佳装载量，因为这样可以获得这次运输服务的最大利润。

（二）载运工具经济装载量的影响因素

1. 载运工具类型的影响

不同类型的载运工具，其成本曲线的形式不同，经济装载量也千差万别。即使对于同一类型的载运工具来说，由于货运需求的多样性与复杂性，加之每一台车辆、每一架飞机或每一艘船的具体状况（如车龄或改装情况）与使用环境也不尽相同，其某一运程的经济装载量也存在差别。以公路货运车辆为例，如图 4-2 所示，我国某一地区干线公路上行驶的 2 轴卡车很多，但它们装运的货物重量却并不相同。但从统计学的角度看，某一车型车辆的装载量往往呈现出一定的分布特征。图中，装载量为 13 吨的卡车出行的频率最高，这表明大部分的车主会选择使用 2 轴卡车去装运 13 吨左右的货物。

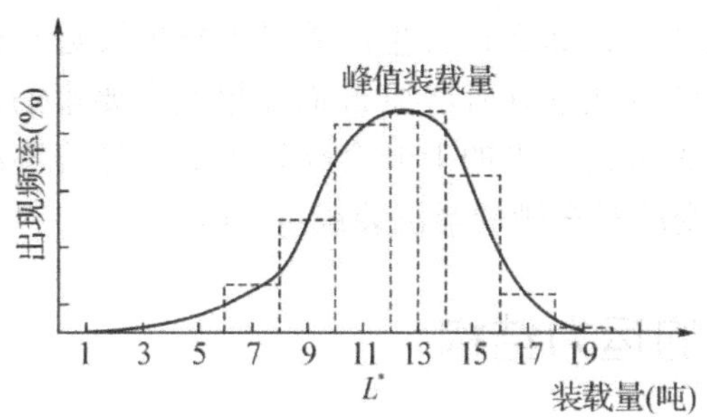

图 4-2　轴卡车装载量分布示意图

2. 货运需求地区不平衡性的影响

以上考虑的是单程运输时的情况，众所周知，载运工具的运输存在“返程问题”。

由于货运需求的地区不平衡性，会引起载运工具在满载方向与回程方向经济装载量的区别。仍然以 2 轴卡车为例，如果返程时运输需求较小，无法达到去时的经济装载量，那么，车主也可能同意提供运输服务，因为回程是无法避免的。如图 4-3 所示，在装载量分布图上，表现为存在两个装载量峰值：一个为重载方向的装载量峰值，另一个为返程方向的装载量峰值。

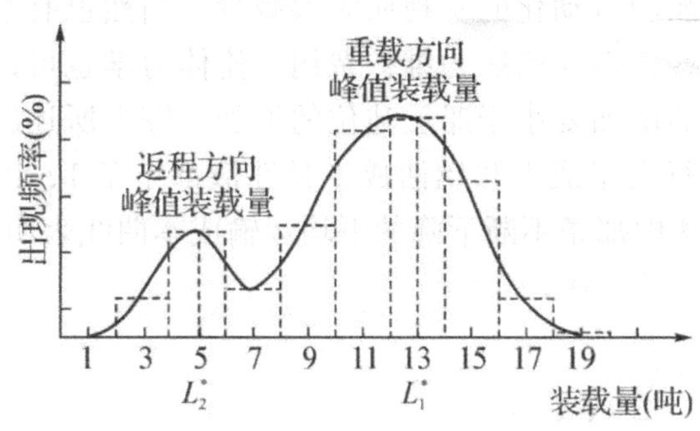

图 4-3　考虑回程的 2 轴卡车装载量分布示意图

3. 固定税费的影响

如果固定税费水平提高，等效于增加了车辆的固定运输成本，此时图 4-1 中的平均固定成本曲线 AFC 将变得更为陡峭，从而导致平均成本曲线 ATC 的最低点向右移，即车辆的经济装载量增加了。这也是我国超载运输治理中，有时会出现“越治越超”（即处罚越多，超载越多）的原因。因为如果对超载车的处罚与其装载量无关，对于车主来说处罚仅相当于固定税费，他/她有动力通过装运更多的货物来分摊掉这些处罚的成本。

4. 生产要素价格的影响

如果某一生产要素（燃油、轮胎、车辆配件等）的价格出现变动，情况就比较复杂了。简单地讲，如果生产要素的消耗相对于装载量缺乏弹性，例如司机工资通常不会随着装载量的变动出现较大浮动，那么这类生产要素价格更接近于固定成本，其价格水平的上升会导致车辆的经济装载量有所增加 m 而如果生产要素的消耗相对于装载量富有弹性，那么这类生产要素价格水平的上升会导致车辆的经济装载量有所降低。但总体上看，生产要素价格的变动对车辆的经济装载量影响不大。

二、载运工具的运力结构

（一）大型载运工具的经济性

载运工具小到可以只承载一个人或很少货物，但我们知道，对于某种运输方式来说，存在随着载运工具个体的增大以及载运能力的提高，单个载运工具的平均运输成本逐渐降低的经济现象，即“载运能力经济性”。例如，船舶建造成本增加与船舶吨位增加的关系服从所谓“2/3 定律”，即船舶的建造成本大体与船舶的表面积成正比，而船舶的装载能力与船舶的体积成正比，从而导致船舶的表面积与其载重能力的增长关系接近 2 ：3。因此，船舶的平均吨位建造成本似乎可以随着船舶越造越大而不断下降。而大型船舶的平均吨位运行成本则显示出更为明显的优势，其中的一个原因是，航行的人工成本取决于船舶设计时所确定的固定岗位多少而不是取决于船舶的吨位大小，船员的数量已经由于船舶自动化的实现而大大减少。当然也有些运行费用与船舶吨位大小的相关性更密切些，例如船舶的维护费用。流体力学也可以证实，如果保持船速不变，那么燃油消耗的增加要小于船舶吨位的增加。综上所述，由于与船舶吨位增加有关的建造成本、运行人工成本和燃油成本弹性值都小于 1，因此大型船舶的使用显然具有经济性，图 4-4 中那条不断下降的平均运输成本曲线表明了这种情况。

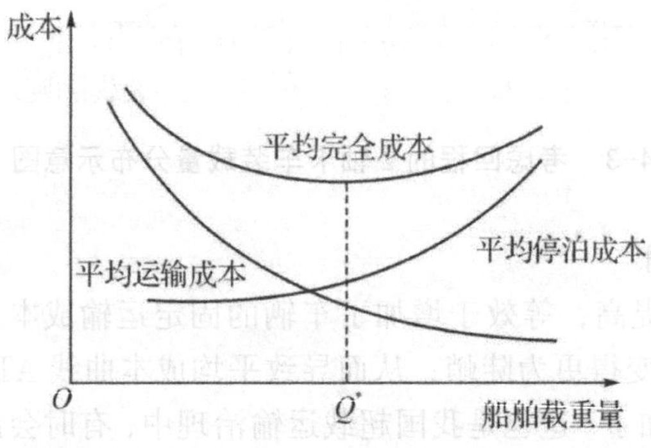

图 4-4　某一航线上最优船型的确定

然而，与船舶运行有关的另一种成本——船舶的停泊成本却呈现出不同的变化趋势。船舶越大，其在港口停靠以便进行装卸所需要的时间也越长（载重量增加 1 倍，装卸时间至少增加 30%），虽然集装箱化已经使装卸效率取得巨大进展，但船舶的港口停靠时间仍然十分可观。一般海船每年停靠港口所耗费的时间要长于其在海上航行的时间，即便是集装箱轮，每年也有 20% ~ 30% 的时间是在港时间。船舶的在港时间延长，就会减少其每年的航行次数，又会减少其实际载运货物的数量。另一方面，船舶过大也会增加港口一次集中或疏散足量货物的难度，而如果由于港口堆场面积和装卸设备的不配套，则可能进一步加剧问题。因此，平均港口成本会由于船舶载重过大而上升，船舶的平均完全成本应该是平均船舶成本与平均港口成本之和。在图 4-4 中，最佳的设计载重量是 Q*，它是综合考虑大型船建造及运行成本优势与港口劣势的平衡点。在最近的几十年中，由于货物装卸技术的创新，特别是集装箱化的普及，已经使港口成本曲线明显下降，同时使平均完全成本曲线不断右移，因此新船也得以越造越大。

（二）实载率与运输组织

既然大型载运工具和小型载运工具都有存在的必要，那么，运输市场中保持怎样的运力结构（各类型载运工具的比例）才合适呢？当然，这是一个运输市场中千千万万供给者与需求者的群体选择问题，并不存在所谓的“最优运力结构”。实际上，由于运输需求和供给的时空差异，加上供需双方之间交易信息的不完全，运输需求与供给的完全均衡很难实现。我们只能尽力去缓解供需冲突，减少效率损失。例如，我们可以通过载运工具的中转运输来充分利用大型载运工具的成本优势与小型载运工具的灵活性，这便属于运输组织的范畴。

现有载运工具运输能力的充分利用应该是在短期成本曲线上讨论问题，不适于用规模经济理论来分析，因为规模经济是说生产的长期平均单位成本逐渐降低。那么怎样解释网络经济与提高载运工具实载率的关系呢？这一点其实结合范围经济的概念就比较容易理解了。我们假定直达运输的产品是同一性的，那么在网络上经过中转的运输则肯定包括了不同的运输产品；如果同一性的运输产品数量足够大，运输业就会组织直达运输，因为那样效率更高；如果同一性的运输产品数量不够大，那么提高实载率的要求就会促使运输企业利用网络形成中转式运输结构，以便充分利用设备的能力；而一旦经过中转，载运工具上显然就会包括起讫地点不同的运输对象；中转结构的范围越大，网络上不同起讫地点的运输对象也就会越多；所以，运输业在很多情况下是在用多产品的范围经济去满足提高设备实载率的要求。使用的载运工具越大，支持其有效运营的运输网络往往也越大，运输业者利用网络经济的优势提高载运工具实载率，是运输业规模经济和范围经济密不可分的一个突出例证。

铁路运输中要尽量组织直达列车，而航空业似乎更重视充分利用轴辐结构进行中转，这看起来好像矛盾，其实解释也只要来自类似的思考方法，这里的关键在于是否有或如何实现足够的列车与航班实载率。实载率过低的就要利用中转结构去提高，但由于中转会带来运送时间及其他方面效率的降低，因此只要实载率状况允许运输业者就会尽可能组织直达运输。需要说明的是，运输服务的基本组织形式除了点点直达与轴辐中转，还包括沿途上下和分段编解两种结构，其中后者一般仅在铁路货运中可以看到。

三、载运工具的经济寿命

（一）载运工具的经济寿命模型

同人类一样，载运工具也有自己的生存期限，不过长短差别很大。第一次产业革命时问世的蒸汽机车，现在还未完全退出历史舞台；而今天市场上一些人们趋之若鹜的小轿车，可能几年后便不复流行。我们把载运工具从投入市场开始到被市场淘汰为止所经历的时间，称为载运工具的寿命周期。那么，对于运输供给者的某一辆车、一架飞机或者一艘船来说，其寿命周期有多长呢？关于载运工具的寿命有多种分析方法，最常见的“三分法”将载运工具的寿命分为自然寿命、技术寿命和经济寿命三种类型：

1. 自然寿命

载运工具的价值一般来说都会随着其使用时间或行驶距离的增加而减少，自然寿命是指载运工具从开始使用直至报废所经历的时间。这些有形损耗是由于使用和自然力的影响而引起的，因此载运工具自然寿命的长短与载运工具的质量、使用条件、使用强度和使用维修技术密切相关。

2. 技术寿命

由于载运工具生产制造工艺技术的发展，使原有载运工具的无形损耗加剧，有些载运工具甚至在它们的物理报废状态到来之前就已经在技术上应该被淘汰了。从载运工具开始使用到因技术性能落后而被淘汰所经历的时间，称为载运工具的技术寿命。

3. 经济寿命

根据经济效益确定的载运工具寿命，称为经济寿命。虽然依靠维修可以延长载运工具的自然寿命，但随着役龄的增加，技术状况不断恶化，维修费、燃油费等运营费用不断增加。载运工具使用的经济效益将逐渐恶化，以至于从经济上考虑需要做出淘汰。

移动性载运工具可以比较容易地从一个地方的运输市场转移到另外一个地方的运输市场。假定所有运输市场上同一种载运工具的售价都是一样的，那我们可以很方便地用图 4-5 来说明这方面的投资问题。图中的横坐标为车船使用天数（注意横坐标并非“时间”）。图中 AFC 曲线代表载运工具的平均购置成本，这应该是一种资本成本，与市场的利息率有关。由于车船或车船队的购置费用是相对固定的，因此随着这些载运工具使用天数的增加，平均每车（船）日所分摊到的单位固定成本应该逐渐下降。AVC 曲线代表载运工具的平均变动成本，主要包括维修费用和物理折旧费，它是一条先水平然后逐渐上升的曲线。AVC 曲线后期逐渐上升的一个原因是，随着车船使用强度的增加，其燃料消耗和维修费用会大大提高；另一个可能原因是，如果车船的使用强度超过其原有的设计标准，那么它的使用寿命就会缩短，因此必须加速折旧。AFC

曲线与 AVC 曲线的叠加是载运工具的平均完全成本曲线 ATC。易见，ATC 存在极小值点 / 对应的平均完全成本为 $C_{\min}$。在完全竞争市场中，A 点对应的车船使用天数 n^* 即为其经济寿命。从经济性的观点考虑，当载运工具的使用达到某一年限（经济寿命）后，继续使用会导致年均运输成本的增加，在经济上将是无效率的行为。据此，经济寿命理论认为，应以载运工具的经济寿命为其最佳更新时机。

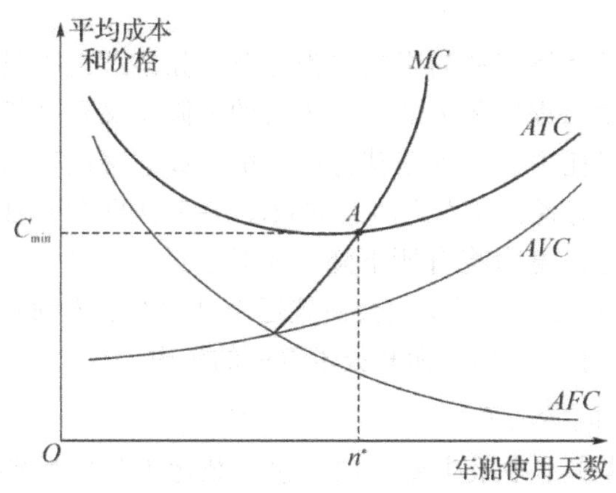

图 4-5　载运工具经济寿命示意图

由于比较简单、易于理解，经济寿命模型得到了广泛的运用。但由于使用需要精确地估算相应成本项随载运工具役龄的变动情况，极大地限制了模型的使用范围；同时，一些外部因素的变动（例如技术进步、生产要素价格的调整等）也增加了经济寿命估算的复杂性。

（二）载运工具经济寿命的影响因素

1. 拥有载运工具的机会成本

有一些费用与拥有载运工具的投资有关，这种成本的变化主要是由资本市场决定的。例如，一家航空公司为扩充其机队使用了 100 亿元的银行贷款，在 10% 的年利率下它为此每年需支付 10 亿元的利息；如果它改为使用租赁飞机，就需要支付租赁费。即使该航空公司是使用自有资金购买这些飞机，它也仍旧需要考虑投资成本，因为它失去了这些资金在银行获得利息的机会（资金的机会成本）。此外，几乎所有运输方式的需求都存在周期性的变化，这也反映在对相应运输工具的需要量上。例如，在每年夏季的用电高峰期，对铁路运煤车的需求就特别大；又如当世界石油需求增加的时候，对油轮的需要量也会激增。因此，资本市场的变化和运输需求的变动都会影响拥有载运工具的机会成本。载运工具每一运程的机会成本应该是由当时对这种运输工具的市场供求状况决定的，人们可以从载运工具拥有者在那时出租其资产的收费或载运工具二手转让市场的价格水平中了解到这种机会成本。当然，考虑到政府可能对拥有载运工具征收一定的税费，例如我国的车辆购置税、上海等城市的车辆牌照拍卖费等等，政府的税费政策也会对拥有载运工具的机会成本产生直接影响。

现在我们来分析一些具体的因素对载运工具经济寿命的影响。

（1）载运工具的售价

如果载运工具的售价（由于制造成本的上涨而）增加，即载运工具的初始拥有成本增加，图 4-5 中的 AFC 曲线将变得更为陡峭，从而使得 A 点右移。在其他条件不变的情况下，载运工具的经济寿命将有所提高。

（2）技术进步

技术进步对载运工具经济寿命的影响较为复杂。如果载运工具的价值耗损快于其物理磨损，那么这种与使用程度无关的资产价值的下降（又称“折旧”）就属于固定成本。如果载运工具的损耗主要是依据其行使的里程或起降次数来衡量，那么其折旧就偏向于变动成本。对于前者，技术进步会导致图 4-5 中的 AFC 曲线变得更为平缓，因而会致使载运工具的经济寿命将有所下降。而对于后者，技术进步则会导致图 4-5 中的 AVC 曲线变得更为平缓，因而反倒会使载运工具的经济寿命将有所提高。可见，经济寿命的概念已经纳入了对自然寿命和技术寿命的考虑。

2. 载运工具使用的机会成本

载运工具使用 / 运营成本中最主要的内容包括载运工具的燃料消耗、维修费用、物理折旧、运营税费和司乘人员的工资。如果从机会成本的角度来考察，那么所消耗燃料的价值应该是这些燃料从驱动载运工具转而用于其他用途所能获得的收益，人员费用则应该是这些行车司乘人员转而从事其他非运输工作（如制造业）所能得到的收入。

（1）固定税费

载运工具运营的固定税费表示在图 4-5 中是一条水平线，不会随着车船使用天数的变动而改变，因此对载运工具的经济寿命没有直接影响。但是，这些固定税费的变动会导致载运工具装载量的变动，因而会间接地影响载运工具的经济寿命。例如，当公路税费提高后，在其他条件不变的情况下，卡车的装载量可能出现进一步的增加，从而导致图 4-5 中的 AVC 曲线变得更为陡峭，因而会使载运工具的经济寿命有所缩短。

（2）生产要素价格

燃料、司乘人员工资等生产要素价格的增加，相当于提高了车辆平均变动成本。在其他条件不变的情况下，图 4-5 中的 ATC 曲线将变得更高或更为陡峭，因而会缩短载运工具的经济寿命。

（3）市场的经济状况

如果市场的经济状况趋于乐观，即市场变得日益景气，一方面会提高载运工具拥有的机会成本，导致图 4-5 中的 AFC 曲线将变得更为陡峭，从而增加载运工具的经济寿命。另一方面，市场的日益景气又相当于提高了生产要素的机会成本，从而导致图 4-5 中的 AVC 曲线将变得更为陡峭，从而缩短载运工具的经济寿命。因此，市场的经济状况对载运工具经济寿命的影响不能一概而论。

3. 市场价格与载运工具的经济寿命

如果运输市场并不是一个完全竞争市场，根据微观经济学原理，运载工具拥有者提供车（船）服务日的数量是由价格线 P 与边际成本 MC 曲线的交点决定的，即在价格 P 水平上最优的车（船）服务日数量为 n^*。在 n^* 数量上，价格水平高于平均完全成本的部分 BA 是边际利润，面积 PABC 是运载工具拥有者提供该数量服务所获得的超过总成本的经济利润。

如图 4-6 所示，有利可图的拥有者如果判断这种情况会继续下去，就会投资扩大他的车船队规模，以便增加盈利。但如果车船供求市场上的需求减少导致价格较低，如图 4-7 所示，在 P' 的位置，载运工具拥有者就不能获得经济利润。尽管他的收入可以弥补平均变动成本，但却不能补偿购置设备的资本成本，面积 $P'ABC$ 是其亏损的数额。在这种情况下，拥有者一般不再是要考虑如何扩大他的车船队，而是要报废旧车船或者出售一部分现有的载运工具以平衡收支了。但也有可能的是，载运工具拥有者在少量亏损的局面中维持经营，因为其收入还可以弥补变动费用，他也许愿意等待市场转好时再弥补损失。

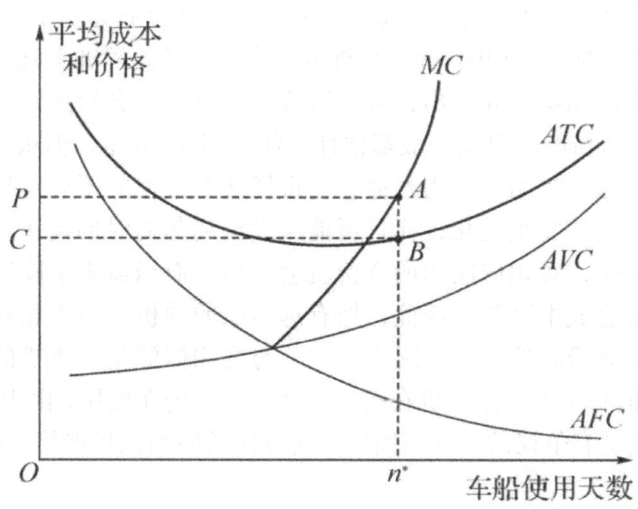

图 4-6　盈利的载运工具投资

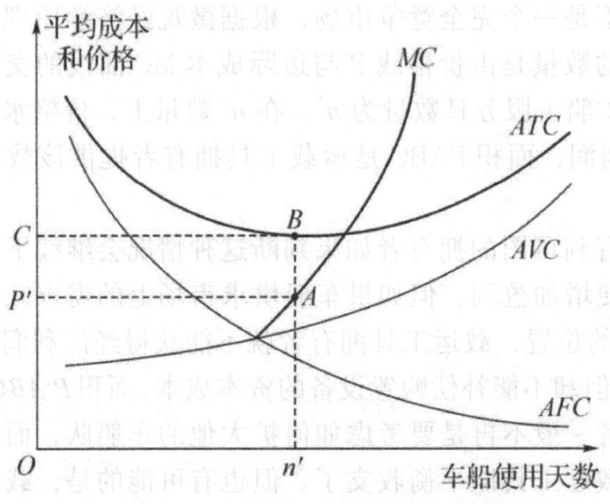

图 4-7 亏损的载运工具投资

然而，投资分析切忌过于简单化，原因之一是运输投资往往都要涉及相当长的时间范围。在载运工具中汽车的使用寿命是最短的，一般也有 5 ~ 10 年的寿命，而飞机的使用期限有些竟达到了 50 年，固定设施的寿命则更长。除非载运工具拥有者愿意或能够经常通过二手市场购入和卖出，否则购置决策通常都会根据设备的预计使用寿命而做出。例如，定造新船的时候一般都估计其使用期为 20 年，但很多船的实际使用寿命都大大超过了。远洋船舶的使用寿命长，市场又有很大的不确定性，这使得所拥有船舶或船队的价值经常发生变化，而且可能大大偏离起初时的购买价值。例如当某类国际海运需求旺盛时，对相应船舶的竞价就会高出，而当需求下降时，过多的运力又会使船舶使用的机会成本贬损。因此，拥有远洋船舶的机会成本相对于船舶的折旧费更加重要，它是由对船舶的需求状况决定的。与之相似的是，飞机的设计寿命一般在 20 ~ 30 年之间，但有不少老型飞机在超过该期限之后仍在使用，由于安全方面的原因，对飞机的超期使用是有争议的，欧洲国家在这方面的限制比较严格一些。

第二节 运输基础设施的经济特性

一、运输基础设施的成本特性

（一）机会成本难以把握

运输基础设施是指那些不能移动的运输设施，如铁道、车站、港口、河道与机场等。我们知道支出并不一定就等于经济成本（或机会成本），运输基础设施的经济成本应该是被用于该设施的资源在被其他次优方式使用时的价值。最理想的情况是政府在建设或提供运输基础设施服务时为所使用的土地支付了相应的市场价格，并按自由市场上的价格购买原材料和施工设备，并支付使用劳动力的工资，那么费用支出就与机会成本十分相近。

如果是政府对运输基础设施所占用的公有土地不付费，这会造成运输基础设施成本的低估。例如，机场建设的债务合同一般都会在 25 ~ 30 年之内付清，这之后机场当局就不需要继续为其土地和建筑物付费，这样，机场所使用的土地价值往往就不能正确地计算到机场的经济成本中去。如果考虑到通货膨胀等因素，土地和建筑物的成本实际上是在上升的，因此老机场显然会比新机场享有更低的成本优势。目前尚没有对机场经济成本实际低估程度的研究成果，但由于机场一般占用的都是区位很好的地点，这些土地如果转做工业或商业用地均能取得优厚的收益，因此机场土地的机会成本应该是远远高于其在会计账户上的价值。

而从另一方面看，不能移动的运输基础设施只是与特定地理位置的运输市场相关，在运输基础设施领域的投资一般只能增加特定地理位置或区域的运输能力，而并不能同时增加整个运输系统的运输能力。因而在运输基础设施方面的投资大部分是沉淀性的，其机会成本又往往被高估。直到目前为止，还没有特别明显的证据能够帮助我们轻易地判明究竟是低估还是高估了某运输基础设施的机会成本。

（二）固定资产投资巨大

1998 年以来，我国的高速公路年均通车里程超过 4000 公里，年均完成投资 1400 亿元，平均每公里造价高达 3500 万人民币，投资数额十分巨大。

空中交通管制系统和用于飞机起降以及登机、转运服务的机场设施加在一起，就使得航空业在对固定设施的依赖方面比原先人们所预料的要大。但由于这些固定设施大多是由政府提供的，所以航空公司的固定设施成本比重与公路运输相似，并不算高。

普通的双线电气化铁路造价（包括配套设施），一公里的造价要几百万至上千万，工程环境较为艰难的线路造价会高很多，例如青藏铁路平均每公里造价在 1000 万元左右，2008 年开工建设的兰渝铁路每公里造价约为 1 亿元，而全长 1318 公里的京沪高铁总投资规模高达 2209 亿元，折合约 1.68 亿元 / 公里。参考美国的经验，铁路在固定设施方面的费用开支大约是总运营成本的 17%，这高于公路运输，因此与公路相比铁路是固定设施成本更为密集的运输方式。

水运涉及两种固定设施，即改善的航道与港口设施。海运业一般只使用港口设施，而内河水运则同时与航道改善的关系十分密切。美国每年在航道与港口的工程及维护方面花费的固定设施成本在内河航运的总收入中占到 60%，在包括内河与沿海航运的总收入中占 30%。如果这样看，水运将是固定设施成本比例最高的运输方式之一。然而，由于政府在这方面的开支带有补贴性质，航运公司并不需要全部支付这些固定设施成本，因此实际情况是轮船公司的固定设施成本比航空公司还要低些。相比之下，深吃水船舶对港口设施的要求更多些，有资料表明港口费用约占远洋海运总成本的 15%，约占沿海船舶运输总成本的12%。总起来看，水运的固定设施成本比重低于铁路，但高于公路和航空运输。

航空业由于其比较低的固定设施成本和机场公营，似乎是一个比较容易进入的行业，但实际上进入难度比预想的要大，这其中的重要原因就是在机场设施租用方面，航空公司与机场之间的长期合同关系。航空公司与机场之间的关系不是零星和即时的市场交易，航空公司要与机场当局签订长期契约，以便近似固定地租用机场的登机手续办理柜台、登机门和候机场地。已有的航空公司无疑希望占有机场中最好的位置，并且希望在机场的扩建计划中为其航班取得更有利的竞争优势。而在一些能力比较紧张的机场，高峰期会出现跑道和登机门拥挤的状况，已有的航空公司在某种程度上也可能不希望扩大机场能力，以避免出现新增加的竞争者。现有航空公司在占据有利位置和影响机场当局的决策等方面，都增加了新航空公司的进入难度。

（三）成本难以归依

1. 运输基础设施成本的归依

运输基础设施成本分析的另外一个难点是运输费用的难以归依性：无论是运输的边际成本分析还是增量成本分析都会产生一个问题，就是有些运输费用的发生无法归依到某一位具体旅客或某一批具体货物的运输上。下面我们以公路成本为例看看哪些成本可以归依，哪些成本是难以归依的。

2. 与载运工具有关的公路成本

公路基础设施成本中的三项主要内容，即资本支出、维护支出和安全费用，都与交通量的变化及交通组成有一定关系。如果一条公路的交通量不大，而且主要是供小汽车使用，那么该公路的设计与建设同交通量大而且有重型载货卡车通行的公路相比差别就很大。美国国家公路与运输协会（AASHTO）曾经对公路路面铺设厚度、公路的预期使用寿命与汽车轴重等因素之间的关系进行过分析测定，结果有充分证据认定不同车种如小汽车、公共汽车、载重卡车和其他车辆的轴重对公路造成的影响有很大差别，结论是在一定的公路使用寿命要求下，车辆轴重越大，路面的铺设厚度应该越大。该协会的研究确定，车辆轴重与路面损坏之间的关系是指数关系，因此通行重型载重卡车的公路比主要通行小汽车的公路需要铺设更厚的路面。路面的宽度则是随通行车辆的混合程度变化，为适应宽型车辆如载货卡车和公共汽车，公路路面就需要比较宽。根据美国运输部（DOT）的结论，为适应载货卡车而加厚和加宽的公路路面费用，约占到新铺设路面成本的50%。公路桥梁需要一个最低的结构强度以支撑其自身重量，当然除此之外桥梁还需要增加结构强度用以支撑通过其上的车辆。允许重型载货卡车和公共汽车通行的桥梁的设计强度，无疑要大于仅允许小汽车通行的桥梁，而前者的建筑费用显然也要高于后者。研究结论是，公路桥梁建筑成本的40%是由于适应载货卡车通行而发生的。最后，公路的等级还与路上车辆的刹车特别是爬坡所需要的性能有关。为了保证车辆能够平稳行驶，公路的坡度就不能过大，而坡度的设计又在很大

程度上取决于车辆的马力与其自重及载重的关系，因此载货卡车在这方面又对公路的设计与建筑提出了更加昂贵的要求。美国运输部认为，公路在坡度方面成本的20%是为了适应载货卡车通行而发生的。由于公路的建筑成本是沉淀性的，一旦公路的设计和建筑考虑了重型车辆的使用标准，那么尽管后来的实际混合交通量中可能并没有那样大比例的重型车辆，它也无法再对已经发生的设计和建筑成本产生节约作用。

3. 与载运工具无直接关系的公路成本

虽然公路上的交通量和车辆结构对公路的影响可能是最为关键的，但有些路面的损坏与交通量没有直接关系，例如气候原因也会发生作用。而且，路面铺设的厚度与质量显然也有很大关系，路面质量越高、路面越厚，车辆行驶所造成的影响越小，当然，公路建设费用会由此提高。此外，公路的维护和修整工作也很关键，公路维修如果被不合理地推迟，路面的损坏速度就会增加，而且一些成本就会转移到公路的使用者身上，因为路况较差的公路会造成车辆行驶速度降低、油耗增加以及额外的车辆修理费用，因此，某些车辆（如超限车辆）对其他车辆可能造成的不良影响程度，在某种程度上也取决于公路部门对路面的维护水平和修复速度。

4. 与载运工具无关的公路成本

此外，还有些公路费用与交通量的大小或交通结构几乎无关，例如路面厚度有其最低限度标准，有些公路维修工作是即使没有车辆通行也要进行的，桥梁有其自身的承重强度要求，公路上的信息指示标志也不随车辆的载重而变化等等。这些大约占到全部公路费用开支的一半，从运输量的角度看它们是难以归依的，或者简单地说，只要保留这条公路，即使不允许任何车辆通过，这些费用开支也无法节省下来。一般而言，在公路的费用开支与不同车辆的分类之间具有非线性和难以归依的关系，而所有可以归依到具体运输量上面的费用开支之和，肯定要小于公路部门的总成本。而且，是非线性的成本关系引起了这种不可归依的费用开支。运输领域中最有趣而且最重要的经济问题中，就包括如何在固定设施的运营中处理这些不可归依的成本。

二、运输基础设施的商品特性

（一）公共物品属性

1. 公共物品的定义

公共物品是指公共使用或消费的物品或服务。与之相对的概念是私人物品。公共物品与私人物品的区别主要不在于生产的方式上或资金来源上，而主要在于消费方式的不同。确认公共物品的标准有两个，即“非排他性”和“非竞争性”。

（1）非排他性

非排他性，是指某人在消费一种公共物品时，不能排除其他人消费这一物品（不论他们是否付费）；而且，即使你不愿意消费这一产品，也没有办法排斥。例如，你走上一条公路上时，你无法排除其他人也走这条公路，如你不愿意公路上的路灯光照，但只要你走上这条有路灯的公路，就必然受到照射。非排他性还有一层含义，是指虽然有些物品在技术上也可以排斥其他人消费，但这样做成本很高，是不经济的，或者是与公众的共同利益相违背的，因而是不允许的。

（2）非竞争性

非竞争性，是指某人对公共物品的消费并不会影响别人同时消费该产品及其从中获得的效用，每个消费者的消费都不影响其他消费者的消费数量和质量，受益对象之间不存在利益冲突；同时，增加一个公共消费者，公共物品的供给者并不增加成本，即在给定的生产水平下，为另一个消费者提供这一物品所带来的边际成本为零。例如，国防保护了所有公民，其费用以及每一公民从中获得的好处不会因为多生一个小孩或出国一个人而发生变化。

2. 公共物品的分类

由此，公共物品又可以分为三类：第一类是纯公共物品，即同时具有非排他性和非竞争性；第二类公共物品的特点是消费上具有非竞争性，但是却可以较轻易地做到排他，有学者将这类物品形象地称为俱乐部物品；第三类公共物品与俱乐部物品刚好相反，即在消费上具有竞争性，但是却无法有效地排他，有学者将这类物品称为共同资源物品或公共池塘资源物品。俱乐部物品和共同资源物品通称为“准公共物品”，即不同时具备非排他性和非竞争性。公共物品的分类以及准公共物品“拥挤性”特点为我们探讨公共服务产品的多重性提供了理论依据。需要指出地是，公共物品是经济性概念，尤其是准公共物品；同时，它也是一个制度性概念，特别是纯公共物品，它和政治的关系极为紧密，只有当个人让一定权力给国家时公共物品的提供才成为可能。经济和制度共同决定了政府与市场之间的关系，而政府与市场之间的关系才最终决定了公共物品的边界。

3. 公共物品的产生原因

运输基础设施一般具有“拥挤性”的特点，即当消费者的数目增加到某一个值后，就会出现边际成本为正的情况，而不是像纯公共物品，增加一个消费者，边际成本为零。达到“拥挤点”后，每增加一个消费者，将减少原有消费者的效用。如此看来，很多所谓的公共基础设施，也具有准公共物品的特性。那么，如何解释我们身边存在的大量“免费公路”呢?

由于这些公路自身的价值往往并不高，而检测和度量道路使使用者对这些公路使用的交易成本却较高，以至于界定这些公路产权的代价甚至会高于公路产品的供给成本，因此人们选择了免费提供这些公路的产权安排。例如，虽然美国的私有机构在19世纪早期就修建了8000多英里的收费公路，但早期的很多收费道路都面临着使用者逃费的问题，以至于造成了私人收费公路的财务崩溃与公路收费体系的瓦解。这种情况对于我国大部分的乡村公路仍然成立。但对于高等级公路而言，由于逐渐降低的度量和监察成本与相对高昂的公路成本相比逐渐变得可以承受（换句话说，界定高等级公路的产权从经济上看是值得的），从而出现了收取道路通行费这样的公路产品交易方式，

公路产权得到了一定程度的界定。

（二）多维商品属性

1. 运输基础设施的多维商品属性

我们知道，一种商品或服务拥有众多的属性或质量维度，不同商品包含着不同数目的属性。随着生产中分工的发展和技术进步，商品的质量属性也日益复杂。运输基础设施产品也不例外，以公路基础设施为例，除了较为明显的公路长度、宽度、坡度等属性外，路面强度、路面抗滑性等也日益成为重要的公路属性。因此，公路是一组包含多个质量维度的商品。

在新古典经济学的完全信息世界里，商品的所有方面都可以被无成本地度量和索价，因此标准的经济理论往往忽视了质量的多维性问题。通常把商品当做只具有一种属性的同质实体的做法，容易得出这样的结论：商品要么被拥有，要么不被拥有，不存在任何所有权的中间状态，这种把经济权利等同于法律权利的观点似乎是有根据的。但是，权利从财产获益能力的意义上来说，很大程度上是一个经济价值，而不是法律概念的问题。人们可以界定产权，可以按照对自己最有利的原则决定把产权界定到什么程度，在此意义上可以说，产权总能得到最好的界定。然而，放宽基本微观模型完全信息假设的后果之一就是使我们开始注意到大部分商品的质量多维性（对于公路产品来说，除了直观的由路面宽度、车道数等表征的车辆通行能力之外，还具有其他一些重要的质量维度，例如由路面厚度与路基、路面强度等指标表征的道路承载能力；由道路线型、坡度与标志标线的状况表征公路行驶的安全性，等等）。

2. 多维商品属性的产权界定

由于商品属性很复杂，其水平随商品不同而各异，测定每种属性都要付出成本，因此不能全面或完全精确。面对变化多端的情况，获得全面信息的困难有多大，界定产权的困难也就有多大。同时，对产权的界定要消耗资源，完全界定的成本是非常高的，因此产权从来不可能得到充分的界定，而是更多的处于部分界定的中间状态。对于既定商品的不同属性的权利，或者对于一笔交易的不同属性的权利，并不全是同等地加以明确界定的。

这样，由于产权界定的困难，商品的一些属性归某所有者所有，其使用效率可能会很高；但这并不能保证，当该商品的另外一些属性也归其所有时，其使用效率必然也很高，即各种属性均归同一所有者所有不一定最有效率。虽然法律一般并不禁止所有者在其商品的每一属性上收取边际费用，但实际上，如果商品的初始所有者只转让商品的一部分属性而保留其余部分，那么来自交换的净得益往往会出现增加。因此，有时人们会把某一商品的各种属性的所有权分解开，分配给不同的所有者，采取这种形式的交换导致单一商品的分割的产权：两个或两个以上所有者可以拥有同一商品的不同属性。就某些属性来说，如果所有者认为他们部分权利的行使成本太高（收取边际费用的成本包括度量或测量和监督的成本），而收益低于成本，甚至会选择将它们置入公共领域，这使得商品的一些属性成为公共财产（从产权经济学的视角来看，并非人们没有意识到这些资产的产权，而是由于高昂的交易成本，使得人们不愿去其界定产权，于是这些财产就被留在了公共领域）。

（三）互补性与替代性

运输基础设施最基本的组成单元是线路和节点，当节点之间存在着不同的线路时，这些线路和节点就构成了一个网络。运输基础设施网络的相互连接和合作是其网络经济性的基础，同时也决定了网络中各节点的竞争地位。

运输网络整体效率的提高有赖于网络中各个主体的合作，线路的“互补性”是指前后相继的线路通过节点连接起来，将大大增加各个节点空间交往的机会。网络可以通过允许供给者享受密度经济和范围经济产生成本的节约。许多航空公司的轴辐式航线网络就是这样的例子。同样，从使用者的角度看，较大的网络通常能提供较多的选择，例如，连接进入一个大的电信系统比属于一个小的通常更加受益。铁路的网络经济性是指当铁路线路成网及路网密度增加时，由于扩大运输需求范围、调剂各线路负荷从而提高整个路网的利用效率。例如，当两条互不相连的线路端线连成一体时，将大大增加两线路之间的过境运量，提高整个路网的利用效率。

运输基础设施网络的“替代性”是指当两个节点被不同的线路或网络连接时，不同线网可以开展竞争，其间的差异性带来了一定程度多样性，将增加消费者选择的余地并有利于提高消费者的福利。因此，任何单一网络的管理和调整必须考虑溢向其他竞争或补充网络的相互作用效应。网络间的相互作用效应意味着对任何一个网络中的连线和节点绩效的干预都可能影响该网络的其他元素。例如，给某一个特别的公共汽车线路进行补贴不仅可以对与其竞争的铁路服务产生影响而且还有可能通过改变旅行行为冲击其他的公共汽车服务。

（四）规模经济性与规模不经济

运输基础设施的规模经济是十分显著的。然而，我们不应忽视某些伴随而来的规模不经济。以高速公路为例，双向 6 车道高速公路比双向 4 车道高速公路的成本大约高出 30%，而通行能力却可以提高 50% 以上。因此，高速公路在车道数量方面具有规模经济。但是这种规模经济必须与高速公路的辐射范围加以平衡，因为随着高速公路车道数的增加（相同总投资下意味着高速公路里程的减少），车辆抵离高速公路（上、下高速）的平均距离将变得越来越远，这将导致车辆在高速公路两头的开支比重增大。因此，一条高速公路的规模大小应该同时考虑并权衡车道数量的规模经济和抵离路程的规模不经济。

再以机场为例，一个四条跑道的机场比两个两跑道的机场更经济，因此机场在跑道数量方面具有规模经济。但是这种规模经济必须与航站楼的规模加以平衡，因为随着航站楼的扩大，乘客抵离数量大幅增加使得找寻和通过登机门变得越来越困难和麻烦，这将导致大型机场在其航站服务楼方面的开支比重较大，而跑道的维护费用相对其建设费用来却较小。所以，一个机场的规模大小应该同时考虑并权衡跑道数量的规模经济和航站楼的规模不经济。

再说说管道运输，有些教科书比较简单地下结论说管道运输具有规模经济，但我们在这里还是应该把管道运输的规模经济概念分析清楚。在某条管道的径路上增加油气运输量的途径有多种：一是在原有管道上靠增加现有泵站的压力提高管道内油气的流动速度，这需要泵站耗费更多的燃油或电力；二是在原有管道沿线增建更多的泵站，也是用于提高油气的流动速度；三是沿原有管道增建一条新的小口径管道；四是根据油气需求的状况重新铺设一条大口径管道，取代原有的小口径管道。我们可以在图 4-8 中看到用不同途径增加管道油气运输量的成本曲线，其中曲线 A 代表在原有管道上靠增加现有泵站的压力提高管道内油气的流动速度，由于在一定范围以外再提高油气流动速度需要耗费更多的燃油或电力，因此单位运输成本上升很快，但在运输量增加不太大（小于幻）的情况下还是合理的；曲线 B 代表在原有管道沿线增建更多的泵站和其他设备，可以看出在运输量超过 q_1 以后曲线 B 所代表的单位运输成本具有一定优势；曲线 B 代表或沿原有管道增建一条新的小口径管道，或重新铺设一条大口径管道取代原有小口径管道的运输成本变化情况，可以看出在运量小于 q_2 时 C 所代表的规模并不经济，但当运输量超过 q_2 以后曲线 C 所代表的单位运输成本已明显低于另外两条曲线，经济上是合理的。因此管道运输的线路运输密度经济是有一定条件的，应该根据具体的油气需求数量铺设相应口径的管道以达到单位运输成本最低的目的，而在需求数量足够大的情况下，建设大口径管道的单位运输成本具有明显优势。

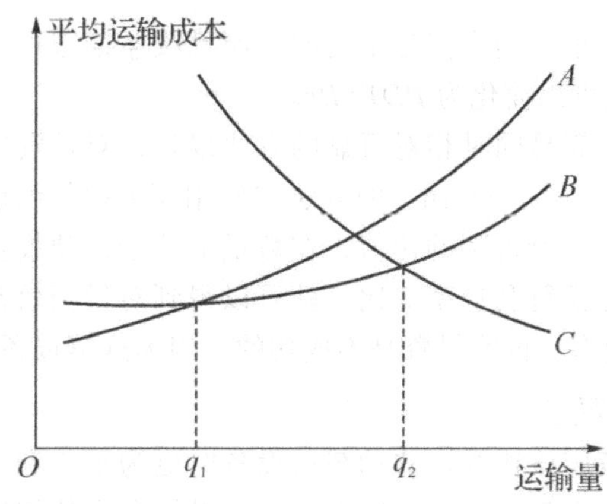

图 4-8　管道运输成本示意图

三、运输基础设施供给的特性

（一）投资收益的不确定性

1. 投资收益的折现

当人们打算投资于运输基础设施的时候，应该使用的评价方法也是把其未来收益的折现值与投资的机会成本进行比较。这是因为运输基础设施的投资期限一般很长，而未来的钱与现在投入的钱是不能直接比较的（考虑到资金的价值，未来的钱会“贬值”）。因此，我们需要将投资项目在日后所获得的收益折算成目前价值，并与投资额进行比较，当收益折现值在计算期限内的总和大于投资额时投资决策方可接受。折现值（present discounted value，PQK）是将投资项目今后各个年度的收益现金流根据某一折现率折合成当前的现金价值。折现率，亦称贴现率，是指将未来有限期预期收益折算成现值的比率。未来第 i 年收益折现值的计算公式是：

$$PDV(i) = I(i) / (1+r)^{I} \qquad (4\text{-}1)$$

式中：$PDV(i)$ 是第 i 年收益的折现值，r 是折现率，$I(i)$ 是第 i 年的当年收益。

式 4-2 是项目在整个使用周期内总收益折现值的计算公式。

$$PDV = \sum I(i) / (1+r)^{I} \qquad (4\text{-}2)$$

如果假定项目收益和银行利率都是不变的，而且收益期限可以无限长，那么收益折现值合计的计算公式就可以简化为 $PDV=I/r$。

除了折现值这种比较简易同时相对可靠的方法以外，对投资项目的评价还可以使用内部收益率（internal rate of return）的方法在使用期无限长的前提下，一项投资的年均收益额与投资总额相比所得到的比值，在数量上等于该项投资的内部收益率。将计算得到的内部收益率与银行利息率对比，就可以得到对投资效益的评价。如果投资的内部收益率低于银行利率，说明投资是不成功的，因为这笔钱还不如存入银行。

2. 投资收益的不确定性

但是做这类投资决策应该比投资移动载运设备时更为小心和谨慎，不但因为固定设施的投资数额和沉没成本高，而且固定设施的建设周期和使用周期都较长，因此未来的投资成本和项目收益也都具有更多的不确定性。

全长 50 公里的英吉利海峡隧道可以作为表述私人企业投资固定运输设施的一个案例，该项目完全是由私人公司投融资并进行建设的。该海峡隧道是设计用来开行往返于英法之间的铁路客货列车，包括用特殊车辆装载小汽车和货运卡车的铁路列车，在 1994 年该隧道开通之前，英吉利海峡上的跨海交通主要是由轮渡承担的。海峡隧道的开通使得英法两国之间的运输能力明显增强，而且能够提供比轮渡更快和更可靠的服务。然而隧道工程的代价也是十分昂贵的，在该隧道正式开通运营之前，海峡隧道公司已经积累了120亿美元的债务。怎样能够有把握地把这么大数量的一笔钱用得是地方呢？为了回答这个问题，必须对投资的未来利润进行预测。从成本方面看，人们需要预测工程本身的造价、相关机车车辆的购置费用和开通以后的运营费用。从需求角度看，则需要预测通过海峡隧道的交通流，还得分析具有吸引力的收费水平。由于海峡隧道是新开工程，缺乏已有的经验数据，因此投资者必须在做出决策之前仔细认真地分析预测所有的相关指标，包括建设费用、车辆购置费用、运营费用、交通量、运价水平以及利率和投资的内部收益率等等，任何判断错误都可能导致决策错误。而英吉利海峡隧道工程确实提供了很多值得借鉴的教训。

首先是工程造价大大高于起初时的预算。很多参与该项目的投资者和银行财团都曾数度失去信心，甚至提出了工程是否应该中途废止的问题。当然海峡隧道最后还是建成了，但在建成时其每天所应支付的债务利息就高达300万美元。也就是说，海峡隧道每天的运营收入除了支付运营支出，还至少应该多出300万美元用于支付利息，这成了十分巨大的财务负担。运营支出本身也估计得不准确，一些运营中的问题没有事前得到预见，甚至原本计划好与隧道同时完工的由隧道英国入口至伦敦的高速铁路线，根本就没有按计划施工。实际交通量与预测有较大差距，而且收费水平也远远达不到原先的设计值。此外，由于轮渡公司不愿轻易退出市场，因此采取了激烈的竞争措施，包括大幅度降低轮渡票价，结果海峡隧道的收费标准也只得随之下降。

3. 投资收益不确定性的后果

海峡隧道公司的运营收入可以抵补其运营支出，然而它每天运营的纯收入却远远达不到300万美元，这使得它无法偿还自己的建设费用，并几乎导致公司破产。但是公司破产并不意味着海峡隧道也要关闭，这其中的原因在于运输基础设施的投入在很大程度上是沉没成本，隧道继续运营的决策可以不去考虑那些已经沉没了的建设费用。只要运营收入继续超过其直接的运营支出，海峡隧道公司在商业上就是有价值的。使用隧道的旅客也许根本体验不到隧道公司破产，受损的只是那些当年投资兴建海底隧道的股票所有者和银行财团，他们要承担财产严重缩水的损失。

可见，运输固定设施投资的沉淀成本特性有两个后果。一是这种投资的风险很大。银行一般不愿向建设固定运输设施贷款，而宁愿贷款给购买载运工具，原因当然是那些可移动的载运工具可以根据需要转移到其他需要的地方去，即便投资项目失败资金也不至于完全沉没。二是使用固定设施的机会成本很小。我们可以从很多铁路公司可以长期在低于其完全成本的运价水平上生存下来而弄懂这一点。英吉利海峡隧道公司完全可以支撑到与其竞争的轮渡公司，最后因为没有能力更新渡轮而歇业，因为我们从前面已经了解到，铁路的变动运营成本比重是较低的，大大低于轮渡的变动成本比重；或者支撑到渡海交通量上升到与运输能力相当，因而可以提高收费水平的时候。

（二）投资的社会公益性

1. 运输基础设施投资的目标

由于私人投资运输项目的风险过大，因此运输基础设施领域的投资很多都是由政府机构通过公共财政进行建设的。公共投资与私人投资的项目评价方法不同，因为公共投资主要应用在私人不愿或不能进行投资的领域。与私人投资的财务评价以盈利性为主要依据不同，公共投资的经济评价用社会净福利作为基本标准。私营公司的利润是用收入减去成本，而社会净福利则是用效益减去费用，社会净福利不一定要求得到全部效益的货币补偿。

2. 消费者剩余与社会净福利

运输项目社会经济评价与企业财务评价不同的另一个问题是，有些竞争性运输方式的运价不等于它的完全边际成本。例如，运输竞争者接受政府的运营补贴，或者并不为自己所引起的环境污染支付补偿，在这种情况下，没有得到补贴和没有造成污染的运输方式实际上社会效益更大（或实际成本更低），但其运价却可能不占优势。如果不考虑税收，那么消费者的支付与运输企业的收益应该是一致的。运输企业的盈利计算与公共机构的成本—收益分析存在的主要差别，一是成本—收益分析要考虑外部性，二是成本—收益分析要考虑消费者剩余。

消费者剩余又称为消费者的净收益，是指买者的支付意愿减去买者的实际支付量。在图 4-9 中，消费者剩余是 $p^{*}AB$ 所所包围的面积。消费者剩余衡量了买者自己感觉到所获得的额外利益，当然，这在实际中很难进行精确的测算。需要说明的是，即消费者的意愿支付如果实际上并没有真正发生，那么在企业财务评价中是不能被算作收益的，而在成本—收益分析中无论意愿支付发生与否，都应该算作效益。这一差别确实很重要，例如在价格管制的情况下，如果私人企业认为运价水平不足以补偿其投资和运营成本，它就不会为那些潜在而无法获得的收益而投资，但这对于公共机构而言该项目却可能是可行的。

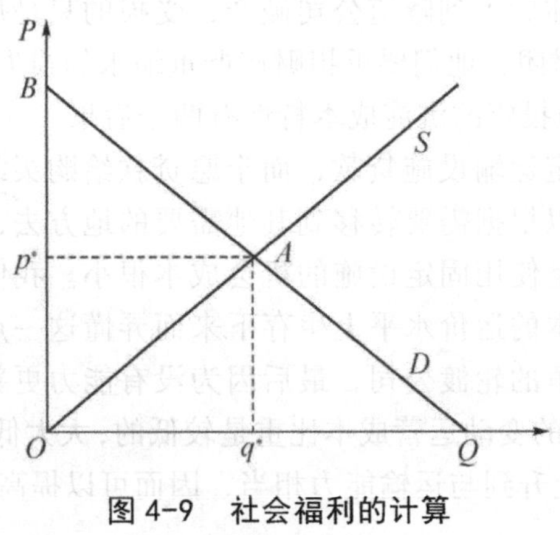

图 4-9　社会福利的计算

社会净福利是投资项目的社会效益与社会成本之间的差额，或者更准确一些说，是社会效益的折现值与社会成本折现值之间的差额。社会效益分为消费者支付和消费者剩余两部分，消费者支付在图 4-9 中是 Op^*Aq^* 所包围的面积，而社会效益则是 Oq^*AB 所包围的面积。在大多数运输项目中，社会成本的计算是固定设施的建设与维护费用，此外还应该加上外部成本。显然，一个运输项目如果从社会角度看是合理的，那么它的社会净福利应该增加。如果利用图形把社会净福利定义为图 4-10 中需求曲线下方的总面积减去相应的总成本，那么可以得出等式：

社会净福利 = 社会效益 - 社会成本 =（消费者剩余 + 消费者支付）- 社会成本 =（消费者剩余 + 企业收入）- 社会成本　（4-3）

如果不存在外部性，则社会成本 = 企业成本，因此又可以得到等式：

社会净福利 =（消费者剩余 + 企业收入）- 企业成本 = 消费者剩余 + 企业利润　（4-4）

3. 运输基础设施的社会净福利

一个运输基础设施项目社会效益是消费者对该项目支付意愿的总和（消费者剩余 + 企业收入）。但是这种效益很容易被夸大估计，原因是有些效益常被多次计算。例如，一条新公路的修建可以使货物的运输更加快捷，但如果在计算效益的时候既在货运业那里算上一笔，然后又在货物的发货人和最终消费者那里再各算上一笔，那么这种效益显然就被重复计算了。为避免公共设施效益的重复计算，一般要规定这种效益只对该设施的直接使用者进行计算，而不再计算间接使用者。

式 4-2 也强调了成本—收益分析并不在乎谁得到了效益或者谁负担了费用，只要社会净福利是正值就可以。例如某一投资项目可以带来较大的消费者剩余，并使它的社会净福利为正值，那么尽管该项目可能使投资者或经营者亏损，也应该建设。当然从另一方面说，根据同样的道理，假如某一项目没有多少消费者剩余，但却可以带来巨大的生产者剩余（即利润），那么也应该建设。例如，美国五大湖航道一直要维持大型矿石船通航的深度，其实每年并没有多少用户需要使用那样深的航道，而政府始终承担着航道疏浚费用，原因就在于有关钢铁公司因此所获得的效益大于公共财政的负担，结果这种做法就一直延续下来。

公共投资于运输项目产生的一个问题是，那些使用该设施获得效益的用户可能并不必须为此而支付全部成本，因此往往引起对项目或设施的需要过大，但公共财政的能力总是有限的，结果就必须由政府根据成本—收益分析做出兴建某些设施而不兴建另一些设施的决策。有很多时候这种决策机制并不成功，于是就出现一些设施投资过量，而另一些必要的设施却未能及时兴建。假如使用公共运输设施获利的人能够自愿根据获利的多少而支付使用费，可能就不会出现上述问题了，但由于经济学中“搭便车”动机的普遍存在，很难避免这些现象。与此同时，地方政府往往会争相在本地上项目以便吸引更多的上级政府投资，而项目本身实际上可能并不能通过成本—收益分析。

第五章 交通运输业的信息化应用

第一节 智能交通

一、智能交通概述

（一）智能交通

1. 智能交通概念

交通系统的基本要素是人、车、路和环境。人本身是智能的，但人在感知和执行方面存在缺陷，如光线不好的情况下视距不够，在疲劳和分神时的反应能力不够等。如果能增强人在这些方面的能力，同时使车、路和环境也都智能化，那么交通系统的所有要素就都是智能的了。ITS 的所有要素都应该是智能的，ITS 与传统概念的交通系统之间的差别就在于能增强人的感知能力和执行能力及使交通工具、环境的智能化。

2. 智能交通内涵

ITS 的内涵是逐步扩大的，这里可以从 ITS 的一些特点和属性探讨 ITS 的内涵：①先进性；②综合性；③信息化；④智能化。

3. 智慧交通的概念

智慧交通系统（Smart Transportation System，简称 STS）是智慧城市的核心部分，是整合能源、环境、土地资源，实现可持续发展的重要手段之一。智慧交通是现代信息技术与交通运输领域深度渗透融合的产物，把传感器嵌入和装备到公路、桥梁、隧道、航道、港口、车站、载运工具等各种交通运输基础设施和要素中，互相连接，形成物联网，再与通信网、互联网连接，实现人类社会与物理系统的整合与交互。从技术的内涵上看，智慧交通是感知交通、数字交通、掌上交通的组合体，同时智慧交通又是科学交通、人性交通、创新交通。

4. 智慧交通的特征

①健康环保；

②高效便捷；

③安全可靠。

5. 智能交通与智慧交通辨析

（1）智能交通与智慧交通联系

智能交通与智慧交通的联系在于智能交通与智慧交通都使用新一代信息技术，通过对数据的收集、传输、分析、挖掘、预测、发布来满足出行者的需求，两者在技术、内容层面大部分都是相同的。

（2）智能交通与智慧交通区别

智能交通与智慧交通的区别主要有几点：

①数据采集有差别，智慧交通的数据除了有智能交通采集那部分以外，还包括环境、经济、政策、文化等，所以智慧交通的数据量要远大于智能交通的数据量。

②智能交通着重在数据采集和传输上，而智慧交通更多地关注信息的分析，来挖掘其中的价值，为我们提供决策。

③智能交通从某种意义上来说，就是利用计算机和网络取代传统的手工流程操作，而智慧交通的实质是用智慧技术解决一部分需要人工判别和决断的任务。

智能交通是智慧交通的基础，智慧交通是智能交通的高级阶段的交通模式，更体现一种全新的绿色、高效、节能、环保的理念，它将交通与经济、社会、资源、文化有机地融合起来，实现全面协同、合作发展的智慧城市愿景。

（二）智能物流

1. 智能物流的概念

智能物流是指利用集成智能化技术，使物流系统能模仿人的智能，具有思维、感知、学习推理判断和自行解决物流经营中的某些问题的能力。这里强调系统的集成智能化，包含两方面的内容：

①对物流管理、规划技术的软智能，即集成智能优化技术。

②物流设备的硬智能，也就是物流设备本身所具有的智能。

智能化是物流自动化、信息化的一种高层次应用，物流作业过程中大量的运筹和决策，如库存水平的确定、运输路径的选择、自动导向车的运行轨迹和作业控制、自动分拣机的运行以及物流配送中心经营管理的决策支持等问题都需要借助大量的知识才能解决。物流信息和知识的获取、表示、存储、组织、推理、传递及使用共享、信息融合，是使物流技术上升到物流科学的关键。目前，传统的人工智能技术，人工神经网络、专家系统、模糊建模和推理等技术已广泛应用于专业知识的获取、学习、存储、推理、建模中，并形成了智能物流的一些初步基础。这些都为物流科学的建立和完善提供了有利的条件，同时引导了物流系统软件的发展趋势。

2. 智能物流系统

智能物流系统（Intelligent Logistics System，ILS）是最近提出的一个概念，智能物流系统是在智能交通系统（Intelligent Transportation System，ITS）和相关信息技术的基础上，以电子商务（Electronic Commerce，EC）方式运作的现代物流服务体系，它通过 ITS 和相关信息技术解决物流作业的实时信息采集，并在一个集成的环境下对采集的信息进行分析和处理。它是通过在各个物流环节中的信息传输，为物流服务提供商和客户提供详尽的信息和咨询服务的系统。

二、智能交通系统三大体系

近年来，随着经济的发展和社会进步，世界各国大中城市交通流量迅速增长，城市的交通拥挤和交通阻塞现象日趋严重，使得人们出行受到一定程度的限制。以美国为例，每年因公路拥挤延误造成的损失就在 1000 亿美元左右。如果不尽快解决现存的问题，整个社会经济的发展必将受到严重的阻碍。为了对城市进行有效的管理，包括中国在内的世界上许多国家都纷纷采取现代科技手段，如交通面控系统、智能运输系统等。其中智能运输系统是 20 世纪 80 年代交通领域内新兴科技，尤其近几年的发展却十分迅猛，目前主要有欧洲、美国和日本三大智能交通系统。

（一）美国智能交通系统

美国把 ITS 共分为 7 个服务领域，包括 29 项用户服务功能，具体为：①出行及运输系统管理；②出行需求管理系统；③公共交通运输管理系统；④电子收费系统；⑤商用车辆运营；⑥应急管理系统；⑦先进的车辆控制和安全系统。

（二）欧洲智能交通系统

欧洲也是在进入 20 世纪 80 年代才开始认识到交通拥挤给人们的出行带来不便。于是，1986 年欧洲 19 个国家的政府和企业界开始了一项名为“尤里卡”（EUREKA）的联合研究开发计划，旨在建立横跨欧洲的智能化道路网。该计划中包括多个项目，如：“欧洲最高效最安全交通计划”（PROMEHEUS）、“自动道路和驾驶系统”、“交通信息预测系统”等。

（三）日本智能交通系统

日本的 ITS 开发也是从 80 年代后期开始的，由运输省等政府部门组织上百家企业和大学以及研究机构进行大规模联合开发，它的主要研究项目有“先进的动态交通信息系统”“超智能汽车系统”以及“路车通信系统”等。

三、交通流诱导系统的现状

交通流诱导系统（TFGS）作为智能运输系统（ITS）的核心内容，也是解决现存交通问题最行之有效的方法，即采用先进的通信技术，实时地为出行者提供必要的交通信息并指导出行者沿最佳的路线行驶，从而减少车辆在道路上的行驶时间，缓解交通阻塞，快速、有效地帮助出行者到达目的地。根据诱导信息作用的范围，TFGS 可以分为车内诱导系统和车外诱导系统两大类。根据诱导信息的决定方式，TFGS 分为中心式诱导（CDRGS，Centrally Dynamic Route Guidance Systems）和分布式诱导（DDRGS，Distributed Dynamic Route Guidance Systems）两种。

（一）发达国家交通流诱导系统现状

目前，研究开发比较成功的有美国的 TravTek 系统、德国的 Ali-Scout 系统和日本的导航系统等，现分别加以介绍。

1. TravTek 系统

TravTek 系统由三大部分组成：第一，TravTek 信息和服务中心（TISC），由美国汽车委员会负责建立和管理；第二，交通管理中心（TMC），由政府部门负责建立和管理；第三，装备有计算机和通信设施的车辆（称为 TravTek 车辆），包括车内所有硬件和软件以及所需通信设备，这些均由通用汽车公司提供。

2. Ali-Scout 系统

Ali-Scout 系统是欧洲最有代表性的交通路径诱导系统，它是由西门子公司和 Bosch/Blau-punkt 公司联合开发的。Ali-Scout 系统在车上装有一个终端，其核心是导航设备。在导航设备开始工作之前，首先要由驾驶员输入目的地。输入设备是一个类似于按键电话的小键盘。输入的地址编号保存在目标存储器中。磁场传感器的作用是确定车辆行驶的方向，车轮转数计则用来测量行驶的距离。方向和距离数据都被送到定位设备，以确定车辆的位置。

3. 日本的导航系统

随着 GPS 技术、地图匹配技术和通信技术的发展，1991 年该公司又设计出了定位精度更高而且可以基于 VICS 给出最佳行驶路径的导航系统。

道路交通信息通信系统（VICS，Vehicle Information Communication System）是日本导航系统的核心。由道路上的交通流检测器和车辆上的发射天线将动态交通信息传输给信息中心，信息中心经过规范化处理后利用 FM 多重放送等手段将多种诱导信息再次发送给车辆，结合车载 GPS 接收机的定位功能，从而实现引导车辆更好地完成出行的目的。

（二）我国交通流诱导系统现状

我国对交通流诱导系统的研究起步较晚，目前定位系统、电子地图、双向通信等问题处于研究阶段，投入使用的基本上都是以无线电广播为基础的初级诱导手段，基于 GPS、集群通信、可变标牌的诱导系统正处于研究和试验阶段。下面对我国交通流诱导系统的研究情况做一简单介绍。

1. 多段接力式动态标志路线引导系统

多段接力式动态标志路线引导系统属于车外诱导型系统，是由上海交警总队和同济大学于 1995 年 6 月合作完成的，通过可变标牌和交通广播电台实现交通流的诱导。多段接力式动态标志路线引导系统由五个部分组成：①交通信息采集系统；②交通信息评价处理单元；③数据传输系统；④中央计算机处理系统；⑤可变标牌、交通信息广播台及其控制单元。

该系统的不足之处是无法对在同一路段上行驶而终点不同的车辆进行不同的引导。

2. GPS 和集群通信组成的动态指挥调度系统

哈尔滨工业大学运用 GPS 和集群通信系统设计的实验性指挥调度系统，适合于公安、消防、电力和特殊交通集团做分组调度使用。由通信中心、手持机用户和车载机用户组成常规的集群通信系统。在这种系统中，某些用户具有组呼等调度功能，可指挥其所在单位的其他用户。当此用户群增加GPS定位功能后，就构成了一个定位用户群。通信中心与调度中心在同一个单位，可用有线将其二者连接起来，并附加一个调度终端，执行定位显示和目标跟踪等功能。

3. 广播调频副载波车辆导航系统

这是一个由清华大学、北京人民广播电台和中科院遥感所共同研制的车辆定位导航系统。它利用调频广播副载波传送差分 GPS（DGPS）信号（简称 FM/DGPS 系统），供车载 GPS 接收机修正自身位置。

此外，沈阳、长春、哈尔滨、广州、大连、上海、北京等许多城市都开通了调频交通信息广播电台，及时发布部分重要路段的交通状态和交通事故通报，供出行者决策参考。

四、中心式车辆动态路径诱导系统

中心决定式动态路径诱导系统（CDRGS，Centrally Dynamic Route Guidance Systems），是基于红外信标等双向数据通信，通过中心控制主机基于实时交通信息进行路径规划，为每一个可能的 O-D 对计算最优或准最优路线，然后通过通信网络提供给用户。中心式车辆动态路径诱导系统的特点：

① CDRGS 从系统角度出发计算最短路，可以更简单地避免 Braess 矛盾效应，提

高系统效率，使路网能被更充分利用（注：如果被诱导的车辆都接收到相同的交通信息，它们会被派遣到相同的、以前不拥挤的道路。这条道路可能很快变得拥挤，交通甚至更糟。这种现象称为 Braess 矛盾效应）。

② CDRGS 有简单的车载单元，而且能被控制中心有效控制。

③ CDRGS 由稳定且功能强大的主机进行基于系统最优及某种最短路准则的路径规划，所以有时不满足个别用户的需要，而且在系统所属车辆较多时会带来繁重的通信负担。

④ CDRGS 使得车内装置花费最小。

⑤ CDRGS 在初建时由于基础设施投资较大，而带来巨大的经济负担，但是此问题会随着经济的发展逐步得到解决。

五、中心式车辆动态路径诱导系统的构成

中心式车辆动态路径诱导系统主要包括控制中心诱导信息服务子系统、无线通信子系统以及车载移动子系统。现在我们将对各个子系统加以详细介绍。

（一）控制中心诱导信息服务子系统

控制中心诱导信息服务子系统主要包括：控制中心、信息服务系统、地理信息系统、大屏幕跟踪显示系统以及紧急事件处理系统。

1. 信息服务系统

信息服务系统的核心是交通监控中心，包括信息采集子系统、信息传运输子系统、信息处理子系统和信息利用子系统四个部分。与传统的交通控制系统相比，它更重视交通控制的实时性和网络效应。

如果把整个控制中心诱导信息服务子系统按信息流程划分，可简化为以下四大部分。

（1）信息采集系统

信息采集系统是将整个城市路网中相关的交通信息采集并提供给控制中心，以便控制中心实时地做出诱导决策并及时提供给用户。该系统主要包括：出行前信息服务子系统、驾驶员信息服务子系统、个性化信息服务子系统、诱导服务子系统。

（2）信息传输系统

信息传输系统是控制中心与信息采集、提供系统终端之间进行联系的主要渠道。为了确保系统内部数据、语音、图像信息准确、及时地传输，以满足运营管理的通信需求，通常需要建立高速公路内部通信专用网。信息传输系统由综合业务交换、通信传输、移动通信三个部分组成。

（3）信息提供系统

本系统主要向出行人员或管理人员提供交通运输信息（如交通、气象、事故和道路情报），发布命令或建议（如限速、关闭匝道），向交通拥挤地段的驾驶员提供建议路径等，以促使出行人员选择合理的出行方式及路线，使道路交通流量分布均匀，

以提高道路利用率等，达到交通控制与管理的目的。本系统主要包括如下装置：可变情报板系统、可变限速标志、交通广播及路侧通信广播、道路模拟屏、信号灯控制系统、公共信息电话查询以及信息中心终端等。

（4）信息处理系统（交通指挥控制中心）

为了能向出行者提供一个安全、愉快的旅途，就必须构建基于路网的先进交通管理系统，而交通指挥控制中心作为整个交通控制与管理系统的神经中枢，指挥着其管理范围内的所有控制设施的运转，其功能如下：

①实时自适应信号控制；

②能够提供丰富的出行信息；

③能够提供各种交通管理；

④构建交通信息数据库等。

交通指挥控制中心既是一个广域通信网络（包括中心控制系统内公路沿线所有的传感器以及信息、信号标志）的轴心，又是先进的交通管理系统的指挥中心。

2．大屏幕跟踪显示系统

该系统的主要功能是通过控制中心的电子地图显示屏实时地监控车辆的运行情况，并根据路网的实际状况实时地调整车辆的诱导路线。

3．紧急事件处理系统

该系统是通过用户或一个安全传感器检测到的紧急事件来激活系统，并通过紧急呼救系统与控制中心之间的通信信道保持用户与控制中心操作员之间的联系。这样车辆的位置信息自动地发送给控制中心的主机，控制中心操作员就会根据实际情况计算出车辆应急诱导方案并实时地反馈给用户。

紧急事件处理系统包括以下服务功能：

①提供定位的应急服务；

②提供定位的路边援助；

③路径诱导；

④远程闭锁车门；

⑤防盗，盗失报警和盗失车辆跟踪；

⑥里胎破裂报警；

⑦旅行信息（交通、天气、加油站、餐饮、旅馆等）；

⑧免提和声控移动电话或传呼机。

（二）无线通信子系统

可靠的通信是进一步改善车辆定位和导航系统性能并增加其功能的重要组成部分。它不仅可为车辆和驾驶员及时提供信息和保障安全，同时也使交通管理系统得以获取相应数据。利用通信技术，驾驶员可以获得许多优质的服务。例如：驾驶员和车载装置可以收到最新的交通信息和导航信息以引导其行驶；而交通控制中心，可利用来自车辆的当前交通反馈信息制订管理决策和行程时间预测，甚至可以在路网中对车辆进行定位和诱导。

（三）车载移动子系统

车载移动子系统是动态路径诱导系统的关键部分，用户（驾驶员）只有通过车载装置，才能接收控制中心传送来的诱导指令，并将其显示在车载计算机的显示屏上，以求达到对车辆诱导的目的；而控制中心也需要用户（驾驶员）通过车载装置传送来的出行请求，计算出诱导路径并反馈给用户。

六、分布式动态诱导系统结构框架

分布式动态诱导系统依靠车载模块以通信网络接收到的实时交通信息完成路径优化与引导。许多分布式动态诱导系统的现场试验测试正在进行。在欧洲，用于交通效率和安全蜂窝式通信系统（SOCRATES）计划打算用GSM蜂窝网络作为通信媒体以验证动态导行的原理，修改基本的一对一的蜂窝联结方式以允许蜂窝单元向同时处于该单元小区内的所有SOCRATES车辆发布广播。SOCRAFES计划之一TANGO，利用Mobitex数据包网络在中心主机和移动单元间通信。在日本，车辆信息系统（VICS）计划采用红外信标、微波信标或FM广播负载波作为移动单元和中心主机间的通信频道，这一系统已经演化为可运行的系统，而且车载单元已经向驾驶员出售。比较成功的实验系统还有美国的ADVANCE系统，所有这些实验已经引起了人们对用于更安全、更高效和先进的交通流诱导系统的车辆引导单元系统的注意和广泛的兴趣。

第二节 智能交通信息技术

一、定位技术

（一）定位技术概述

车辆定位技术是智能交通系统的关键技术之一。作为智能交通系统的主要功能之一，车载诱导要实现自动跟踪车辆的当前位置，并为出行者提供从当前位置到目的地的最优路径，只有通过实时准确的当前位置跟踪显示，才能实现真正意义上的诱导。因此，准确定位是实现智能交通系统各种功能的前提条件。从目前发展情况来看可用于移动车辆定位的主要方法有：

① DGPS单独定位。

② GLONASS单独定位。

③ GPS/GLONASS组合定位。

④ GPS/DRS 组合定位。

⑤ GPS/INS 组合定位。

⑥ GNSS 定位。

⑦ GSM 定位。

⑧北斗星卫星导航系统，还有一些辅助的定位方法。

⑨地图匹配（Map Matching）技术，这是一项确定车辆在带有街道名称和地址的地图上的定位技术。车辆轨迹与图形特征相关。

⑩信号杆 SP（Signal Pole），这包括安装在街道上（通常是交通信号站）的红外线、微波、RF 仪器，这些信号站和信号标杆就是所要求的定位数据。

⑪无线电确定的卫星服务 RDSS（Radio Deciding Star System）。

（二）GPS 定位系统

1. GPS 定位系统原理

GPS 定位采用空间被动式测量原理，即在测站上安置 GPS 用户接收系统，以各种可能的方式接收 GPS 卫星系统发送的各类信号，由计算机求解站星关系和测站的三维坐标。

欲确定平面上一点 0 的位置，需要两个参考点 O_1 和 O_2 并测定 R_1 和 R_2 的距离（三个点不能在一条直线上）。同理，确定三维空间中一点的位置，需要三个参考点并测定待测点与这三个参考点的距离（四个点不能在一个平面上）。因此，理想情况下，通过测定地球上某一点与三颗卫星的距离，即可确定该点的空间位置。

2. GPS 误差分析

按误差的来源，GPS 测量误差分为：①电离层延迟误差；②对流层的延迟影响；③ SA 的影响；④地球自转的影响；⑤接收机相关误差。

（三）遥感技术

遥感（Remote Sensing，简称 RS）技术是通过卫星传感器接收地物反射的电磁波而获取区域地形地物数据的技术，是一项重要的地球表面静、动态数据的获取手段，随着遥感技术的提高，现在已经能够接收 1 米分辨率的卫星影像。

二、地理信息系统技术

（一）地理信息系统技术概述

地理信息系统 CIS（Geographical Information System）技术是一个计算机化的地理信息和数字分析处理系统。它研究各种空间实体及相互关系，通过对多因素的综合分析，迅速地获取满足应用需要的信息，并能以地图、图形或数据的形式表示处理的结果。

交通运输地理信息系统是城市地理信息系统的重要组成部分，通过先进的信息技术处理分析城市交通运输资源的分布状况。交通运输地理信息系统不仅可以为出行前做决策支持，还可以为社会经济部门做统计分析、商业部门做投资分析提供帮助。拥有一套先进的交通运输地理信息系统，可以提高交通运输业的现代化水平，更好地满足社会经济发展对交通运输的需求。

一般说来，地理信息系统按其内容、数据结构、用途、职能、范围可以分为不同的种类。表 5-1 列出了分类结果。

表 5-1　地理信息系统的分类结果

分类标准	分类结果
内容	专题信息系统、区域信息系统、地理信息系统工具软件或开发平台
数据结构	矢量型地理信息系统、栅格型地理信息系统
用途	自然资源清查信息系统、城市信息系统、空间分析型的地理信息系统、人才和智力资源信息系统
职能	地形信息系统、专题信息系统、土地资源信息系统、地籍信息系统、人口统计信息系统
范围	全球性地理信息系统、区域性地理信息系统、局部性地理信息系统

以诱导和监控为目的的电子地图系统是建立在计算机和地理信息数据基础上的一种新型地图。它通过计算机进行信息管理和图形操作，在计算机屏幕上以地理表面物体为背景，显示目标实时位置（轨迹），为用户提供诱导和决策服务。地图显示和目标定位是该系统的关键。

（二）交通地理信息数据

交通地理信息数据是地理信息系统的操作对象与管理内容。它是指以地球表面空间位置为参照，描述自然、社会和人文经济景观的数据，交通地理信息系统中的数据包括两大类型：

1. 空间数据

空间数据用来确定图形和制图特征的位置，这是以地球表面空间位置为参照的。具体说来，它反映了以下两方面信息：一是，在某个已知坐标系中的位置，也称几何坐标；二是，实体间的空间相关性即拓扑关系（Topology），表示点、线、网、面等实体之间的空间联系，空间拓扑关系对于地理空间数据的编码、录入、格式转换、存储管理、查询检索和模型分析都有重要意义。

2. 非空间的属性数据

非空间的属性数据即通常所说的非几何属性，它是与地理实体相联系的地理变量或地理意义，一般是经过抽象的概念，通过分类、命名、量算、统计等方法得到。非几何属性分为定性和定量两种，前者包括名称、类型、特性等；后者则包括数量和等级等。任何地理实体至少包含一个属性，而地理信息系统的分析和检索主要是通过对属性的操作运算来实现的。

交通地理信息数据的输入过程实际上是图形数字化处理过程。对于不同来源的空间数据，很难找到一种统一而简单的输入方法，只能从几种普遍适合的方法中选用。

①手工键盘输入；

②手扶跟踪数字化输入；

③自动扫描输入；

④解析测图仪法空间数据输入；

⑤已有数字形式空间数据的输入。

（三）诱导电子地图技术

基于 GPS 和 GIS 的诱导电子地图具有的主要特点是：地图数据采用图像栅格，显示速度快；对象化地理实体，操作方便、直观；数据库结构简单，拓扑关系明确，存储冗余小；智能化路网重建。

（四）地图匹配技术

地图匹配是动态路径诱导系统的一个重要模块，其作用是利用数字地图使定位系统更加可靠和精确。

为了给驾驶员提供适当地操作指令，或在地图上正确地显示车辆，必须精确地知道车辆的位置。而由 GPS 和 DR 技术所测到的车辆坐标位置数据，前进的方向与实际行驶的路线轨迹在电子地图上都存在一定误差。为了修正误差，须采用地图匹配技术，对车辆行驶的路线与电子地图上的道路之间的误差进行实时数字相关匹配，并自动修正，从而在电子地图上得到汽车正确位置的指示。需要指出的是，地图匹配结果的好坏在很大程度上取决于数字地图精度的高低。

（五）行车路线信息显示技术

路径诱导信息最终要通过可视化的方式展示给出行者，这就是行车路线优化信息显示技术研究的内容。信息显示主要包括数字地图数据库系统和路线引导（图形显示）。

行车路线信息显示技术首先要建立电子地图数据库，用于描述路网的各种空间数据和属性数据；其次要具有路线引导能力，把最优路线转化成出行者能够识别的音频和视频信息，并适时地给驾驶员发出引导指令以及其他有用的出行信息。

三、EDI 技术

（一）EDI 概述

EDI 起源于 20 世纪 60 年代初，是计算机技术、网络通信技术和标准化技术高度结合的综合应用技术。EDI（Electronic Data Interchange），译文是电子数据交换，其实际应用意义指：以计算机、现代通信和 EDI 国际标准为基础，采用 EDI 某种标准的电子文件，在没有人工干预的条件下进行相关事务的计算机自动处理，以代替通常由人工、纸张单证文件交换的人工事务处理。

（二）EDI 的特点

EDI 有以下特点：① EDI 是企业（制造厂、供应商、运输公司、银行等）单位之间传输商业文件数据。② EDI 是两个或多个计算机应用进程间的通信。③传输的文件数据遵循一定的语法规则与国际标准，具有固定格式。④一般通过增值网和专用网等这一类的数据通信网络来传输。⑤数据自动投递和传输处理，不需人工介入，由应用程序对它自动响应，实现事务处理与贸易自动化。

第三节　智能交通新信息技术

一、物联网技术

（一）物联网的概述

物联网就是通过射频识别（RFID），红外感应器、全球定位系统、激光扫描器、气体感应器等信息传感设备，按约定的协议，把任何一个物品与互联网连接起来，进行信息交换和通信，以实现智能化识别、定位、跟踪、监控和管理的一种网络。简而言之，物联网就是“物物相连的互联网”。基于物联网的智慧交通实现技术可以分为感知层、传输层和应用层三个层次。

（二）物联网的关键技术

在物联网应用中有五项关键技术：

①传感器技术；

②射频识别；

③嵌入式系统技术；

④ EPC 技术；

⑤ M2M 技术。

二、大数据技术

（一）大数据概述

广义上，大数据有三层内涵：一是，数据量巨大、来源多样和类型多样的数据集；二是，新型的数据处理和分析技术；三是，运用数据分析形成价值。城市交通大数据是指由城市运行管理直接产生的数据（包括各类道路交通、公共交通、对外交通的线圈、GPS、视频、图片等数据），城市交通相关的行业和领域导入的数据（气象、环境、人口、

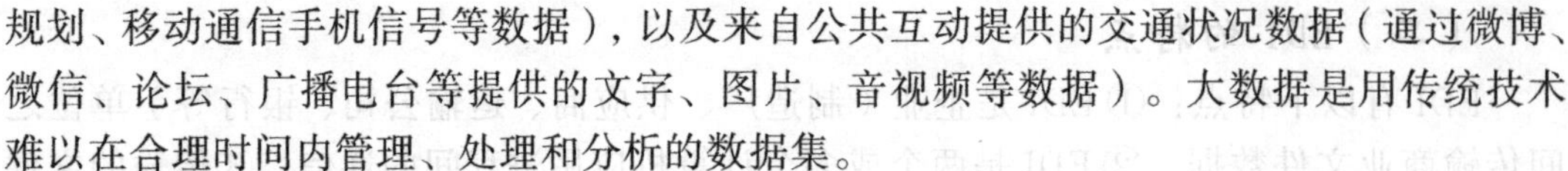

规划、移动通信手机信号等数据），以及来自公共互动提供的交通状况数据（通过微博、微信、论坛、广播电台等提供的文字、图片、音视频等数据）。大数据是用传统技术难以在合理时间内管理、处理和分析的数据集。

（二）大数据的特点

大数据通常是指数据规模大于10TB以上的数据集。它除了具有典型的4V特征（Volume、Variety、Value、Velocity）即体量巨大、类型繁多、蕴含丰富的价值、处理速度快的特征外，还具有数据采集手段智能化、数据应用的可视化等特点。

三、云计算技术

（一）云计算概述

云计算通过网络把多个成本相对较低的计算实体整合成一个具有强大计算能力的系统，借助先进的商业模式将强大的计算分布到终端用户手中。云计算技术通过不断提高"云端"的处理能力,减少用户终端的处理负担,最终把终端简化成一个单纯的输入、输出设备，按需享受"云端"的强大计算处理能力。

（二）云计算的基本特征

相比较信息计算模式，云计算具有以下明显的优点：

①虚拟化技术；

②灵活制订，按需自助服务；

③动态可扩展性；

④超强的计算和存储能力；

⑤资源池化；

⑥极其廉价。

（三）云计算的关键技术

①虚拟化技术；

②数据存储技术；

③数据管理技术；

④分布式编程与计算技术；

⑤资源的管理和调度；

⑥数据编码技术。

四、互联网+

2015年3月5日，第十二届全国人民代表大会第三次会议，李克强总理在《政府工作报告》中提出要制订"互联网+"行动计划，推动移动互联网、云计算、大数据、物联网等与现代制造企业结合，促进电子商务、工业互联网和互联网金融健康发展。这表明“互联网+”的概念正逐渐渗入人们的思想和思维中。

“互联网+”就是利用现有的互联网软、硬件及信息技术平台，嫁接各行各业的生产与服务，嫁接社会管理各个方面，嫁接百姓日常生活，使生产、服务、管理、生活变得更高效、更绿色、更得体、更省心、更便利、更智慧的创新过程。由于“互联网+”概念具有丰富的内涵，其可供嫁接的“+”，足以为各行各业提供无限遐想。

“互联网+交通”将使城乡居民出行更为便捷。在智能公交、北斗定位、交通线控、在线调度、出行无缝对接、公交线路优化等细分领域，将出现一批新的突破性应用成果。在“互联网+交通”模式下，路况信息的获取和通告与每一个交通的参与者都有直接的联系，互联网无疑成为信息交换的最佳渠道，地图类应用承担起这样的职责。用户行为已经成为实时和智能服务的基石，通过对用户信息的收集，可以获得实时的位置和速度，进而能够做进一步的数据挖掘。

五、车联网

车联网（Internet of Vehicles）是由车辆位置、速度和路线等信息构成的巨大交互网络。通过GPS、RFID、传感器、摄像头图像处理等装置，车辆可以完成自身环境和状态信息的采集；通过互联网技术，所有的车辆可以将自身的各种信息传输汇聚到中央处理器；通过计算机技术，大量车辆的信息可以被分析和处理，从而计算出不同车辆的最佳路线、及时汇报路况和安排信号灯周期。

第四节　智能交通系统的应用

一、铁路智能运输系统

随着信息传输、处理和决策等科学技术的发展，促使一些国家把高新技术成果应用于以列车运行管理、列车运行调度、列车运行控制为一体的先进列车控制技术中。先进列车控制系统基于客户机－服务器结构、基于分布式数据通信网和分布式数据库、基于现代人工智能技术，系统自动收集列车运行的数据，协调调度人员进行列车运行调度，控制列车运行。

（一）现代化铁路信息技术发展应用

现代化信息技术在铁路现代化领域中的应用，将在以下几个方面得到体现。

1. 铁路现代化通信系统

铁路现代化通信系统是铁路指挥部门决策千里、运筹帷幄的有力工具。会议电视、可视电话给决策者提供真实的视觉信息。

2. 行车指挥自动化系统中图像处理技术的应用

为使列车高速、安全地运行，必然要引进先进的自动控制技术。届时计算机将不断地收集各区间的信息、列车的信息，经处理后再送到闭塞区间和列车，这一过程必然要用到现代化的通信技术。指挥中枢的人机交互设备在快速、准确、形象化、可视化方面将大量引入图像处理及计算机视觉技术，这必将大大缓解运输调度指挥人员的劳动强度。可以预言，图像处理及计算机视觉技术将在行车指挥自动化系统中占有举足轻重的地位。

3. 列车运行自动导航及安全监控系统

优良的自动导航与安全控制系统将使当前以人工操纵为主过渡到自动操纵为主、人工干预为辅的方式。这种系统可采用先进的图像处理及计算机视觉技术，具备运行状况自动检测、运行图自动核对、前方速度预告、前方有无干扰等预警功能。

4. 列车的自动检测、实时监测及保养系统

列车的自动检测、实时监测系统将分为车上系统与车下系统。车上系统可采用一系列的实时监测手段，如轴温实时探测、电力机车受电弓的电视监控、车辆运行状况的实时信号分析等，这是以计算机为中心的实时信号采集、处理、分析及识别系统。同时，采用视频、声频与可视化显示技术，以图像、音响、数据等方式进行故障定位及预警。它将与安全控制系统一起保证列车正常、安全地运行。

车下系统的保养维护自动化是一套有效的、自动化程度较高的检测系统，其中无损检测将是该系统的主要技术。在无损检测技术中有大量的以信号与信息处理技术为基础的检测方法，如 X 光检测法、外成像检测法等。

5. 列车服务系统

列车服务系统包括视像化导游系统、列车信息发布系统、移动图像通信系统及旅客车上娱乐系统等。这些服务设施将以多媒体的方式为旅客提供优质服务。

6. 遥感图像处理系统

遥感是图像处理技术的重要应用领域，它在铁路选线、地质地貌分析、地质灾害监测预报方面都有重要应用价值。如 GIPS（遥感图像处理系统）、DYMIS（动态监测微机住处系统）、RSIPL-GIS 系统、MCIES（微机灾害地貌专家系统）等。在未来的遥感研究中将结合专家系统、地理信息系统的研究成果构成铁路建设中的重要工具。

（二）我国铁路信息智能化具体应用

加快推进运输调度指挥现代化，是铁路运输组织工作的一场革命，也是提高运输效率的必要手段。

TMIS（铁路运输管理信息系统）和 DMIS（铁路运输调度指挥管理系统）的建设，加快了铁路运输调度指挥现代化建设的进程。计算机辅助调度系统的投入运用，使调

度员甩掉了多年的一张图、一把尺子和一支笔的手工作业方式。在 DMIS 信息基础上建立计算机辅助调度系统，可全面地推进调度指挥现代化的建设，使调度人员在铁路大密度的运输组织当中，有更多的时间和精力、更加科学地组织行车，更有效地提高铁路的运输效率和效益。当计算机辅助调度系统能够直接控制站场的信号、联锁、闭塞和列车运行后，铁路调度指挥将向调度集中或调度远程控制发展，从而带来行车组织的彻底革命。

DMIS 是 1996 年铁道部决定实施的铁路信息化建设项目，是综合通信、信号、计算机网络、多媒体等多门学科技术的系统工程，其目标是提高运输效率、保证行车安全、挖潜提效、减轻调度人员的劳动强度、提高行车指挥的技术水平和实现铁路运输调度指挥现代化。

（三）新一代智能化铁路运输系统简介

新一代智能化铁路运输系统又被称为新一代列车控制系统。其主要特征是：由传统单一功能的信号设备发展成为以运输能力为中心，综合各种高新科学技术，实现多功能的智能化的复杂系统。

铁路 ITS 至少包含三个子系统：

①先进的运输管理系统 ATMS（Advanced Transport Management Systems）；

②先进的用户信息系统 AUIS（Advanced User Information Systems）；

③先进的列车控制与安全系统 ATCSS（Advanced Train Controland Safety Systems）。

（四）新一代智能化铁路运输系统特点

新一代智能化铁路运输系统有以下特点：

①高科技化；

②智能化；

③综合集成化；

④强调运输系统的整体功能。

二、水路智能运输系统

（一）港航管理信息系统概述

港航管理信息系统（MIS）是以计算机为基础，以系统思想为主导，为管理业务和管理决策服务的信息系统。其主要内容包括数据，信息，计算机软硬件，数学模型的产生、整理、加工、存储、分析、传输、分发和使用。

港航企业的管理信息系统通常划分为三个层次：

①作业性系统；

②管理性系统；

③战略决策性系统。

（二）电子商务平台的建设

电子商务将传统的商务流程电子化、数字化，一方面以电子流代替了实物流，可以大量减少人力、物力，降低成本；另一方面突破了时间和空间的限制，使得交易活动可以在任何时间、任何地点进行，提高了商务效率。它所具有的开放性和全球性的特点，为企业创造了更多的贸易机会，使企业可以以相近的成本进入全球电子化市场，使中小企业有可能拥有和大企业一样的信息资源，提高中小企业的竞争能力。

（三）水路智能运输系统结构

自 20 世纪 80 年代以来，智能运输系统（ITS）也开始向水路运输扩展。从目前情况来看，水路运输系统智能化主要应做三方面的工作：①船舶智能化；②岸上支持系统智能化；③水上运输系统整体智能化。

水运智能运输系统（ITS）是指运用先进的卫星导航技术、无线通信技术、有线通信技术、信息技术、控制技术、人工智能技术、水路运输技术以及系统工程技术等进行综合集成，实现水路运输优化，水运高效、安全、可靠，港站作业及客货运输信息服务一体化的客货运输系统。

三、航空智能运输系统

（一）航空智能运输系统的概念及构成

航空智能运输系统（ITS）是指运用先进的卫星导航技术、信息技术、无线通信技术、有线通信技术、人工智能技术、电子控制技术、航空运输技术以及系统工程技术等进行综合集成，实现航空运输航线优化，飞机起降运行可靠，机场作业及客货运输信息服务一体化的安全、准时、高效的客货运输系统。

1993 年全球开始逐步实施新航行系统，即 ICAO 的 CNS/ATM 系统，它包含了三个子系统，即先进的运输管理系统（ATMS）、先进的用户信息系统（AUIS）、先进的控制与安全系统（ACSS）。

（二）航空智能运输系统框架结构

航空运输系统包括飞机、机场、空中交通管理系统和飞行航线四个基础部分。这四个部分有机地结合，在空中交通管理系统的控制和管理下，完成航空运输的各项业务活动。除此之外，航空运输系统还包括商务运行、机务维护、航材供应、油料供应和地面辅助保障等系统。

航空智能运输系统主要包括：货运系统、客运系统、机场设施、空中管制、机群组织、乘务组织、客货服务和经营系统等。

第六章 交通运输与可持续发展

第一节 交通运输可持续发展思想

一、概述

作为国民经济的基础产业，交通运输业的发展将对可持续发展产生非常重要的影响。一方面，交通运输业的发展有利于国民经济的成长；另一方面，交通运输业的发展将占用一定的资源，排放一定的污染，从而影响资源供给的可持续性和环境的质量。从可持续发展的需要出发，我国的运输总量和运输结构必须发生变化。

交通运输业具有建设周期和运行寿命长，产业关联性强等特性。一些项目的建设和运营，关系着国民经济的长远发展，关系着国家的经济安全和军事安全。因此，必须制定国家的交通运输战略。这一战略必须体现交通运输业将向一体化、综合化、系统化方向发展的要求，必须明确政府、市场、企业在交通运输业发展方面的作用与分工，必须体现服务产业不断对外开放的时代特征。

我国虽然已处于工业化过程的中后期，但各类交通运输等基础设施还未得到充分发展，还未能充分满足经济与社会持续发展的需要。传播信息的通信设施，并不能替代运输物流的交通运输。因此，研究交通运输的发展故略以加速我国的经济、社会发展，具有十分迫切而重要的意义。

在全世界已普遍认识到可持续发展与社会发展的时代，我们也必需更新观念来研究我国的交通运输发展战略。这一观念的更新包括两方面；一是交通运输所促进的发展，是可持续的经济与社会发展，我们需要更新发展的概念，即在考虑交通运输发展战略时，要克服交通运输业发展过程中可能产生的环境问题及社会问题。二是交通运输业本身的发展应是可持续的，即在交通运输业的发展研究中，要考虑其持续的竞争力。不仅交通运输基础设施的建设与维护需要政府的大量开支，交通业还带来沉重的社会费用，如噪声、空气污染、能源与自然资源的消耗形成了沉重的环境负担。运输业排放的二氧化碳（CO2）会产生温室效应，而道路运输所产生的CO2排放量占了交通运输业排放总量的80%以上，一氧化氮（NO）排放量占了总量的60%。干线电气化铁路电磁辐射干扰强度的增加；清洗装载工具和燃料的泄漏对水体的污染，装载工具中的各种化学物品、有毒物质的残留废弃物和旅客抛弃的垃圾和排出的粪便等对当地和沿途的污染；交通基础设施建设过程中的污染性和非污染性（如对水循环、生物链的影响）破坏。几乎所有机动化运输都对环境有不良影响，但轨道交通、内河航运，较公路运输有较小的环境影响。分析交通运输对环境的影响时，需要区别不同的运输方式，也需要区别客运与货运，在此基础上对交通运输作综合的环境影响考虑。国际经验的启示和我们对交通运输与可持续发展的认识，是我们研究交通运输可持续发展的基本出发点。

二、交通运输可持续发展的含义

（一）可持续发展的概念

可持续发展从字面上理解是指促进发展并保证其可持续性。很明显，它包括了两个概念：可持续性和发展。发展不仅仅是经济的增长或实际收入的增加，而是指人民福利和生活水平的提高，经济增长只是发展的一部分。一个可持续的过程是指该过程在一个无限长的时期内，可以永远地保持下去，而系统的内外不仅没有数量和质量的衰减，甚至还有所提高，可持续性最基本的、必不可少的前提是保持自然资源总量存量不变或比现在的水平更高。

可持续发展是一种特别的从环境和自然资源的角度提出的关于人类长期发展的战略和模式。它并不是在一般意义上所指的一个发展进程要在时间上连续运行、不被中断，而是特别指出环境和自然资源的长期承载能力对发展进程的重要性以及发展对改善生活质量的重要性。可持续发展是一个动态的概念，它并不是要求某一种经济活动永远运行下去，而是要求不断地进行内部的和外部的变革，即利用现行经济活动剩余利润中的适当部分再投资于其他的生产活动，而不是被盲目地消耗掉。可持续发展的概念从理论上结束了长期以来把发展经济同保护环境与资源相互对立起来的错误观点，明确指出了它们应当是相互联系和互为因果的。

可持续发展是一个涉及经济、社会、文化、技术及自然环境的综合概念。可持续发展主要包括自然资源与生态环境的可持续发展、经济的可持续发展和社会的可持续发展三个方面。可持续发展一是以自然资源的可持续利用和良好的生态环境为基础；二是以经济可持续发展为前提；三是以谋求社会的全面进步为目标。只要社会在每一时间段内都能保持资源、经济、社会同环境的协调，那么这个社会的发展就符合可持续发展的要求。可持续发展不仅仅是经济问题，也不仅仅是社会问题和生态问题，而是三者互相影响的综合体。只有能够正确地处理好三者之间的关系，使这三方面协调发展，才可以真正走上一条可持续发展之路。

（二）交通运输可持续发展的内涵

交通运输是社会经济发展的基础，是国民经济得以向前发展的保障。按照当前的普遍认识，可持续发展是指“既能满足当代人的需求，又不危及后代人满足其需求的发展”，它包含经济可持续性、社会可持续性和环境可持续性。由于在社会与环境可持续性方向都必须考虑成本有效的措施，因此交通运输业的经济可持续性是可持续交通发展的核心。可持续交通运输要求全面地进行规划，制定能够取得多个目标的战略，使之不仅要优化利用各种运输方式，而且要满足社会经济的发展和人们生活质量提高的需要，同时适当保护和利用自然资源。

交通运输系统作为社会经济系统的一个子系统，它的发展是社会经济可持续发展的一个重要组成部分。综观交通运输与社会经济发展的历史关系，可以说，没有交通运输的发展，就谈不上社会经济的发展；社会经济要实现可持续发展，如果没有一个相应的可持续的交通运输系统支持，社会经济的可持续发展也同样无法实现。因此，为适应社会经济可持续发展的需要，交通运输必须采取可持续发展战略，也就是要求改变传统交通运输发展模式的资源和环境特性，推进交通运输的可持续发展。

根据可持续发展的基本内涵，可将交通运输的可持续发展定义为：交通运输业的发展既要满足当代人的需求，又不危及后代人满足其对交通运输需求的发展。在交通运输发展中，不仅要考虑交通运输本身的经济效果，更重要的是充分考虑运输的外部正效应与负效应，不仅要考虑交通运输对当代（或近期）整个社会经济系统资源配置的影响，而且要考虑到对动态资源合理配置的影响。

根据世界银行 1996 年出版的《可持续运输：政策变革的关键》，可持续交通运输应该包含三个方面的内容：①经济与财务可持续性，是指交通运输必须保证能够支撑不断改善的物质生活水平，即提供较经济的运输并使之满足不断变化的需求；②环境与生态的可持续性，是指交通运输不仅要满足人流与物流增加的需要，而且要最大限度地改善整个运输质量和生活质量；③社会可持续性，交通运输产生的利益应该在社会的所有成员间公平分享。可见，可持续运输不但考虑了运输本身的经济效果，而且考虑了运输的外部效用；同时，可持续运输引入了时间观念，不仅考虑运输对当代整个社会的经济系统资源配置的影响，还从动态角度考虑到对资源合理配置的影响。

可持续的交通运输有其鲜明的特点：在生产上，把生产成本与其造成的环境后果同时加以考虑；在谋求社会发展上，把社会的进步确定为第一也是最终目标，节约使用各种资源，使有限的资源支持更大的运输需求；在运输增长方式上，寻求其增长模式从数量型向质量型转变，尽量减少每单位运输经济活动造成的环境压力；在生产目标上，从单纯以生产的高速增长为目标转向以谋求综合平衡条件下的可持续发展为目标。

（三）交通运输可持续发展必须遵循的原则

要实现交通运输的可持续发展，一方面，交通运输的发展必须与我国的经济社会发展需求和资源环境容量相适应；另一方面，必须为我国经济社会的持续、健康、快速发展奠定物质基础。在这一总体思想下，我国交通运输的发展应当遵循以下原则。

1. 有利于经济发展的原则

交通运输是经济发展的必要前提。发展交通运输，有利于资源的优化配置和统一市场的形成，促进商品和服务的流通，提高我国参与国际贸易和国际分工的能力；有利于降低生产成本，且能带动相关行业的发展，改善投资环境，吸引外资，增加就业机会等。我国经历了40多年的快速增长后，支持增长的条件依然存在，我国仍能保持适度高速的发展，这就需要交通运输能力有一个较大的提高。同时，交通运输基础设施建设也是扩大内需、启动市场的一条重要途径，更能为中长期发展提供基础。

2. 以人为本原则

经济发展的目的是满足人们日益增长的物质文化需要。交通运输领域以人为本就意味着，发展交通运输应以人民的基本利益为重，为公众提供安全、公平、多样化、高质量的服务，以满足他们的各种需要，提高他们的生活质量，使得每个人都能够从发展中获益；以人为本还意味着，应充分注意人力资源开发，加强教育与培训，尊重并充分发挥人的积极性和创造性，动员公众参与到可持续交通运输发展战略和规划的决策和实施过程中来，并协助监督可持续发展的进程，尽可能地避免并及时纠正人为的错误。

3. 社会公平的原则

社会公平包括发展机会均等、地区间及不同代人之间的公平等，交通运输的发展要将为人们创造平等的发展机会放在重要位置。缩小地区差别是公平性的一个重要方面。我国由于区位、地理、气候等自然条件以及人文、历史条件差异，各地的发展条件不同，发展基础不同，发展速度不同，从而形成了区域间发展的不平衡以及收入的差距。特别是由于交通条件的差异，目前农村还有相当数量的贫困人口，他们还享受不到现代文明的成就，道路不通，长年处于信息闭塞的状态。因此，交通运输的发展要有利于改善贫困地区的投资环境，改变落后面貌，从而实现发展机会在时间（当代人和未来人之间）和空间（不同地区、不同收入阶层之间）的公平，实现共同富裕。

4. 提高整体竞争力的原则

交通运输对每一种商品生产都是成本的一部分，如果交通运输费用高，商品价格就会提高，商品就会失去竞争力。国际经验表明，尽可能完备和实用的基础设施是决定一国参与国际竞争的能力的关键因素。因此，交通运输的发展要有利于降低成本，增强制造业的竞争力，并在整体上提高国家的竞争力。提高交通运输效率是提高竞争力的一个重要途径。一是要缩短人员、物品在交通中所耗费的时间；二是优化配置各种交通运输资源，提高资源的利用效率；三是要加强管理，提高服务质量。加强交通运输体系的管理，特别是规范各种交通运输税费的征收，是当前提高经济整体竞争力的另一个重要的途径。

5. 资源利用最优化的原则

交通运输是对自然资源依赖度较高的产业之一，交通基础设施需要占用大量土地，交通运输工具要消耗大量能源。各种交通工具对资源的占用是不相同的，其具体情况如表 6-1 所示。我国的资源人均占有量很低，资源节约应成为交通运输发展的基本原则。

我国人口约占世界总人口的 21%，耕地面积只占世界耕地面积的 7%，人均耕地面积降至 1.4 亩，而且全国 600 多个县的人均耕地面积不足联合国粮农组织确定的 0.053 公顷临界值，463 个县的人均耕地甚至低于 0.5 亩。近年来，我国稀缺性的耕地资源因各种非农用途而大量损失。因此，节约耕地，必须成为交通运输体系建设的一项重要原则。

表 6-1 各种交通运输方式对资源占用表

项目	土地	能源	水资源
公路	多	多	少
铁路	中	中	少
水运	少	少	多
航空	少	很多	少
管道	很少	中	中

我国的矿产资源保证率下降，特别是国民经济必需的能源，如石油、天然气等保有探明储量严重不足国内石油产量由于受到资源和生产能力的限制，到 2050 年，我国石油耗量预计将超过 8 亿 t，进口依存度将达 75%。因此，节约能源应当成为交通运输发展的原则之一。

6. 环境友好的原则

交通运输是人类环境的重要污染源之一。交通运输业的发展应遵循在等运量前提下产生的污染负荷最小、对生态造成的损失最低的环境友好原则，大力提倡大气污染小、噪声污染低、生态破坏小、使用清洁能源的“绿色”交通运输方式，这样才能保障和支撑国家和人类的可持续发展。

7. 保障国家安全的原则

可持续发展的前提之一是国家安全，这是《环境与发展里约宣言》的原则之一，即保障国家主权完整和领土不受侵犯。国家安全包括国防安全、经济安全、社会安全、环境安全等方面。随着技术的进步，现代战争是常规交通运输所不能满足的。因此，交通运输体系的构建应立足于平时的经济建设，但应当与通信等设施建设相互配套，以防在外部入侵或内部洪涝、地震等灾害事件突发时，有利于信息的传递，救援部队的派遣，应急物资的运输，被困人员的疏散等，以保证国家和人民生命财产安全。

8. 系统最优的原则

交通运输体系的构建是一个系统工程，应根据系统最优的原理，进行各种交通运输方式的优化配置，单一交通运输方式内部的合理布局，兼顾社会效益和经济效益的统一，国家利益、地方利益和部门利益的统一。各种交通运输方式之间既竞争又互补，要发挥各自的优势，综合集成，达到系统最优。具体地说，一是要在铁路、公路、航空、管道、水运这五种交通运输方式之间进行合理配置和优化；二是在单种运输方式内部进行合理布局，优化线路的空间布局，避免和克服运力过剩和运力严重不足同时并存的弊端；三是要不断创新，依靠科技进步，开发对环境无害的交通运输工具，提高交通运输中的科学技术水平；四是要实现社会效益和经济效益的统一，国家对那些社会性、公益性的交通运输项目，对国土开发型的、用于国际目的的和用于扶贫目的的铁路、公路或水路等交通运输基础设施项目的建设，要统筹规划，优化管理，超前建设，构建管理科学、竞争有序、优势互补的综合交通运输体系。

三、交通运输对我国可持续发展的战略影响

交通运输作为一个国家经济发展的必要前提，其可持续发展的能力直接影响着经济持续稳定健康的发展。一方面，只有建立发达的交通运输网络，才能有效推动市场经济发展；另一方面，随着经济的增长，运输量的扩大，交通运输的社会成本越来越高，给资源、环境带来的压力已到了不可忽视的地步，影响到人们的生活质量。简言之，交通运输对国民经济发展既具有基础性的作用，又必然对资源和环境带来巨大的压力。

（一）交通运输的发展为我国的经济发展奠定了基础

1. 交通运输的发展满足了我国劳动力资源转移的需要

随着改革开放的不断深入，城镇化和机动化进程的加快，人们的观念发生了很大变化，人口在空间位置上的转移明显增加。一方面，表现为落后地区的剩余劳动力向发达地区转移；另一方面，落后地区的资源优势和开发潜力又吸引了大量高素质的各类专业技术人员和经商人员。这对于吸收农村剩余劳动力，改善人口分布状况和提高落后地区人口素质，缩小不同地区间人们物质生活水平的差距，将起到重要的作用。改革开放以来，我国交通运输的发展满足了人口转移的需求。进一步加强交通运输基础设施的建设，形成合理的运输网络布局和各种运输方式的协调发展，将对人口的有序移动产生积极的作用。

2. 交通运输的发展满足了商品和信息流通的需要

在商品经济社会，交通运输是人类赖以生存和发展的基础条件之一。交通运输将社会生产、分配、交换和消费等各个环节有机地联系起来，使人类的经济社会活动得以正常进行，为协调发展提供基础。交通运输的发展疏通和拓宽了流通领域，减少了

商品流通的阻碍和迂回，缩短了商品流通的时间，满足了人们对于商品的不同层次的需求。例如，在商品满足了城市居民的需求后，组织这些商品下乡，不仅可以提高商品的利用效率，减少商品的库存，而且也有利于节约自然资源和资本的消耗，从而实现资源的可持续利用。

3. 交通运输的发展改变了区域发展的不平衡

由于自然条件和其他种种原因，我国区域发展存在绝对差距扩大的问题，而交通闭塞、信息不灵等是贫困地区经济不发达的重要原因之一，要缩小地区间发展水平的差距，改变贫困地区的落后面貌，发展交通运输是一条重要的途径，有利于从根本上解决好区域经济发展的不平衡，在时间和空间上实现发展的公平性，共同走向富裕。

4. 交通运输的发展促进了生产力的合理布局

交通运输体系的布局与发展，对我国生产力布局和区域协调发展具有重要的有时甚至是关键性的作用。在总体上看，我国生产力的布局应有利于促进产业结构与空间结构的协调，实现东西互补、南北联动的区域经济协调发展格局的形成。高效的综合运输网络体系，可以促进自然资源的合理开发和利用，保障生产力布局战略目标的实现。交通运输的发展可以有效解决自然资源、劳动力、生产设施等生产要素相分离的矛盾，因而开辟了国土开发、城乡联系、产业联系以及地区之间交流的途径。

5. 交通运输的发展促进了产业结构的调整和升级

交通运输作为经济全球化的最初推动力之一，促进了国际间的合作与交流，从而带动发展中国家的产业结构的升级。产业结构的变化，必然导致经济结构、生产结构和产品结构等的深刻变化。这些变化的发生，反映了经济发展的客观规律性，也是我国经济逐步摆脱过去传统的单纯依靠增加资源消耗实现经济增长，转向依靠科技进步和合理有效利用资源而实现经济增长，即实施可持续发展，实现经济增长方式的根本转变。交通运输在我国产业结构调整中扮演着重要角色。在由铁路、公路、水运、民航和管道等运输方式组成的综合运输系统内部，必须作出适应产业结构变化的运输结构的调整，特别是高效、快速的交通运输，以适应加快高科技产品的流动，降低工农业产品流通及消费成本，满足人员流动数量和质量的要求。

（二）交通运输对资源的占用

交通运输的存在与发展都是依托于土地的占用和能源与各种材料的利用上。交通运输对资源的占用包括两个方面：一是交通运输工具及基础设施的建设需要消耗大量的自然资源和原材料，特别是不可再生的资源；二是交通运输消耗的能源，特别是石油产品占其生产量的较大部分。交通运输中使用的资源主要有土地、水资源，木材、钢材、水泥等建筑材料，以及石油产品等能源。

1. 对土地的占用

不同类型的交通运输方式对土地资源的占用是不同的，公路和铁路交通运输是占用土地较多的交通运输方式，而航空、水运和管道运输占用土地较少，在完成相等的换算周转量条件下，公路占地是铁路的 3.4 ~ 13.6 倍。美国一条复线铁路的输送能力与一条 16 车道的公路相当，铁路所需土地仅为 15m 宽，而公路则需要 122m 宽的土地，是铁路的 8 倍多，一般高速铁路的占地也只有高速公路的 1/3。欧洲公路网占据整个欧洲面积的 1.3%，而铁路网络只占用 0.03% 的土地。因此，比起公路基础设施来，铁路基础设施占用的土地较少。而城市轨道交通因大部分为地下或高架线路，所占用的土地资源更少。

2. 对能源的消耗

交通运输业是能源消耗的大户，我国交通运输业能源消耗约占我国全部能源消耗量的 50%。石油是交通运输耗用的主要能源，所占比重高达 90% 以上；在各种运输方式中，公路又是能耗最大的部门，占运输总耗能的 80% 左右。民航、公路、铁路的单位运输量平均能耗之比约为 11 ：8 ：1，铁路是最节约能源的运输方式。再如美国，各种客运方式每人·km 所耗用的能源，飞机是城际火车的 3 倍，汽车是城际火车的 6 倍，而城际货运卡车的单位能耗是火车的 8 倍。

交通运输对能源需求的品种主要是石油及其产品，也有消耗煤及其他类型能源的，如电、天然气等，但所占比例较少。国际能源机构（IEA）预言，2030 年中国石油净进口量将高达约 4.93 亿 t。因此，从能源可供给量及消费增长的趋势看，发展低能耗的交通运输方式，即发展铁路、管道运输和水运，适当发展航空运输，减缓能源消费增长的势头，提高能源的利用效率等，应成为我国综合交通运输发展战略选择的一个重要内容。

3. 对建筑材料和其他资源的消费

各种运输工具，以及铁路、公路、码头、机场、管道等交通运输基础设施的建设，需要大量的原材料，如钢铁、水泥、沥青及化工、电子元件、通信器材等材料或产品。以铁路为例，平均每千米长度的铁路需钢轨 200t，每辆列车的自重在 20t 以上，其中 80% 为钢铁及其他有色金属。公路建设则需要大量的水泥、砂石、沥青、钢材等。据估测，每千米长度的公路需沥青 1000t，水泥 350t，以及大量的砂石料和各种填料。港口建设和机场建设需要大量的水泥、钢材。管道在输送石油和天然气时需抵抗强大的压力，因此，其材料为钢铁，管道运输对钢材的需要量较大。

汽车是许多发达国家和一些新兴发展中国家的支柱产业，它在带动冶金、电子、化工、机械等行业发展的同时，消耗了大量的原材料，仅钢铁一项，每千辆小轿车平均重量达 600 ~ 800t。交通运输消耗的建造材料，需要开采大量矿产资源供给，对资源的探明储量造成巨大压力。

4. 交通运输对水资源的利用

水资源也是交通运输业发展的基础资源，水资源的分布限制了石油、煤炭等基础资源的开发，从而对交通运输业的发展造成了巨大影响。其次，交通运输业的附属部门的发展以及运输过程中人们对水的需求必不可少。在交通运输业的可持续发展中，应更加注重避免和减少对水的污染，并加强对污染的治理。

5. 劳动力资源消耗

劳动生产率水平最高的是水运，其次是管道、铁路、公路和民航。由于交通运输的特点是使物和人产生位移，并未创造新的价值，而在创造位移的过程中均消耗了大量人力、物力和财力。因此，如何降低生产成本，提高劳动生产率，是交通运输领域合理使用资源、提高资源利用效率的关键。

第二节　交通运输可持续发展中的环境保护

一、交通运输对环境的负效应

随着人口的增长与机动车保有量的急剧增加，交通运输以其巨大的能源消耗，给自然环境和人类的生活环境造成了严重的污染。

（一）运输与交通公害及其表现形式

交通运输对环境的有害影响称为交通公害。所谓公害，一般包括大气污染、噪声、振动、水质污染、土壤污染、地面下沉、放射性辐射和电波危害等。公害有别于自然灾害，但也同样对人的健康和生活环境带来危害。交通公害主要包括：汽车、火车、飞机、轮船等运输工具的排气造成的大气污染；运输工具的运行产生噪声和振动；船舶的排水和管道事故造成水域污染；运输线路和运输设施对周围环境的噪声等。交通公害的表现形式主要有以下几点：

1. 大气污染

大气污染是指人类活动排出的污染物扩散到室外空气中，对人体、动植物和器物产生不利的大气状况，而混入大气的各种有害成分统称为大气污染物。

在运输工具的排气中，除了排出的水蒸气和二氧化碳外，还有许多有害成分，如一氧化碳（CO）、未完全燃烧的碳氢化合物（HC）、氮氧化物（NO_x）、铅化合物、硫化物和浮游性尘埃等。

CO 是碳不完全燃烧的产物，吸入肺部的 CO 可以被血液中的血红蛋白所吸收，因而降低固定氧气的能力，高浓度的 CO 可能是致命的；HC 和 NO_x 以及 CO 在阳光照射下发生光化学作用会生成光化学烟雾，其主要成分是以臭氧（O_3）为主的氧化性相当强的过氧化物，能刺激人的眼睛、黏膜，妨碍动植物的生长，引起多种疾病；汽油中的四乙铅是致癌物质；浮游性固体尘埃和硫化物吸入人体后，会引起气喘和支气管炎等疾病，硫化物也是产生酸雨的主要成分；CO_2 的增多会使全球气候变暖，导致温室效应。另外，交通工具上使用的空调设备还会向大气层排放大量氯氟烃化合物，使大气层中的臭氧层遭到破坏。

2. 温室气体排放

大气中温室气体的增加是温室效应加强、全球变暖的主要原因。不同的温室气体对全球温室效应所起的作用也不同，其中以CO_2对温室效应的作用最大，而在产生CO_2的人类活动中，交通运输系统排放的CO_2占全部人类排放总量的20%以上。减少CO_2的排放量，以稳定温室气体的浓度，是交通运输系统面临的必须解决的问题。

3. 交通噪声

噪声就是使人烦躁、令人讨厌、不需要的声音，并希望利用一定的噪声控制措施消除掉的声音的总称。噪声使人或动物感到痛苦，严重的还会损伤听觉。交通噪声是飞机、火车、轮船和公路机动车等运输工具产生的。

汽车噪声由多个声源产生，包括发动机、进气管和排气管、风扇、喇叭、轮胎等各种机械噪声。轮船和火车的发动机及汽笛会产生噪声，火车行驶时与铁轨的摩擦也产生噪声，飞机对人类产生影响的噪声是在其起降时产生的。噪声对人的听觉与视觉系统、中枢神经系统等造成不同程度的伤害，并影响人的心理健康。

4. 交通水体污染

交通水体污染主要是船舶的排污、漏油和事故，港区排到水域内的工业废水和生活污水。另外，疏通河道、修建码头也会对水生物造成影响。

水体的流动性会使污染物随着水流运动和水生生物的生活习性而不断转移扩散，并通过水生食物链、饮水和河水灌溉的农作物危害人类的健康，而且影响速度极快，影响极大，治理非常困难。

5. 交通振动

交通振动包括由路面运输工具运行引起的地面振动和由空中运输工具飞行而引起的空气振动。地面交通振动主要因地面不平、轨道有接缝、运输工具运行时冲击地面或轨道而引起的。对人们产生主要影响的空中交通振动发生在飞机的起飞和降落时。交通振动也使人感到痛苦。

6. 交通事故

交通事故不仅给社会造成巨大的经济损失，而且给家庭带来无法挽回的精神痛苦。目前我国道路交通事故死亡人数居世界第一，每年因道路交通安全事故伤亡人数超过20万人。

交通运输安全应包括两个方面：一是人身安全，二是货物安全。人身安全包括使用运输工具的旅客安全和与非使用交通工具的第三方人身安全。运输企业在抓运输生产的同时，必须把安全放在首位。货物安全包括两个方面：一方面是因交通事故和运输责任造成的货物火灾、被盗、丢失、损坏、腐坏、污染、湿损、票货分离等；另一方面是不太为人们所重视的货物运输过程中的自然损耗。根据有关统计，我国每年由于第一方面原因造成的货物损失折合价值达470亿元；由于第二方面原因造成的损失每年也达200多亿元之巨。交通运输安全对资源和环境的影响巨大，我国每年因交通运输安全及运输的自然损失造成的直接经济损失达600～700亿元。

7. 交通拥挤

交通运输的迅速发展使得交通拥挤成为世界性的大问题。交通拥挤不仅造成无效的等候，浪费时间，使运输系统的效率下降，并成为诱发交通事故的重要因素；还降低了燃料的利用效率，增加了污染物排放量，因为交通拥挤时燃料不完全燃烧形成的污染物排放量远远大于正常行驶时的污染物排放量，而且，拥挤路段由于车辆大量积聚，使该路段的污染物浓度明显大于其他路段。城市车辆堵塞的同时还造成高额的“拥挤成本”等。

除了上述交通运输的负面影响外，更严重的是交通污染衍生了可怕的时空环境问题：

①温室效应。大气污染的日益严重，使地球表面出现严重的温室效应。预计到2030年，全球平均气温将上升1.5～4.5℃；全球平均海平面将升高20～140cm。随之而来的气候异常与自然灾害的增加，将使粮食生产的稳定受到威胁。

②臭氧层耗损。臭氧层日益耗损，主要是由于氯氟烃类物质的长期排放和积累所引起的。臭氧层的消失将增加地表紫外线照射量，有可能导致许多浮游生物死亡，影响水生生态系统，对人类健康造成重大危害。

③酸雨污染。排向大气中的硫化物与氮氧化物在空中遇水气后凝聚成稀硫酸、稀硝酸，形成酸雨或酸雪使水源恶化、土壤酸化、森林枯死、水生生物死亡、建筑物遭腐蚀。

④沙尘暴。主要是因地表植被遭到严重破坏导致空气中的悬浮颗粒严重超标而造成的，对人类的呼吸系统危害极大。这些后果都是由不可持续的生产和消费造成的。

因此，可持续发展的意义就在于人类获得自身发展的同时，对发展带给人类的负效应有针对性地从时间和空间尺度上加以限定，使人类走上人与自然协调发展的道路。

我国是一个经济落后而且地区发展很不平衡的大国，人口众多，人均资源占有量低，生态环境比较脆弱。新的经济发展目标和当前的实际情况要求我们将经济发展目标和实际情况同资源、环境、人口等多种因素结合起来，统筹考虑，走靠内涵扩大再生产之路，提高科技进步在经济增长中的贡献率，开发低投入、低污染或无污染、高产出、高效益的产品，从而实现良性循环。转变经济增长方式，走可持续发展的道路是中国富国强民，实现现代化的唯一出路。

（二）交通运输对环境的影响分析

交通运输对环境的影响包括废弃物排放，如汽车尾气及其中的铅污染、船舶的生活垃圾及油污染、噪声等。

1. 汽车尾气是交通运输产生的突出环境问题之一

20世纪80年代以来，我国汽车保有量迅速增加，年均增长率达13%左右。由于我国汽车性能差，尾气处理设施不完善，排放废物超过环境排放标准的几倍到几十倍。

汽车排放的CO_2之外的其他气体如CO、NO_x、O_3、HC等浓度也明显升高。由于汽车集中于城市，致使汽车排放的这些气体对城市污染源贡献率发生结构性的变化，即从原来的煤烟型污染为主转变为机动车排放的尾气为主，其分担比例已与发达国家相近，说明我国汽车尾气正上升为城市的主要污染源。

各种运输方式的污染排放强度是不同的。在日本，各种运输方式CO_2的排放比例是：家用轿车 52%，营业用货车 16%，家用货车 15%，内河航运 6%，铁道 3%，航空 3%。美国各种汽车每年排入大气中的污染物，占全国各行业排入大气污染物总量的 60%，西欧各国普遍在 50% 左右。

国际上许多研究者对不同运输方式产生的污染物做了比较研究，总体结果表明：①客运（人·km）造成的单位污染强度，公路运输是空运的 1 ~ 2 倍，是铁路运输的 10 倍左右；②货运（t·km）造成的单位污染强度，公路是铁路的 10 倍；③货运造成的污染强度超过客运的污染强度。

2. 噪声污染

对不同交通运输方式噪声污染强度的研究对比发现，噪声污染平均强度以公路为重，次噪声强度以飞机为最。运输等量货物或旅客，铁路的噪声只有公路的 1/2 ~ 3/4；日本铁路、公路和航空的单位运输量所产生的噪声之比为 0.1 ：1：1。

噪声污染是局部性的环境问题。近年来对公众关注的环境问题调查表明，噪声已经成为城市居民最为关注的环境问题，因而也是投诉最多的环境问题。噪声污染对人体健康产生很大的危害，需要在交通运输基础设施建设中采取适当的防护措施，如建造隔音墙等，避免噪声对居民健康产生危害。

（三）各种交通运输方式对可持续发展的影响分析

通过对各种运输方式的资源和能源消耗、环境污染以及对人身安全和货物安全等要素的分析，得出了各种交通运输方式对单项要素的对比。各种交通运输方式对可持续发展影响的定性分析可以归纳成表 6-2。

表 6-2 各种交通运输方式对可持续发展影响的定性分析

项目	对资源的占用				对环境的影响			安全性
	土地	水资源	能源	其他资源	大气	噪声	垃圾	
公路	多	少	多	建材	严重	中	少	中
铁路	中	少	中	建材	中	中	中	好
水运	少	多	少	航道	小	小	少	好
航空	少	少	很多	建材	中	很大	少	较好
管道	很少	中	中	建材	很小	很小	—	很好

下面从可持续发展的总体出发，对各种交通运输方式进行综合性的分析。

1. 铁路运输

与公路、航空等交通运输方式相比，铁路运输等量换算周转量占用的资源最少。铁路交通运输是调节我国资源禀赋和工业布局不均衡的重要纽带，承担着重质长途货运的巨大任务。如煤、石油等能源物质的由北南运，以及木材、粮食等物资的长途运输。铁路对环境的影响主要是对沿线抛弃生活废弃物，如废塑料、不可降解的餐具，以及各种包装物等。对石料、钢材和枕木等建筑材料的一次性投入较大，但使用年限较长，分摊到每年的折旧水平不高。另外，铁路对人身安全和货物安全的水平较高。从资源节约和环境保护的角度考虑，我国城市间的交通运输，用于国土开发目的、国际目的的乃至国防建设目的的交通运输，仍应当将铁路作为首选的交通运输方式。

2. 公路运输

公路运输对土地资源的占用较多，特别是我国东部人均可耕地资源严重不足，对这种不可更新的资源过度占用是不利于土地可持续发展的。汽车尾气的排放成为道路沿线的重要污染源，特别是铅污染水平值得引起重视，随着无铅汽油的使用和新型环保汽车的开发使用，这一问题可望得到解决。由于公路运输具有通达性好，机动灵活，可实现从门到门的运输，一次性投资少，回收周期短等特点，公路交通运输仍有较大的发展潜力。在我国高速公路网规划和建设时，应当重视不同等级公路的配套建设。对于老少边穷地区，应当首先能通公路，并逐步建设和完善交通运输网络作为发展战略选择，应防止高速公路的过度扩张，在尽可能的条件下要与铁路网配套和衔接，以发挥各自的优势，达到综合集成和系统最优。

3. 水运

水运大致可分为内陆运输、沿海运输和远洋运输等。开凿运河发展漕运在我国有2000多年的历史。科学技术发展到今天，海洋国家和内河航运条件好的国家仍将水运放在优先发展的地位。能源和其他矿产资源的外贸运输，主要采用远洋运输的形式。与铁路、公路等运输方式相比，水运是一种投资省、占地少（仅码头、港口、仓储等需要建设用地），劳动生产率较高，能耗低、污染轻（主要是油脂污染和船员的生活废弃物排放对水体造成的污染），是借水势行舟而又不消耗水资源的运输方式。近年来，我国的水运发展相对滞后，恶性竞争又使水运的潜力没有得到充分的发挥。从资源节约和环境保护的角度看，应当继续重视南方内河水运和各种远洋运输的发展，提高水运的竞争能力和自我生存和发展的潜力。

4. 航空运输

航空是一种现代化的交通运输方式，是资金密集型和技术密集型的行业，具有时效好、效率高的特点，同时航空运输又是高能耗、噪声污染严重的运输方式。飞机的噪声会造成飞机结构的疲劳，影响机载仪器设备的正常工作，干扰甚至妨碍乘客和机场附近居民的生活和健康。但是航空运输是不可或缺的一种交通运输方式，因其具有快速、机动和安全舒适的特点，可以满足不同的要求和对外开放的需要，因而航空交通运输的发展成为一个国家开放和现代化的一个标志。从我国的能源供给角度看，我国航空运输的发展应当保持在适度的水平，不应盲目扩张，同时要合理配置各种资源，减少恶性竞争和重复建设，提高航空运输的竞争力，参与国际分工。

5. 管道运输

管道运输是一种对专业运输对象进行操作的运输方式，只能用于输送天然气、石油等流体货物的运输。目前，国际社会也在开展水煤浆的管道运输，并取得了一定的成功，值得引起我国有关部门的重视。管道运输的优势在于运量大，占用土地很少（仅需建各类泵站），人员投入少，对环境的影响很小，运输成本低，能耗少（以每吨千米运输货物消耗的能源计，管道运输仅为铁路的1/4，水运的1/3，公路的1/10，且不出现“空载”的问题），由于运输对象条件的限制，管道运输在我国的发展较慢，其货运量和货物周转量所占的比例不足2%，有进一步发展的潜力。

6. 城市交通运输

城市作为各种交通运输方式的集中地和交通运输的枢纽，在交通运输发展战略的选择中具有特别重要的地位。城市交通运输网络的构建应当以高效便利、资源节约和环境友好为原则，在整体上达到系统的最优。交通运输的规划是城市交通发展的蓝图，在规划中应当综合考虑城市功能和分区、土地利用、资源环境条件、多种交通方式的选择和衔接、减少人员和货物无效流动等因素，优先发展公共交通，采用轻轨、地铁、高架等形式，构筑立体的城市交通网络；应当重视交通运输对城市的影响，逐步开发和使用有利于环境的交通工具，如电动汽车、天然气汽车等，淘汰性能差、车况差的车辆，使等量运输条件下对环境的危害最小；将以人为本作为构建城市交通运输的宗旨，减少部门分割、各自为政、重复建设、重视标志工程而不顾实际效果的现象，减少交通运输堵塞造成的“拥挤成本”，提高交通运输的综合效率；制定相应的法律法规，营造公平的竞争环境，发挥各种运输的优势，为城市的可持续发展奠定基础、创造条件。

二、交通运输发展与环境保护

交通运输的可持续发展要求其发展既要满足当代人的交通需求，又不能损害后代人满足交通运输需求的能力，可将环境承载力作为判断交通运输系统与环境之间协调程度的依据。

环境承载力是指某区域一定时期内在确保资源合理开发利用和生态环境良性循环的条件下，资源及环境能够承载的人口数量及相应的经济社会活动总量的能力和容量。

环境承载力在很大程度上取决于环境标准、环境容量和人类的生产活动方式等方面。环境承载力说明在一定的条件下，环境对人类社会经济活动的支持能力是有限度的，一旦超过了环境容量的极限，要恢复是很困难的，有时甚至是不可逆的。因此，交通运输系统的发展应实现与自然环境的协调，走可持续发展之路。

（一）交通运输规划与环境保护

为保护环境，在交通运输规划中，首先，必须处理好交通基础设施及交通线路的建设与自然环境间的相互协调，尽量避免对具有生态价值的植物、野生动物和地形地质等构成的自然生态系统的破坏，特别注意国家级以上保护区的保护。

其次，在交通规划时，应通过各种有效措施来控制和减少公害。如在城市交通规划中，可以通过优先发展公共交通（如公共汽车、轨道运输）和优化公交线路来减少大气污染。

最后，在交通运输规划的项目评估中，必须将环境污染和生态破坏造成的损失作为社会效益的一项指标，包含在评估工作中。

（二）交通运输技术与环境保护

在交通运输领域发展轻污染技术和污染预防及应急技术对保护环境有重要作用。在轻污染技术方面，如在铁路运输中发展电气化运输，在汽车运输中改进发动机结构、发展代用清洁燃料、研制绿色环保汽车和太阳能汽车来减少对大气的污染；在污染预防技术方面，如在铁路和船舶运输中要开发生活垃圾及污水的处理装置；在污染应急技术方面，如在船舶运输中发生溢油时施放围油栏，使用水面浮油回收船和各种溢油回收装置，喷撒抗溢油化学剂，使用吸附材料，用激光点燃溢油等技术。

（三）交通运输管理与环境保护

要控制和减少交通公害对环境的影响，必须制定有效的法律和行政管理措施，如使用无铅汽油、划定禁止鸣笛区、污染严重超标及超过使用年限的车辆强制报废，以上可依照相应法律和行政手段强制实行。

第三节　交通运输可持续发展的资源环境

一、交通运输的资源消耗

自然资源是人类赖以生存和发展的物质基础，是人类生活和生产资料的最基本来源。人类社会的可持续发展与自然资源的供给状况、开发利用和保护程度密切相关。由于人口增加、经济和社会发展，人类对自然资源的需求和消耗不断增加，自然资源大幅度减少、退化和枯竭，资源短缺已经成为经济和社会发展的制约因素。如何开发利用和保护自然资源，确保资源的可持续利用，是当今世界各国所面临的重大问题。

交通运输的资源消耗，主要表现为运输发展所需的土地、原材料以及运输的能源消耗。在土地占用方面，尤以汽车运输为最，比如美国 53 个中心城市用地的 30% 被汽车占领，芝加哥、底特律等更是有将近一半的城市用地被用于道路交通设施。不仅在城市，就是城间道路，也占用了相当数量的土地资源。而更为引人注意的是另一项资源——交通运输所消耗的能源。可以说，现代强大的交通运输系统是由巨大的能源消耗去驱动的。在发达国家，由于私人小汽车的普及，使其交通运输能耗在整个国家的总能耗中占有较高的比重，而且其交通运输能耗均是以石油资源为核心的。能源问题已成为全球共同面临的问题。

二、交通运输的资源利用

资源利用问题是可持续发展的一个重要内容，也是促使人们研究可持续发展的一个重要因素。人类对自然资源无节制的使用，高资源消耗的生产和生活方式，已使地球的部分资源面临着枯竭的危险，资源已不再是取之不竭的。资源的利用是摆在各国、各行各业面前的迫切问题。交通运输业自从成为一个独立的物质生产部门之后，一直是大量消耗资源的行业，尤其是对能源的严重消耗，一些主要发达国家能源的 30% 以上被交通运输消耗掉。交通运输的资源利用问题成为研究可持续发展的重要内容之一。

交通资源是指交通运输赖以生存和发展的物质基础，包括交通运输的自然资源、资本资源和人力资源，这里特指其中的自然资源，如土地、能源、金属材料等。为研究交通运输可持续发展问题，根据交通运输资源能否再生，分为可再生资源和不可再生资源两大类。

（一）可再生资源

可再生资源是指能够通过自然力以一定增长率保持或增加蕴藏量的自然资源。如太阳能、大气、森林、鱼类及各种野生动植物等。可再生资源又可以分为可再生商品性资源和可再生公共物品性资源。可再生商品性资源的财产权、可以确定，能够被私人所有和享用，并能在市场上进行交易，如私人的土地、森林等。它具有产权明确（资源拥有者的各项权利明确）、专有性（资源带来的效益和费用都作用于资源所有者，只有通过所有者才可交易资源的所有权和使用权）、可转让（所有权可以从一个所有者转移到另一个所有者，从而实现有效配置）和可实施（保证资源免于他人的侵犯，侵犯产权者得到的惩罚大于破坏权利可能得到的最大好处或期望的非法收入）等特点，可再生公共物品性资源是指不为任何特定人所拥有，但是却能为任何人所享用的可再生资源，如空气、公海的鱼类等。它具有消费不可分割性或无竞争性（某人对某物品的消费完全不会减少或干扰他人对同一物品的消费）、消费无排他性（不能阻止任何人免费消费该物质）等特点。

可再生资源可以通过大自然的作用生殖繁衍，进行新陈代谢，不断循环得以开发利用，但是如果在一定时期里耗用过度，就可能打断资源再生循环的"链条"，使其更新过程受阻，蕴藏量不断减少，以至枯竭。不同的可再生资源，其再生恢复的速度是不同的，如自然形成的 1cm 厚的土壤腐殖质层需要几百年，砍伐森林的恢复一般需要十年到百余年。只有个别的可再生资源的数量不受人类活动的影响，如太阳能。对于可再生资源的可持续利用主要是合理调控资源使用率，实现资源的永续利用。因此，对可再生资源的消耗速度应小于这些资源的再生恢复速度。同时，应不断增加社会投入来加速其恢复和再生，以满足社会经济发展对资源不断增加的需求。

（二）不可再生资源

不可再生资源主要是指在任何对人类有意义的时间范围内，资源质量保持不变，资源的蕴藏量不再增加的资源（如矿物燃料）。不可再生资源按照能否回收分为可回收资源和不可回收资源。使用过程不可逆，且使用之后不能恢复原状的不可再生资源是不可回收的，主要指煤炭、石油、天然气等矿物燃料（能源），这类资源被使用后就被消耗掉了。例如煤炭，一旦燃烧变成热能，热量便消散到大气中，变得不可恢复。不可回收的特性决定了不可回收资源的耗竭速度必然大于其他资源，减缓不可回收资源耗竭速度的重要措施是提高资源的利用率。由资源制造出的产品的效用丧失后，其大部分物质还能够回收的为可回收的不可再生资源。一般金属矿物资源属于可回收资源，例如汽车报废后，汽车上的废铁可以回收利用。资源的可回收利用程度是由经济条件决定的。只有当回收利用的成本低于新资源的开采成本时，回收利用才有可能；即便可以回收，由于可回收资源不可能100%地循环利用，最终仍将无法逃脱被耗竭的命运。对于可回收资源，随着科技发展和进步，一般可以“扩大”（提高资源的回采率）矿产资源可供利用的储量和回收利用程度来减缓可回收资源的利用。不可再生资源因为是不可再生的，它的可持续利用实际上就是最优耗竭问题，即解决在不同时期合理配置有限的资源问题和如何使用可再生资源替代不可再生资源问题。资源合理配置的目标是使资源利用净效益的现值最大化。

交通资源与其他资源一样，也存在其固有的客观属性，具体表现为以下几个方面：

1. 稀缺性

资源之所以称为资源，是针对人类的需要来说的。资源与人类社会系统的关系是不可逆的，它从本质上规定了资源的“单流向”特征，即资源只能是供体，社会系统是受体。而作为供体的资源总是被消耗的，只要是被消耗的也就总是稀缺的，即使是可再生资源，当社会需求的增加速度超过其再生增殖能力时，同样也会表现出稀缺的特征。

2. 竞争性

竞争性来源于稀缺性，资源的竞争性表现在两个方面：其一，在众多资源构成中，人类社会努力选择在其应用上最为合适的，在经济上最为合算的，在时间上最为适宜的那一类资源，这种选择本身就体现出了竞争的内涵；其二，在众多需求者中，不同程度地需要同一类资源。因此，资源供体的优劣和稀缺特征，必然会在资源受体之间引起对于资源供体的选择及占有等一系列复杂的竞争现象。

3. 不均性

资源的质和量往往不可能均匀地出现在任一空间范围，它们总是相对集中于某些区域。在这些资源集聚的区域里，或者是资源的密度大、数量多，或者是质量高、易于开发可用。所以，资源总是表现出其自然本质上的差异性和地理分布上的差异性，这也是资源之所以稀缺的一个重要原因。

4. 循环性

自然界中，各类资源之间是相互联系的，彼此按照各自所固有的规律运动，并保持一定的平衡关系。例如自然界中的水，在太阳辐射的影响下，不断地进行循环。海洋中和大陆上的水，经蒸发成为水蒸气进入大气圈，随着空气的运动，在适当的气候条件下，以降雨雪冰雹的形式回到地面，汇入海洋，并部分渗入地下，这就构成了自然界中水的循环。所以只要保持水体循环系统及其平衡不受破坏，水是不会枯竭的。但是，如果水体循环受到破坏，失去平衡，就会引起某些地区水源枯竭，出现水荒。如对地下水的取水量超过其补给量，就会造成地下水位下降，甚至引起地面沉降。交通资源也如同水资源一样，在使用的同时必须及时补给，以避免资源枯竭。

在我国交通运输等基础设施建设中，综合考虑协调力度不够，公路、铁路、城市轨道、机场等的建设没有综合统筹考虑，加上体制原因和无序竞争，重复建设现象严重，土地浪费现象突出。如高速铁路比高速公路更节省路面、节约能源、运量大、速度快、安全性能好。港口岸线是港口建设的基础性资源，是国家的宝贵的不可再生战略资源，也需要以可持续发展的观点去开发利用，考虑到社会的可持续发展，除了采取节能措施之外，寻找新的可再生能源和清洁能源也是必然的发展趋势。

三、交通运输对资源与环境影响的评价

（一）交通运输对资源与环境影响的评价指标

为了反映交通运输方式在可持续发展的前提下对资源与环境的影响和消耗状况，并对交通运输方式对可持续发展的适应度作出评价，可将评价指标按资源、环境、能源分为三类。

1. 资源指标

①土地利用效率：对于公路和铁路，可通过占用单位横截面宽度所实现的道路通行能力来加以表征；对于航空和管道运输，其占地主要体现为起终点站的占地。

②相对在途时间：以时速的方式加以反映，但应将等待、转车以及事故损失时间计算在内。

③全寿命造价：考虑在建设、使用和维护以及淘汰的全寿命周期内各种交通运输方式工程造价的大小。

④工期：工程建设工期。

⑤建设难度：定性分析，一方面反映交通项目建设对于地理及区域的适应性；另一方面反映交通项目建设对生活、生态的影响程度。

⑥边际耗竭成本：反映在现有基础上单位交通量（或运输能力）的增遍引起资源消耗增加的水平。

2. 环境指标

①废气排放：以 NO_x、CO、光化学烟雾、CO_2、SO_2 五种典型废气污染指标，结合

国家环境标准进行评价。

②噪声：在相对确定的影响范围内，以分贝等级来评价。

③振动：定性分析。

④地域隔断：定性分析，反映地域因交通建设而产生的生活不便和区域隔断影响。

⑤水污染：以综合指标生化需氧量 BOD、化学需氧量 COD 为标准。

⑥生态效应：反映交通建设和运营对通过区域自然生态和社会生态结构的影响。

⑦边际环境成本：反映在现有基础上单位交通量（或运输能力）的增量引起资源环境综合影响的水平。

3. 能源指标

①耗能指标：kJ/ 人 •km，或者是 kj/t · km。

②能源的可替代性：寻求各种交通方式使用能源的广度，以影响其生命力。

③能源的生成与转化方式：对能源的产生进行分析，从而对能源的隐性消耗加以比较分析，比如电能，其主要来源是火力发电、水力发电和风能发电，隐性消耗就是煤、水能和风能。

④能源的发展前景：从能源的将来可利用性指标入手分析能源和交通方式的选择。

由于我们是在可持续发展的背景下来确定评价指标的，所以评价指标不仅仅局限于反映污染程度的量化性指标，还将反映社会、经济发展以及人居环境、生活水平的指标包含进来，使其能够更好地反映可持续发展的要求。

（二）交通运输对资源与环境影响的评价方法

建立了评价指标体系后，就需要对交通运输方式对资源与环境的影响程度进行评价。首先应确定各评价指标值，然后将各评价指标分为可量化指标和不可量化指标，对量化指标我们可以通过调研、计算或建立模型加以确定，对不可量化指标则主要通过定性分析手段加以评定，然后再统一进行分析。

1. 指标确定

量化指标有土地利用效率、在途时间、全寿命造价、工期、边际耗竭成本、废气排放（单位 mg/m3）、噪声、水污染（mg/L）、边际环境成本、耗能指标（kJ/ 人 •km）等。其中，土地利用效率、在途时间、工期、耗能指标比较易确定；废气排放评价可以通过确定平均排放因子（如美国 EPA 开发的 Mobile 模型，清华大学环境系开发的排放因子模型），得到一般状况下污染排放量；全寿命造价则可以在交通项目经济评估的基础上，将各使用年的维护、事故处理费用折入现值，得到量级数据；噪声确定可利用噪声扩散模型计算，也可以现场监测；边际耗竭成本不等同于单车油耗，它还包括运载设施的资源消耗，反映在当前情况下交通方式的可发展性；边际环境成本是在现有交通量的状况下，反映环境影响与环境容量的关系。

不可量化指标有建设难度、地域隔断、振动、生态效应、能源的可替代性、能源的生成与转化方式、能源的发展前景。对于这些指标，可以根据其影响程度给定几个等级来加以确定。

2. 评价方法

（1）德尔菲法

德尔菲法是专家评分法的一种。目前在一些政策性较强、不易量化的评价中广泛使用。为利用上述指标体系对各种交通方式对环境与资源的影响（包括能源和生态）进行评价，给出最为适应资源与环境发展的交通方式和最有效的交通结构体系，需要对德尔菲法进行一定的扩展，其主要步骤是：

①确定由各方技术人员组成的专家组，应包括交通工程专家、环境专家、国土及能源问题专家、生态专家、国家环保局主管人员、交通部委管理人员等；

②对各指标的重要性给定评定等级，如非常重要、重要、一般、不重要、很不重要，请各方面专家对各指标进行重要性选择，将相对重要性结果进行容错分析后转换成权重系数；

③对指标系列（量化和非量化）确定评分标准，如大气污染的评分可与国家标准相对应；非量化指标的评分可根据其影响程度人为确定；

④由专家组对指标体系进行打分，形成二维表，进行统计处理，得到各指标得分和各交通方式对环境影响的总得分，可以确定最为适应资源与环境发展的交通方式；

⑤将全寿命造价和土地利用效率加上能源发展前景总和作为限制条件，将总得分最大作为目标函数，进行最优性评价，从而得到最为适应资源与环境发展的最有效的交通结构体系。

（2）广义效益 - 费用分析法

广义效益 - 费用分析法是发展中国家环境影响评价（EIA）的一个新倾向。这种方法的提出是基于这样一种考虑：在发展中国家，EIA 必须首先对利用天然的和人工的资源进行评价。因为开发项目需要或损害这些资源（广义的成本），或者产生和带来效益（广义的效益），并与区域的可持续发展规划密切相关。

这种方法实质上就是在现有的指标体系基础上，将相应的指标货币化，并在交通项目全寿命周期内的效益和费用中增加资源与环境成本、效益的内容，统一进行分析与评价，从而体现一种交通方式的经济、社会和资源与环境的协调发展。

这种方法关键在于货币化技术的应用。货币化技术的应用在社会成本 - 效益分析中具有重大的意义，这是由货币化技术具有以下几个优点所决定的：首先，货币化表现社会成本效益，其成本具有明显的社会经济含义，尽管同一种货币量对于不同的对象具有不同的意义；其次，货币化使得成本 - 效益分析变得易于操作，且存在较强的对比意义，有利于决策判断；再次，由于资金利率的存在，使得评价结构易于在时间序列上进行比较，也使得新型环境评价能够实现其动态平衡。在上述的指标体系中：

全寿命造价，本身就是货币形式，而且是效益 - 费用的重要组成部分；

在途时间，有成熟的时间货币化手段，即时间价值，可用社会平均时间收益来转化；

工期和建设难度，均可归属于全寿命造价；

土地利用效率，可通过土地转换为其他利用形式的利用效率来等效，或者由土地管理部门确定其土地开发价值来货币化；

废气排放和水污染，可通过交通方式对环境造成污染，虚拟建立处理设施并运行降到环境本底值所需的费用来作为环境成本；

噪声，与废气排放类似，虚拟建立路旁或建筑外墙吸声墙或板带，降低噪声到符合国家标准所需的费用作为噪声成本；

耗能指标，能源的费用从开采、处理到运输都比较易计量，但是，从可持续发展的角度，对于一次性能源应在基本费用的基础上乘以一个系数（$\omega \geqslant 1$）；

能源的可替代性、能源生成与转化方式、能源的发展前景，可通过对能源基本费用乘以一系列的经验系数 α 、β 、γ 来进行表征；

生态效应，主要表现为：植被、生物两方面，除计量植被市场费用外，还需要根据植被对我国的特殊意义乘以系数，生物的直接费用很难计量，可交由动物保护组织进行评估。

货币化方法形式较多，且缺乏统一的标准，是目前广义社会费用－效益分析法使用受限的主要原因。

四、交通运输对资源与环境的影响分析

（一）我国的资源及能源状况

众所周知，人类发展存在着两大难题：一是非再生能源的枯竭，二是环境逐渐恶化，生态平衡受到破坏。这两大难题都与汽车交通密切相关。全世界非再生能源储量见表 6-3。

表 6-3　全世界非再生能源储量表

能源分类	煤 / 亿 t	石油 / 亿 t	天然气 / 万亿 m^3	铀 / 万 t
总储量	107539	1657	173	362.2
可采储量	15980	1211	119	235.6

全世界各类能源总储量是 69420 亿 t，可采储量只有 10390 亿 t，大约人均可采能源储量为 200t。目前全世界每天消耗石油约 8400 万桶，中国消耗 700 万桶。预测结果表明，按目前的消费水平增长下去，全世界石油 50 年后将会被用光。发达国家大约平均 4 人一辆汽车，中国若要达到 4 亿辆车，不到 10 年就会把中国的石油消耗完毕。

总体上说，我国自然资源虽然蕴藏丰富，但人均资源和能源拥有量低，资源和能源的消耗速度快、强度高、利用率低，而且资源和能源的供求矛盾日益严重，威胁着全社会的可持续发展。

我国也是能源消费大国，能源消费总量位居世界第二，仅次于美国。人均资源量少、能源产业和消费结构不合理，资源消耗强度高、能源供需矛盾尖锐以及利用效率低下、

环境污染严重等，已成为制约我国经济社会可持续发展的重要因素。

从能源结构的发展趋势看，随着世界一次性能源（即煤、石油、天然气）储量的减少，世界能源结构会向着以利用煤、石油、天然气、核能、水力等各种方式的多元化能源结构发展。而我国固有的上述资源和能源状况的不合理性，将对我国优化能源结构产生不利影响。若到21世纪中叶我国的生活水平和能源服务水平能达到中等发达国家的水平，通过运用目前可能达到的或即将实现的先进的能源利用技术和转换技术，使能源利用效率有较大提高的条件下，我们期望可能实现能源结构中煤的比例降到50%左右，可再生能源比重有较大提高，同时单位能源消耗实现的GNP值、对环境的污染程度都达到目前西方发达国家水平。

因此，从能源的角度需要对合理的交通运输体系以及小汽车进入家庭的政策进行更为深入的探讨。诸如小汽车进入家庭的规模和速度，小汽车的使用管理，各种节能型和清洁型小汽车的开发，交通需求管理对策等都有必要进行系统的研究。

（二）我国的环境状况

随着我国经济的发展，环境污染问题日益严重，以城市为中心的环境污染仍在发展并向农村蔓延，生态破坏范围不断扩大。

大气污染的主要来源是工业废气、汽车尾气和生活用煤废气，尤其是机动车的尾气排放所占比例增长很快。广州市曾对城区内机动车保有量和污染物浓度变化进行了相关性统计，结果表明：城区大气中NO_x浓度与机动车保有量明显正相关，相关系数为0.973，同CO的相关系数为0.702，这说明机动车的排放直接导致了城市中大气污染物浓度的增加，是造成环境质量恶化的主要因素。严重的大气污染将导致温室效应、臭氧层空洞以及酸雨危害日益严重。

（三）交通运输业的发展与我国资源与环境现状的关系

交通运输业是一个巨大的一次性能源消耗部门，随着经济发展对交通运输需求的提高，其能耗将继续增长。而一次性能源的有限性及降低能源消耗强度、提高能源利用效率的要求势必使交通运输业向着高效、低污染的方向发展。当前我国能源的产量和消耗量逐年上升，与经济发展呈正相关。交通部门是一次性能源，特别是汽油、煤油和柴油的消耗大户。这种局势一方面将加剧交通运输业发展与能源供应有限之间的矛盾，另一方面还会带来严重的环境污染，即环境负效应。

交通运输业是城市大气污染和噪声污染的重要来源。各大城市中，汽车尾气排放是最大的空气污染源，近60%的有害物是汽车排出的，其中包括CO、NO_x、CO_2、SO_2、HC、烟黑、重金属等。在美国，机动车排放了占80%以上的CO、70%以上的NO_x、35%以上的HC。在发展中国家，由于机动车拥有量少，工业、民用燃料污染问题严重，相对来说机动车尾气排放所占份额较发达国家少，但仍在35%以上。我国经济的持续稳定发展使机动车拥有量逐年提高，而其中农用车、摩托车这两类能源消耗强度高、效率低、污染大的车种占了很大比率，加上我国石油冶炼技术、发动机制造技术落后，道路交通条件差，使机动车对大气的污染非常严重。

在城市噪声方面，机动车噪声占60%以上，飞机和火车噪声占10%左右，而且交通运输产生的噪声干扰范围广，危害严重。此外，交通运输产生的振动也影响人们的生产和生活。

综上所述，我国的资源、能源条件和生态环境的限制对全社会的可持续发展提出了严格的要求。在这一大前提下，交通运输业作为一门为社会经济发展服务的行业，其自身的特点决定了交通运输不可避免地要消耗一定的能源，并带来一定的环境污染，而且对交通运输的需求将随着经济的发展而不断提高。为了协调交通运输与能源、环境的关系，应当调整交通运输结构，改进交通发展模式，大力建设节能环保的轨道交通方式（铁路和城市轨道交通）；改进各项生产技术，提高技术标准，制定严格的环境标准，采用先进的交通管理手段，力求达到交通运输业能耗强度低、效率高、污染少、经济效益高。

无论发达国家还是发展中国家，在交通领域均面临着资源和环境方面的严峻问题，这些问题目前已上升为对全球可持续发展的挑战。

但是，发展中国家与发达国家在交通领域对资源与环境的影响却不尽相同：首先，发达国家在长期工业化进程完成之后，形成了比较合理的综合交通体系，对某一交通方式的依赖程度低，而发展中国家交通结构比例悬殊，往往依赖于公路运输这种单位能耗大、速度慢、污染严重的交通方式；其次，发展中国家由于参与国际贸易的程度低且资金有限，因此交通受资源和能源结构的影响远远大于发达国家，这就使发展中国家面临着更为严峻的交通结构与资源结构的冲突；第三，发展中国家对交通设施的需求更为迫切，新旧设施的统一管理比较复杂，旧设施不可能很快淘汰，协调资源与环境影响的历程将很长，不可能完全与发达国家同步。当前，发展中国家正经历着与发达国家经济腾飞之际极为相似的道路，但这条道路是以对资源的竭泽和对环境的污染为代价的，发展中国家应吸取发达国家的经验教训，在发展初期制定适合国情的可持续发展的交通战略。

第四节　我国城市交通的可持续发展

一、城市交通的现状及对环境的影响

（一）城市交通的概念

城市交通是实现人流、物流、车流和部分信息载体的空间位移并到达一定目的地的基本手段，是整个城市生活从静态转入动态，完成城市生存发展所必需的多种活动

的主要保证，是重要的城市基础设施。

城市客运交通系统研究的主要对象是公共交通。城市公共交通是指在城市及其近郊范围内为方便居民和公众的出行，供人们使用的经济型、方便型的各种客运交通方式的总称，它是城市客运交通体系的主体。

城市客运交通系统中各种交通方式之间既有竞争，又有联合与协调。当公共交通不能达到应有的服务水平时，私人交通就会过量发展而损害城市的整体效益。除了采取各种措施限制私人交通外，主要是大力发展公共交通。依据社会、经济、生态环境可持续发展的目标，大多数城市将规划并建立以公共交通为主体的城市客运交通系统，作为城市与交通系统的建设目标。

（二）城市交通的现状

在我国大多数城市中，因机动车数量大幅增加，交通拥堵成为一个普遍的问题。交通拥挤不仅造成无效的等候，浪费时间，使运输系统的效率下降，并成为诱发交通事故的重要因素；还降低了燃料的利用效率，增加了污染物排放量，因为交通拥挤时燃料不完全燃烧形成的污染物排放量远远大于正常行驶时的污染物排放量，而且拥挤路段由于车辆大量积聚，使该路段的污染物浓度明显大于其他路段。

土地资源是城市发展和客运交通的基础。交通设施常占市中心地面面积的30% ~ 40%，约占郊区面积的20%。城市交通的发展需要消耗土地资源，土地资源的枯竭又必然阻碍城市和交通的发展，为缓和这一矛盾，行之有效的方法是提高单位土地资源的利用效率，即优化城市布局和交通结构。

（三）对人类生活环境的影响

随着人口的增长和汽车数量的急剧膨胀，交通运输业给生态环境造成了严重的危害，城市污染物中有60%以上来自汽车尾气。在我国由于汽车性能差，单车污染排放量很大，各种车辆每千米所排放的CO和NO_x分别是美国的6.5 ~ 13.8倍和3.3 ~ 8.0倍；又由于城市高楼林立，绿化不足，空气对流不畅，汽车废气不易扩散和净化，这些都造成城市大气环境中臭氧（O_3）浓度严重超标，使城市环境恶劣程度加剧，严重影响人们的生活质量和生存环境。近年来，许多城市经常出现的雾霾现象也是城市空气质量差的重要表象。另外，交通噪声是城市噪声的主要来源，几乎占了80%，对人们的身心健康产生极大的危害。

中国城市交通可持续发展还面临着经济社会快速发展引发的旺盛的运输需求、城镇化和机动化快速发展、居民多样化出行需求、城乡交通一体化、现行的管理体制障碍等挑战。

公共交通具有速度快、容量大、耗能少、污染低等优点，大力发展公共交通对环境的保护是十分有益的。

二、公共交通优先发展政策

（一）我国城市公共交通发展存在的主要问题

我国城市公共交通已发展到一定规模，但现状仍存在一些问题，削弱了公共交通的优势，制约了公共交通的发展。

①服务水平不高，受道路网络条件及规划水平的制约，公交线网布局结构不合理、密度低、重复率高，存在公交服务盲区。

②基础设施不足，公交停车场规模偏小，首末站用地没有保障；中途站及枢纽站点需要优化布设，不能很好满足乘客就近乘车的需求，没有充分考虑交通运输方式间的衔接。

③需要提高公交线网布局优化与日常运营调度管理水平，充分发挥公交运营车辆的动态运能。需要深入把握公交客流的时空变化规律，科学调整公交线网布局，动态实时地进行调度优化管理。

此外，对城市公共交通行业具有企业性与公益性特征的认识不足，缺乏科学合理的财政补偿机制，公交规划与交通规划、城市总体规划缺乏统一布局，公交发展缺乏系统完善的法规保障和政策支撑体系等也制约了我国城市公共交通的可持续发展。

（二）我国公共交通优先发展政策

针对国内城市化和城市机动化的迅猛发展趋势，建设部 2004 年 3 月颁发了《关于优先发展城市公共交通的意见》，2005 年 9 月国务院办公厅转发总理批示的六部委（建设部、发展改革委、科技部、公安部、财政部、国土资源部）《关于优先发展城市公共交通的意见》，明确和强调了公共交通优先发展的重要性和紧迫性，要求建立以公共交通为导向的城市交通发展模式。

公共交通优先是指有利于公交发展的一切政策和措施，一般涉及四个方面：公共交通设施用地安排优先，公共交通的道路使用权优先，交通管制措施体现公交优先，公共财政要向公共交通优先转移。

1. 制定有利于公共交通发展的管理政策

①推行鼓励使用公共交通的法律法规。如法国公共交通营运成本的赤字由地方政府通过征收特别税来弥补。

②设立公共交通发展专项基金，用于公共交通项目的投资。上海浦东新区通过公共交通发展专项基金，推行环保型公共汽车使用。

③建立公共交通专营权制度。香港特别行政区政府通过区域公共交通专营权制度，使公共交通服务成为有限竞争的行业，平衡运营公司与社会的利益目标。

④对非公共交通方式的限制，包括对各种小汽车购买和使用的限制。

2. 对公共交通的财政支持与补贴

通过公共财政对公共交通进行补贴和补偿，保障公共交通的可持续发展，使公共财政发挥最大的经济、社会和生态效益。城市轨道交通、公交综合换乘枢纽、首末站等公交基础设施应列入政府财政预算并优先安排。根据不同公共交通方式的特点，评估其社会效益和外部效益，通过不同方式给予公共交通财政上的支持。

3. 合理制订公共交通票价和票制

公共交通票制和票价的制订，体现政府的公共交通发展政策，是支持公共交通优先发展的重要途径和有效手段。

制订票价首先需要评估各种交通方式的总成本，包括经济投入及对环境污染、道路堵塞带来的影响；其次要评估乘客使用不同交通模式的平均出行成本。评估目的是了解各种交通模式的综合成本与收入，以便制定合理的票价政策，增加公共交通的吸引力。同时，根据公交企业运行成本的核定，为可能的公共交通补贴提供依据。目前许多城市推行的公共交通"一卡通"，计费方式考虑了不同公共交通方式间的一致性和协调性，实现了票务系统的通用性，降低了乘客换乘导致的价格损失，有利于公共交通吸引力的提高。

4. 道路使用的公共交通优先政策和措施

公交优先措施涉及道路资源的重新分配，即在各种道路设施用户之间的利益权衡。与增加设施投资与运营投资来改善公交服务相比，公交优先是一种有重点的、低成本、高效益手段。

在现有的技术条件下，道路使用的公共汽车优先措施有：优先通行，改善通行时间及可靠性；设置公共汽车专用车道；在单向道路系统中，允许设置逆向的公共汽车专用道；在道路宽度受到限制的中心区设置公共汽车专用道路；交叉口信号控制设公共汽车专用相位；交通控制系统在交通信号协调时优先照顾重要的公共汽车专用道。

5. 城市公共交通节能性实施策略

①有序推动新能源公交车辆的推广应用。公共交通企业在更新和购置新车时，应以节能环保型车辆为主，积极购置天然气车辆、混合动力、燃料电池等新能源车辆，有序发展节能环保的电车系统。

②加强公交一体化建设，提高系统运行效率。加强各公共交通方式的建设和相互间衔接，构建多层次一体化的公共交通系统，为乘客提供全方位的出行服务，有利于提高公共交通在城市交通系统中的出行比例，大幅度降低能源消耗，实现城市交通系统的可持续发展。

③完善政策保证措施，有序构建配套机制。加强天然气车辆应用的配套设施建设；在道路时空资源分配方面向公共交通倾斜；完善公共交通企业新能源汽车更新补贴机制，将公共交通节能减排纳入公共财政，避免增加企业运营负担，提高企业节能环保积极性；同时，政府应合理规划并投资建设新能源公共汽车所需的补给站和维修设施，降低新能源汽车的运营成本。

三、可持续发展的城市客运交通

（一）城市交通可持续发展的主要特征

可持续发展的城市客运交通系统是以较小的资源投入、较低的能源消耗、较小的环境代价、最大限度地满足社会经济发展和人民生活水平提高所产生的交通需求的城市综合客运交通系统。该系统应该具有如下主要特征：安全、畅通、舒适、环保、节能、高效率和高可达性。这里的高效率是指城市各种客运交通方式合理分工、无缝衔接、无效出行少、行程时间短。高可达性是指城市客运交通系统的覆盖率高、利用方便、可选性好，体现公平性原则。

（二）城市公共交通与环境保护

我国国情决定了仅仅依靠架桥修路和传统的管理方式去解决交通拥堵问题，不仅成本高昂，而且效果十分有限。因为暂时的畅通会刺激车辆的增加，从而形成新的拥堵，造成更大的污染。只有有效合理地利用现有资源，通过对交通需求的政策性调整，加强对城市交通的控制和管理，提高道路的利用效率，使有限的资源发挥更大的效力，才能更有效地控制污染，改善交通环境。

尽管减少机动车尾气排放可采取提高新车设计标准、加强在用车辆的检测和维护、研究推广机动车尾气排放控制技术、提高燃料质量等方法，但这些措施的效果最终都可能被世界范围内的机动车数量和行驶里程的增加而抵消。要降低机动车行驶里程，可采取开辟载客量多的车辆专用道，开发大运量运输系统，设立机动车免进区，限制在拥挤地段驾驶机动车等，其中最主要、最有效的措施就是优先采取公共交通方式。发展公共交通有利于交通的畅通，与小汽车相比，公共交通无疑是效率效益最高、最环保的交通方式。大力发展大容量、高速度的公共交通，限制小汽车的过度发展，是解决城市交通堵塞和交通污染的最佳选择。

（三）建立可持续发展的城市交通结构

在可持续发展的城市交通系统中，交通结构有着重要的地位，城市资源消耗、环境质量、运输效率等重要规划目标均与城市交通结构有直接的关系。可持续发展的交通结构可以提高交通系统可达性，节约交通费用和建设成本，有利于减少能源消耗，可提高城市空间利用效率，减少机动车污染，有利于城市资源优化利用和城市环境质量的提高，提高交通安全水平，提高交通系统运输能力与运行效率，减少交通拥堵。

可持续发展的城市交通结构应该是以多样化的公共交通系统（轨道交通、公共汽电车）为主体，以辅助交通系统（小汽车、出租车、非机动车等）为有益补充，形成多层次的城市交通立体网络体系。实行公交优先原则，可以大大减少汽车运行的数量，从而减少汽车尾气的排放，缓解废气处理问题。

建立可持续发展的城市交通系统的总体思路是：大力建设和鼓励公共交通，满足不同城市居民多层次的需要，具有多样性；完善城市规划组织结构，增强政府职能部门间相互协调；整合城市规划，合理规划城市交通系统；统筹规划城市各功能区域与交通枢纽；坚持公众参与的城市交通规划；构建科学现代的城市交通管理体制。

第七章 交通强国的发展愿景

第一节 基础设施网络优化

一、铁路建设唱响时代发展主旋律

一是重大干线运输走廊的建设，进一步加强中西部地区同东部地区，尤其是与环渤海、长三角、珠三角等经济发达地区之间的交通联系，建设中西部与东部地区对角连接新通道，沟通西南至华北地区、西北至东南地区，优化完善西部地区南北大通道，建设跨渤海通道形成东北与华东地区的直线联系通道，东部城市群间运输大通道进一步加密和提升等级，视技术成熟度，选择大密度城际群际通道建设高速磁悬浮客运干线，环渤海地区、长三角和珠三角城市群的主要大城市之间实现12小时的“商务＋往返”。同时，在既有通道和网络基础上，进行运输走廊归并梳理，在功能上满足集装箱多式联运、驼背运输、零担集散、大宗集约等多种体现铁路运输降本增效特点的设施需求，推动高容量交通方式使用及物流车道网扩展，增加相应的运行班次，提升货运走廊的服务能力，形成大能力的铁路货运核心网络，降低货主成本及环境等方面的社会成本。

二是满足城市、城市群通勤需求的大运量客运网络建设，满足新型城镇化提速所产生的超级运输需求。以城际铁路和高速公路拉开城市群空间骨架，支撑1～2小时经济圈的实现。2035年形成长江三角洲、珠江三角洲、京津冀城市群、长江中游城市群、成渝城市群城际铁路骨干网络，有效支撑都市圈通勤同城化。到2050年基本建成1000万以上人口城市群城际铁路网络，形成城市群复合交通走廊，实现大型城市群的空间结构由“点轴式”向“网络式”转变，加强节点城市与周边辐射地区之间的快速通道和干线网络建设，实现交通运输网络功能由单中心放射型向多枢纽互联型转变，形成对周边地区具有辐射和带动作用的战略新高地。

三是满足运输组织提质增效的关键抓手即铁路运输枢纽系统合理布局和建设的发展需要。铁路发展质量的提升必须围绕规模、效率提升的方向进行，形成运输组织通道化、网络化功能提升导向下的质量提升新路径。

二、公路建设走好现代化“最后一千米”

“贷款修路、收费还贷”开启了我国公路基础设施快速发展的闸门，成为基础设施建设改革开放的排头兵。40年来，更大的自主权和较为充裕的资金来源，维系了地方政府修建公路的热情，形成了较为完整的公路骨干网络，也使得公路在交通强国建设中更接近最终目标。公路建设的“最后一千米”充分显现了发展的关键所在，美丽乡村、公平发展、宜居城市将是公路发展的“最后一千米”，要以功能定标准、定配套，建设适用、便利、高效的现代化公路体系。

一是县乡村级道路建设问题。农村公路在承担农村生活与农业生产功能的同时，事实上还承担着农村工业发展的需要。按照“四好公路”要求，为落实乡村振兴战略进行空间布局、质量保证、维护保障等方面的统筹优化，成为“最后一千米”攻坚方向。尤其对于扶贫开发、资源开采和旅游开发等有重要作用的县乡公路应达到二级及以上，建制村通等级公路，口岸公路、红色旅游公路等建设需进一步强化，50户以上自然村99%通等级公路，家家户户通生活公路。，

二是城市、城市群、城乡之间，以及发达地区与后发地区基础设施发展水平差异的弥补，不单纯是个技术问题，更是对现代化发展下的城镇化、产业布局、经济交流关系等的系统认知的过程，从优化发展节奏与设施布局差异两方面组合入手，方能从理论和实践上真正解决这些问题。30年后，高速公路系统将10万人口以上的城市连接在一起，普通国道覆盖所有县城，并形成完整的全国性货车专用公路网络。

三是城市道路的功能指向和优化方向问题，为真正促进城市交通低碳绿色发展，不但要处理好城市道路与轨道等其他交通基础设施之间的分工配合，还应推动以功能而非分级定义城市道路，更为关注体现路网可达性的线密度，而非小汽车纵横驰骋的面积密度问题。还要加快推进各城市群“双环＋放射”状高速公路路网建设，扩大主要城际公路走廊能力，在大中城市环线实现公路的客货分离。

三、港口需要完成艰巨的功能延伸和提质增效

港口也属于较早向社会资本开放的基础设施建设领域，整体覆盖度、规模等都颇为可观，2017年全国规模以上港口完成货物吞吐量达126亿吨。我国港口产能过剩已

经不是一个新话题，港口行业大而不强、盈利下降、同质化严重等问题也日益凸显。在累累过剩、累累不足的循环中，中央和地方政府在港口的发展上犹豫徘徊。按照高质量发展要求，与其将精力放在并不能很好解决的是否过剩、港口分工问题上，不如把发展的主动权交给市场，政府严控岸线、海洋等资源，让已经具有巨大规模的港口开展基于效率、效益、质量的竞争，打造各具特色、错位发展、服务竞争为主体的港口体系，更好发展港口枢纽经济，建设复合型基础设施，而不是仅仅局限于港口单一建设。

一是提升港口生产效率。针对港口主要服务对象的特征，进一步优化完善港口集疏运及其智能化自动化水平，加快发展港口与铁路的大宗物资、集装箱等的联运，实现铁路直接延伸到泊位，或依托港口前沿的运输枢纽设施，高效组织运输服务，提升港口运输组织和辐射效能带动的整体生产效率。尤其在内需扮演拉动经济增长重要角色的背景下，港口货流和服务方向将发生转向，港口由出口贸易衔接地向进口资源加工和分拨中心转型应当引起各个港口足够的重视。

二是依托港口拓展供应链掌控能力。这不仅仅是港口自身的发展问题，更是港口枢纽经济发展的问题，应转变各领域孤立发展思维，依托港口发展仓储等配套的物流设施，布局相关产业，提供贸易、金融等服务，打造平台经济，提升我国港口对国际国内供应链的全程掌控能力。大力建设以全球货物贸易集散中心、综合物流服务基地和金融服务基站等为主要特征的第四代港口。加快具有多式联运功能的货运枢纽型物流园区、集装箱作业中心、快递分拨中心、国际陆港等设施的建设，引导传统运输枢纽场站加快转型升级；加强货运枢纽与经济开发区、产业园区的衔接，依托大型机场、港口、铁路枢纽建设，促进临空、临港、临站经济发展。

四、机场建设要嵌入高质量产业布局发展链条

在高质量发展要求下，我国产业竞争愈发强调产业链和供应链的连通性、高效性和灵活性，而机场恰能顺应各类商务活动快捷性和商品流通的高效全球化网络趋势，并具备提供相应服务的优势，航空业务同其他产业之间的关联度将不断增强。

为加快提升机场建设在经济发展链条、产业布局与供应链服务中的地位与作用，机场建设在强调自身运输功能的同时，应大力发展机场内和周边影响区域的相关产业。一方面要加快依赖航空客流的商业、展览等的发展，另一方面要加强布局依赖航空货运的相关制造、物流等产业，鼓励快递物流企业、航空公司等各类企业投资建设和运营专业化货运机场，打造具有综合竞争力的航空物流枢纽。同时，应更加注重强化机场与所在城市和周边城市的交通、经济联系，以既有城市能量带动航空产业集聚区、航空物流枢纽、航空枢纽经济发展，同时进行反向带动，加快现代航空都市区的培育发展。

五、管道建设要适应增量高效发展需求

目前我国96%以上的陆上长输油气管道为中石油和中石化两大集团所有。省管网和城市燃气管网问题较为复杂，发展水平更不尽如人意。管网投资主体构成复杂，既有地方政府独资的省管网公司，也有地方政府与央企合资的省管网公司，还有一些民资和外资的介入，它们通过与地方政府达成一致，获得支线管道的建设运营权。中石油等央企并没有完全放弃支干线的规划和建设，多以“一线一议”方式进行投资建设，民营资本和地方能否参股、参股多少，需要有关方面协商达成一致。小型的城市燃气管网由取得各个城市或乡镇燃气专营权的燃气运营商投资，由于管道建设在地下的特殊性，掌握的资产情况相对不够清晰。

要发展管道运输以及正在兴起的地下管廊，关键在于统筹规划和加大投资，拓宽投融资渠道，由于其技术性较强，要加快发展，前提是在国家层面形成发展统筹共识，并加大管道、管廊市场开放力度。尤其是省管网和城市燃气管网，应进一步向社会资本开放，强化政府、国有资本、社会资本的合作，加大研发投入，突破技术“瓶颈”，推动网运分离。

六、枢纽建设要突破体制机制“瓶颈”制约

枢纽建设是综合运输体系方式间、线路间衔接转换的重要设施，是提高运输服务运作和方式衔接效率的关键所在，某种程度而言，枢纽不仅仅是设施更是体制机制适应性的晴雨表。当前，各种运输方式的干线网络基本形成后，通过技术标准、管理标准和投融资创新，优化提升客货运输枢纽服务能力，使其在新的基础设施网络规划布局和建设中发挥引领、串接、提质作用，是实现交通运输基础设施高质量协同发展、推进交通强国建设的关键环节。

优化枢纽布局和提升枢纽建设水平的技术难度并不大，关键的问题在于体制机制制约，是具体设计、管理理念、治理能力等的不适应。枢纽场站的设计建设、线路衔接等多从方便单一运输方式管理的角度出发，对出行需求的“一贯性”“全程性”关注不到位，为实现高质量发展，需要尽快打破体制机制约束，实现多种运输方式的通力合作。

七、基础设施应提升安全绿色智慧等特征

一是建设更加安全的交通基础设施。根据经济社会发展要求，形成国家战略层面的交通运输安全规划及具体计划。对公路、铁路等路线设计，更注重路线与地形环境的配合和协调，设置合理的线网密度、线位、线型和特殊交通功能线路，根据安全需求进行设施配套，追求实际行驶车速相对平稳等，以克服超速等危险现象，减少交通事故，并保护生态环境和道路景观。提高交通基础设施的设计、建设和维护的安全标准，对技术、材料、工具、设备、程序、规格、方法等进行全方位的安全改进，应用创新

做法，开发使用大量先进安全设备，从技术上消除安全隐患。加强对危险路段的检测防护、改造、警示等，强化相应的信息掌控。

二是推动绿色交通基础设施建设。考虑环境承载力和资源能源消耗，灵活确定布局、规模、建设标准等，推进土地、岸线等资源的合理、有序和共同利用，推进水运、铁路、公共交通等低能耗交通方式的发展。尤其生态脆弱地区应适当控制通行能力，资源枯竭、产业衰退、生态严重退化等地区改造既有货运基础设施，开发旅游资源，支持产业转型等。

三是提升交通基础设施智能化水平和技术等级。打造新型立体化交通基础设施网络，包括浮动隧道、蜂巢状公路、都市地下货运系统等。超大型桥梁隧道、高寒、高原地区基础设施工程、填海造岛工程、跨海跨洋通道等过去无法实现的超级工程将成为现实。

第二节　交通技术装备创新

一、突破关键技术装备

未来在汽车、飞机和船舶等领域，我国都需要形成整套的开发流程规范及相关标准的数据库，使系统集成技术得到极大提升；同时，我国的交通大数据技术、智能化交通控制等技术也将得到长足进步，中国逐渐建立自有标准体系，并进一步提升在世界上的技术话语权。

（一）轨道交通和船舶等载运装备

21 世纪初，我国作为世界上最大的高速铁路市场，以整体市场成功换来了技术创新，经过多年消化、吸收、提升，以高铁为代表的轨道交通技术在世界上居于领先地位。就船舶等水上载运装备而言，我国的造船能力在世界上也处于中上水平，需要在高端设备上多下功夫。目前，在进一步完善提升轨道交通系统技术的同时，还应积极储备时速 400 公里以上轮轨和 600 公里以上磁悬浮的技术力量。到 2050 年，我国可能构建串联京津冀、山东半岛、长三角、珠三角的超级高铁示范线，甚至有可能主导建造洲际联通线。

（二）传统燃油汽车和新能源汽车、无人驾驶汽车

我国汽车技术与世界先进水平相比还有明显差距，自动变速器技术、整车集成优化能力等都有待提升，核心创新能力有限。除了传统燃油汽车外，新能源汽车的发展也并不占优，尽管发展较为迅速，市场占有率不断提升，但仍然面临电池能量密度与成本、充电桩普及率、充电速度等方面的发展瓶颈。自动驾驶汽车是未来汽车发展的

另一个重要方向，是汽车产业与人工智能、物联网、高性能计算等新一代信息技术深度融合的产物。就目前情况来看，我国在这些方面也并不具备明显竞争优势。为此，不但要加大研发投入力度，还要推动出台能够促进交通新技术应用的标准规范，提供良好法治环境和配套基础设施系统等。例如，无人驾驶技术的市场化应用需要配套建设相应的基础设施，出台新的道路交通法，从进入规则、责任认定等多方面进行明确，城市全域自动驾驶既需要车辆本身的智能化技术，更依赖于智能交通基础设施、数字化城市的支撑。这些问题解决了，技术产品才有应用的空间。到2050年，电动汽车、混合动力汽车和小型、轻量化乘用车，节能环保型船舶、铁路机车车辆、民用航空器、港站设备等得到大面积推广应用，传统燃料汽车将大量退出城市，交通运输领域使用的电力来源也将进一步清洁化。

大飞机一直以来是我国发展的短板，国家下了大力气进行科技攻坚，但仍未达到世界前列。美国的飞机研制能力依靠军民互相促进，军方飞机发挥技术方向引领作用，民用飞机也为军方飞机发展积累了丰富的经验。我国的军民融合发展还有较大不足，应正视军民融合在促进技术创新中的重要性。政府促进相关市场环境的优化，合理加快军用技术解密流转速度，助推资本投入，实现军用技术产业化和市场化；同时也应扩大军方购买市场技术服务的规模，还应关注市场的扩大，为大飞机技术进步提供更多实践经验。未来，世界洲际航线也有可能主要由超音速客机执行飞行任务，应关注此方面技术积累。

二、引领运输服务创新

（一）全面建立市场促技术的发展模式

在我国已经具备的强大制造业、交通运输装备研发、生产能力的基础上，以高质量、大规模的市场需求为支撑，将改革开放以来形成的市场换技术转变为市场促技术，通过创新技术研发、投融资、市场对接模式，探索出一条具有中国特色的大需求市场促进交通运输技术装备创新的路径，为交通强国建设提供强大的动力源泉。

（二）以信息技术为引领实现技术装备与服务的高效融合、快速发展

充分发挥互联网、大数据、云计算、物联网等技术与运输服务、技术装备结合产生的能量，聚集客流、物流、信息流、资金流形成服务规模，将交通运输装备研发生产嵌入信息服务网络，打造平台型制造—服务新模式，加快交通技术装备的技术突破及市场应用步伐，最终促进和引领运输服务创新。

第三节　交通服务质量提升

一、提升铁路服务能力

高质量供求关系的形成和市场的不断扩大，为我国铁路服务能力的提升创造了契机。高铁成网之前，尽管我国铁路的运输组织效率是非常高的，但能力供不应求使得服务不能满足客户需求。高铁成网之后，铁路客运服务水平提升较快，货运改革促进了“开门办铁路”的服务，铁路货运服务水平也有所提高。面对交通强国的建设任务，铁路运输服务如何与时代脉搏一起跳动，需要解决的问题除了基础设施能力外，更重要的是提供市场所需要的服务。经济现代化、新型城镇化对运输服务的需求是多样化、高效率的，铁路运输服务组织自身又具有成组化、跨区域点对点等特征，要实现运输服务的迭代，既需要一般意义上的引入多样化市场运营主体，加快价格机制改革，更需要实现信息技术和服务平台下客货服务组织模式创新，提高整、零需求之间的高效转换与铁路组织特征之间的融合匹配，加快服务能力建设，提高服务质量。

二、加快公路市场细分

公路门到门运输服务的灵活性和单车生产的小规模性，决定了其运输服务效率的提升、成本的下降难以得到规模经济支撑。公路运输实现运输服务迭代和质量提升的关键，是寻求规模经济的发展路径。现代公路运输服务的网络化和运输服务市场的细分化为公路服务提升带来了机遇，尤其是互联网技术应用形成的“车—货”“车—人”匹配环境，价值运输场站节点系统构建形成的网络化运输资源，为运输服务细分市场在枢纽节点的有机对接创造了条件。

未来公路运输服务创新、提质发展的方向是构建强大的线上线下互动的运输服务网络，加强公路运输内部的市场细分并与铁路、水运等运输方式进行有机衔接，实现基于节点设施物理网络和信息服务平台网络的规模经济，以规模经济保障运输服务向现代化方向提质发展。

三、提升水运服务价值

与其他运输方式比较，水运最大的优势是价格低，劣势是应用场所局限、速度慢，无法满足运输的“门到门”需要。提升水运服务质量的关键在于优化水运与公路、铁路的配合，尤其是发展铁水联运，在保持水运价格优势的同时，优化组合效率，提升

全程速度，提升水运服务市场价值。在港口物流枢纽建设基础上，打破方式间的服务衔接约束，形成联运合力。

四、提高航空国际水平

民航服务的短板主要在于国际市场竞争力不强、占市场份额较低。大型网络运输服务运营商需要靠规模经济方能在国际上更具竞争优势，国际上的发展大势是向寡头垄断方向演进。为提高国际竞争力，应培育国际化、竞争力强的航空公司，延伸航空运输服务链条，提升国际供应链、旅游链的控制力。放宽市场准入，鼓励非公有资本发展“小而美”公司，对国有企业提供服务进行有效补充。

五、创新服务业态模式

在互联网迅猛发展的今天，“交通 +”成为服务发展的大方向，抓住机遇，加，供促进运输服务业态和模式创新，为交通强国提供创新动力。未来应以服务链条和价值增值为基本方向，培育“全出行链”和“全供应链”，实现运输服务与信息、物流、仓储、商贸、金融、保险、农业、制造、旅游、餐饮、休闲、军事等融合发展，捕捉、激发客户消费新需求，通过提供“一站式”解决方案，形成新型的运输服务生态圈，支撑新型产业体系的形成。

（一）客运方面

将基于人的价值，创新“全程管家”客运服务模式，以高精尖技术完成高质量、个性化、一站式的服务闭环，提升旅客全出行链的体验。

一是优化联程联运组织，以城市中的铁路综合客运枢纽为重点抓手，优化枢纽布局和场站设计，加强长途、城际、市郊等各类铁路与城市轨道交通、地面公共交通等多种交通方式的线路组织衔接，配套构建多方式间相互契合的运行方案，实现旅客联运在时间安排上的“无缝衔接”“随到随走”。还要以机场为重要节点，实现轨道交通网络与区域机场体系的衔接联动，有效发挥高速铁路和航空交通的“双高”优势，并应用下一代飞机导航系统等先进技术提高机场使用效率。

二是打造“出行即服务”的联运经营人平台，以“一站式”服务将旅客从自行组织出行的工作中解放出来，并提升旅客对出行全程的掌控能力。

三是依托大数据、互联网，支持运输企业与餐饮、健身、酒店、商业等服务型企业开展合作，发展交通出行过程中的综合服务，提升“移动新时空”的服务质量，在满足旅客位移需求的同时，使旅客出行体验更加美好，除交通功能之外，还将具备办公、休闲、娱乐、消费等多重属性，强调出行中的美感、舒适感以及其他精神层面的享受。

（二）货运方面

应围绕全链条、大平台、一体化的发展方向，将运输链、物流链、供应链和产业链上下游各主体及其生产和交易组织进行高效衔接和一体化运作，积极培育优质的运输企业，提供全供应链的“一单式”货运服务。

一是培育旗舰领军企业，形成若干全国性或大区域性的多式联运经营人，包括航运物流商、铁路联运商、快递物流商等，承担全程运输任务，做强服务品牌，引领行业发展前沿和全球化服务标准，建成货运物流服务的大平台，提供“定制化”货运服务，实现货运物流的全链条一体化发展、一单式的世界一流服务。

二是构建复合模式和新型业态的点到点物流系统，提升全程货运物流服务的效率，实现货运物流行业与制造业、商贸流通业、农业、金融等相关行业甚至军事领域的高度协同融合发展，适应和改造全球生产贸易体系，打造全球物流和供应链体系，提升中国在全球价值链中的地位，提升全球连接、全球服务、全球解决方案的能力。

第四节　城市高质生长支撑

一、依托交通优化城市形态

从目前的发展规律看，城市人口、产业等将进一步集聚，而密度过高、规模过大的交通流量可能降低城市系统运行效率，因此需要以城市交通网络引导优化城市形态以消减城市交通需求的负面影响。配套内密外疏、立体多样的城市交通网络，打造中国特色的组合型田园城市，形成功能协作、交通同城化、生态共享化、服务均等化、容量弹性化、边界法定化、本地零碳化等空间范式，有效平衡交通需求和交通供给的时空分布。提升城市中心区的立体密度，实现生态友好型的高密度生存与发展，结合大幅进步的互联网、通信等新技术，促进城市中心区的交通需求向离心化、垂直化等方向转变，助推人均出行次数继续增长的客运需求平峰化、非生产化，减弱时空集聚特征。助推城市货运强化服务第三产业、生活类物流的特征，向外转移产生较大生产性货运需求的产业。

二、促进城乡交通一体发展

2050 年，将以交通运输系统为重要依托打破城乡二元化格局，大都市圈实现无差体验的全域“泛城市交通”，城市群内实现中心城市、小城镇、农村协调互动发展，交通均等化水平得到极大提高。加强小城镇与交通干线、交通枢纽城市的连接，提高中小城市和小城镇公路技术等级、通行能力和铁路覆盖率，向农村拓展中小城市和小城镇交通基础设施网络，推动城镇公共交通服务向市郊、农村延伸，扩大城市对乡村地区的辐射带动作用，并分散城市人口和交通压力。依托不同地区的人口密度配置交通运输基础设施硬件，以针对性服务供给弥合交通体验的不同，例如共享交通、需求响应交通等，使“泛城市交通”有长短之分，无城乡之别；有功能之分，无层级之别，使人民的体验感受进一步无差别化。

三、推动基础设施多元发展

一是合理发展地铁、轻轨、市郊铁路等轨道交通建设。根据需要持续进行扩大和更新，并结合地下管廊的建设布置线路；区域内重要铁路车站与地铁站基本在同一站点，且各站点配有公共汽车站和停车场，形成以轨道交通枢纽为核心的多元交通方式换乘接驳一体化系统，实现线路、车站工程与周边土地综合开发的协调发展，引导城市空间布局调整。

二是建设立体化、蜂巢状、自动化的全新城市道路网络。在对城市道路提高密度和提升质量的同时，进一步对道路进行细化设计和改造更新，通过改扩建道路、立交桥和新建连接道路、绕城公路等方式畅通人口密集区域出入口、干线公路与城市道路衔接路段，实现公路全图无堵点顺畅成网。优化路权分配，形成以社会资本投资为主的停车场系统，提高城市空间资源的利用效率。提高城市道路立体化程度，打造地下公路，例如瑞典马尔默的林德堡居住区的人车分流“双层城市”，东京都城铁环线“山手线”地下的高速公路等。

借助传感器、光学装置和嵌入式处理器等设备，孵化出全新的城市道路系统，例如自动驾驶车道、利用太阳能发电的公路、通过车路互联在行驶中为新能源汽车进行充电的道路等。通过车路协同实现海量信息的采集，将各种信息传输汇聚到中央处理器，计算出不同车辆的最佳路线、安排信号灯周期，每辆汽车随时自动向交通管理系统发送请求并接收指令。

三是建设城市地下物流系统。打造连接城市各需求终端的高度智能化地下管廊物流运输网络，完成货物的运输、存储和配送等功能。例如德国从 1998 年开始，计划在鲁尔区修建一条从科隆到多特蒙德、长约 80 千米的地下管内轨道货运系统（Cargo Cap 系统）。

同时，还将发展个人快速换乘（PRT）、先进的群体快速换乘（AGRP）等先进交通方式；空中资源也将得到进一步开发，主要是私人飞行交通为主。

四、优化宜居城市交通服务

一是提升公共交通出行体验。提高公共交通运输能力，加快形成布局合理、换乘便捷、舒适可靠的城市公共客运系统，服务城区、郊区、都市圈的通勤、旅游等生产生活性出行需求。发展商务快线、旅游专线、大站快车、社区接驳公交、高峰通勤班车和需求响应交通等多样化特色公共交通服务，发展其他技术先进的公共交通和准公共交通。构建具备赏景、休闲等功能的体验公交系统，例如将具备条件的郊野铁路改造为旅游铁路，将城市休闲客流运送至郊区步道系统，整合文化资源，带动休闲需求，引入旅游消费。

二是优化城市慢行服务能力。应用“完整街道”等新土地利用理念，基于“小街区”和混合使用的区划，设计适宜步行的街道和人行尺度的街区。推动实现慢行交通与机动化交通的高度隔离与完美配合，构建高速行人传输带、天空单车道等，拓展交通空间尤其是慢行交通空间的其他城市功能，包括社会交往场所功能、城市公园功能等。

三是发展共享交通。创新管理体制机制，鼓励交通运输领域共享经济发展，打造“出行即服务”平台，整合各种交通出行服务，提高运输工具利用率，降低静态交通压力。推动交通供给的自组织、平台化，实现从个人拥有出行工具到将出行作为服务进行消费的转变，进一步降低私人交通工具比例。随着自动驾驶、互联网汽车技术的推广，探索供给无人驾驶小汽车等共享交通工具，远期推广种类更加齐全的无人驾驶共享交通工具，实现基于移动终端的交通工具实时预约。

四是降低城市物流对城市交通的影响。推进城市共同配送发展，改进城市货运与车辆通行管理等相关制度，重视公用型城市配送节点建设。规范化城市快递服务，加大资金投入，推动城市配送车辆向标准化、清洁化和专业化发展，鼓励共同配送和夜间配送，实现城市物流配送零碳排放。远期依托地下货运系统的建设，彻底实现客货分流。

五是提升城市交通无障碍程度。提高为老龄人群、残障人士和低收入人群提供的交通基本公共服务水平，使弱势群体的交通可达性接近普通人群。实现对城市交通环境的全面无障碍化改造。以大中城市为重点先行一步，进一步完善和落实相关规范标准，逐步形成系统化、网络化和连续性的无障碍化交通基础设施，尤其是步行网络和公共交通网络。将各项规范依法纳入城市规划、设计、建设、验收和管理等审核内容，切实保障标准规范的监督落实，对交通基础设施、运力等方面的无障碍设施的建设、维护等进行严格的定期检查，并真正从生理性弱势群体的角度出发处理基础设施设计、管理等细节。推动经济适用交通服务覆盖更广收入水平的人群；通过需求响应、自动驾驶等交通模式改进、交通技术创新，为老龄、残障等弱势群体提供接近普通人群的交通可达性。

第五节　全球格局主动拓展

一、建成泛亚陆上交通网络

到 2050 年我国将重组区域、洲际网络，形成强大的“陆相”交通运输系统。为此，需推动形成较为完善的泛亚交通网，实现东北亚、东南亚、中亚、西亚、北非的陆路连接。依托陆上交通运输网络，密切与全球其他国家特别是周边国家的合作。积极推进中蒙俄、新亚欧大陆桥、中国—中亚—西亚、中国—中南半岛、中巴、孟中印缅等六大经济走廊建设。通过以上国际大通道建设，构建起联通世界的全球交通网络，奠定我国联通东西、沟通南北的世界交通网。

（一）中蒙俄国际通道

本通道主要走向是第一亚欧陆桥通道，目前已实现全线贯通。从远期来看，该通道还可能纵越亚洲大陆打通与北冰洋航线的连接。

（二）新亚欧陆桥国际通道

从新疆的阿拉山口北上，途经哈萨克斯坦、俄罗斯、白俄罗斯、波兰、德国、法国，至英国伦敦。未来可以与连接匈牙利、塞尔维亚、马其顿、希腊四国的中欧陆海快线对接，抵达“欧洲南大门”——希腊比雷埃夫斯港。该通道还可能建成连接中俄的欧亚高铁，成为贯通欧亚的主干大通道。

（三）中国—中亚—西亚国际通道

该国际通道与古老的“丝绸之路”重合，起点是乌鲁木齐，经由吉尔吉斯斯坦、哈萨克斯坦、乌兹别克斯坦、土库曼斯坦、伊朗、土耳其等国家，最终到达德国。这一贯通欧亚的便捷大通道，将助推沿线国家发展的大提速，实现“丝绸之路”的复兴。

（四）中国—中南半岛国际通道

该通道主要分东线、西线、中线，从昆明、南宁出发，连接缅甸、老挝、越南、柬埔寨、泰国，经马来西亚直抵新加坡。可大大缩短中国到新加坡的距离，并可绕过马六甲海峡，能够直连泰国、缅甸西入印度洋的出海口。该通道将中国与东南亚交通网连为一体，是泛亚交通网络的核心。

（五）中国—印度洋中巴国际通道

中巴经济走廊是“一带 ·路”倡议构想中的重要组成部分，被划定为旗舰项目。除了中国至巴基斯坦瓜达尔港的公路，中巴铁路已在酝酿之中，该铁路从中国新疆喀什至巴基斯坦港口城市瓜达尔，而且中巴陆路大通道事实上还包括从瓜达尔输送往中国的油气管道建设。中巴陆路大通道可以让中国最快地由陆路入印度洋，靠近波斯湾及其沿岸石油储备丰富地区。

（六）中国—南亚孟中印缅国际通道

该通道是我国连接南亚乃至欧洲的重要战略通道，对维护国家安全、外交安全、经济安全、能源安全，进一步扩大对外开放，深化交流合作，具有重大意义，是实现我国交通网络向南亚印度洋方向延伸的重要通道，也是构建泛亚交通网的重要组成部分。

二、强化世界航运体系地位

到2050年，我国在世界海运和民航体系中的地位将得到极大提升，更具控制能力。以我国港口为平台进行海上物流信息化合作，扩大与全球沿海国家的海运互联互通。

在传统东向太平洋通道基础上，开辟直通印度洋、北冰洋的通道；谋划我国东北地区出海口建设；积极推进红海—地中海高铁建设，打造“陆上苏伊士运河”。

立足于服务我国国内强大的生产能力和消费市场，前瞻性谋划扶持全球或区域竞争力强、具有“门户”地位的海外物流枢纽，构筑和完善与周边国家互联互通的陆上交通网络和覆盖全球的海上物流网络，支撑对全球资源和市场的利用。积极加强与全球主要集装箱枢纽港的合作，积极推进与重要外贸区域核心港口的合作，积极参与国际次区域合作相关港口的开发建设，积极加强具有较好介入基础的港口的示范带动效应，并加快参与利于我国产业转移和资源引进的码头建设。加强与国际城市的密切联系，密切关注全球新兴物流集群的发展，异地建设保税物流中心。

形成强大并具有国际竞争力的远洋船队和国际航空公司，使运输服务贸易保持顺差。积极参与国际现有交通政策、金融、市场、技术、质量等领域规则制定中心的各种活动，并积极主导在五大洲四大洋新建国际交通运输组织。建成3个以上国际航运中心，在航运服务、航运金融、智慧航运等方面掌握标准、价格等话语权，具备强大的全球资源配置能力，并在交通的“全球共治”中发挥重要作用。

第六节　交通文明特色优势

一、完善交通运输法律

经济社会的发展使人民对于交通出行的权利更为看重，随着我国交通运输供给水平的提高，我们已经有实力提出“交通权”的概念。应以我国既有的《铁路法》《海商法》《民用航空法》《公路法》等分方式交通基本法为基础，通过立法明确人民的交通出行权保障。此外，交通政策导向应通过交通基本法加以确立，明确协调、绿色、开放、共享等交通运输政策的价值取向；通过立法建立系统化、权威化的交通运输公共政策程序，明确资金拨付等方面的重要问题和解决之道。在国家层面进一步提高交通运输规划的法定地位，充分发挥其对国民经济和社会发展的支撑和引导作用。明确规划的编制主体，出台相关规划管理办法，明确交通运输规划的定位、对象、内容、成果形式，规范编制、审批、评价等程序和标准要求，尤其重要的是应细化确定具体项目与资金来源。同时，还应注重在相邻的其他法律里明确交通领域的相关事项，尤其是环保类法律、公平类社会保障相关法律等。

我国现行交通运输法规体系的交通运输行政法规、行政规章多是针对不同交通运输方式的不同问题出台，数量众多，相互之间关系并不清晰，且有部分出台时间较早，已不适应新形势的发展，应加快推动系统整合。对国务院交通运输各主管部门制定的行政法规规章，包括各种实施细则、规程、规则、办法和规定等以及国务院制定或经国务院批准由交通行政主管部门发布实施的行政法规进行清理、整合，还应加快推动形成交通行为法以及相关技术标准，以调整规范交通运输市场主体和相关政府部门从事交通运输活动的行为，对其如何履行权责进行具体定义，并确立国际先进的交通运输技术与管理标准。

二、明确交通运输市场主体

在较高层次建立适应市场经济体制的交通运输法律规范，规范运输市场，确立各种交通运输市场主体资格地位，规范交通运输市场主体参与各种市场活动的权益规则，包括市场准入、退出等方面问题。同时，厘清政府与各种市场主体之间以及各个市场主体之间的关系。面对新的科技革命、新的产业革命，还应调整法律，把这些新技术、新产业以及由此衍生的新的市场主体之间的关系予以接纳，包括人与人、人与企业、企业与企业、企业与社会、企业与政府等。尤其对社会资本在交通运输领域进行投融资的准入、退出、利益保障、如何盈利、如何与政府合作等方面问题进行明确立法，吸引更多社会资本进入交通运输领域。

三、出台新形势下新型法规

未来可能形成的创新趋势主要包括自动化、互联网化、低碳化等，政府应及时出台应对新技术革命的新型行政法规。

一是无人驾驶发展趋势下，从国家层面对无人驾驶等关乎未来交通生态系统的技术研发和产业化应用做好顶层设计和科学规划。此外，尽快修订和完善适应于新交通技术的相关法律法规，包括：为无人驾驶技术的研发、测试和商业化应用提供制度保障，加快无人驾驶技术标准及法律法规等方面的前瞻性研究，推动《道路交通安全法》及其配套的法律体系的修改。推进无人驾驶汽车相关技术标准的建立和完善，积极组织开展无人驾驶汽车测试的试点工作，加快规划智能交通系统等基础配套设施，在无人驾驶汽车行业的国际标准制定上争取更多主动权。

二是互联网＋交通发展趋势下，可能形成共享交通、“出行即服务”等新业态模式。未来将从交通行为法的层面制定相应法规加以规范，并对这些新出现的生产、服务模式予以支持。从全新的视角对城市交通系统进行颠覆性规划和管理，配合以相应的行政法规。

三是交通的低碳化发展趋势成为必然。在相关环境保护等法律指导的同时，出台交通运输领域相关规划编制指南，建立健全规划审批、报备、评估和修订制度，研究制定交通运输规划环境影响评价规范。同时，在交通基础设施的设计、施工、监理等技术规范中贯彻绿色循环低碳的要求。

四、优化中央地方部门协调

随着交通运输领域的重点从快速提升基础设施供给逐渐向服务相关工作转型，出行者和市场对交通部门提出了多元化的要求，交通运输部未来的第一发展定位将是成为独立的规制机关，以交通运输现代化法律体系为基础，更多强调发挥制定规则、优化技术规范、监管执行、主导协调等作用，优化完善“大部制”，推动形成各种运输方式深度融合的综合交通运输管理体制。

围绕交通运输法律规范体系，交通运输部应对基本法、授权法、行业法、相关标准等多层面的法律规则进行有效的独立监管执行。提升专业性和包容性，创新交通运输监管方式，从重点对市场主体监管向对市场行为监管改变等。进一步强化与其他部门协调合作的能力，明确与其他管理系统的责任划分，降低冲突、提升协作水平，交通运输部与财政、住建、国土、环保、公安、工信等主管部门在交通事务的行政分工上建立必要的责任制度。

明确各级政府在交通基础设施规划、建设、管理等方面的不同责任。交通运输部可作为地方监管者的监管者，对行政垄断、公平竞争给予审查，对地方政府的违法违规行为加强调查、纠正和处罚，还可以作为地方交通部门的知识传播者、辅导者和培训者，通过资金补贴等方式鼓励地方部门按照中央提倡的方向发展相关项目等；作为地方政府之间的协调者，以对话组织者的身份加强各个区域的联网，协助建立协同发展的制度框架体系和区域协调机制，推动各个区域的网络建设、规划实施，推动城市群、都市圈等发展跨行政边界的交通设施与服务。

五、发挥政府市场二者合力

政府主要发挥市场秩序确立和维护者的作用。全面清理交通运输领域妨碍统一市场和公平竞争的规定和做法，弱化、消除行政干预行为，破除地方和部门保护，依法行政，打破大集团垄断和不正当竞争，放开所有交通运输行业竞争性环节或领域，鼓励各类市场主体通过公平竞争优胜劣汰，形成较为完善的准入退出机制、各种运输方式的价格形成机制等。同时，不断完善市场监管制度，采用实时大数据等先进科技手段，构建监管信息交互平台，加强信用监管，引入三方监管，探索审慎监管有效手段。政府对相关市场主体的监管治理还应考虑提升公共服务水平，维护交通整体秩序，避免“公地悲剧”。一方面应监管市场的投放总量，考虑可能对交通基础设施等造成的压力，对相关行业门槛进行明确规定；另一方面应注重配套相关基础设施，完善对交通基础设施的使用管理，避免对其他使用者形成不合理挤压。

在构建公平竞争市场的同时，还需要认识到交通运输领域的特殊性，部分产品具有公益性或准公益性，因此，政府需要自行投入，或者通过投资、补贴、税收优惠等方式鼓励各类市场主体参与交通项目建设，或者购买公共服务、形成公益性或准公益性运输领域的政府定价补偿机制等。

参考文献

[1] 郑腾飞 . 交通基础设施与城市经济发展 [M]. 北京：经济管理出版社，2021.12.

[2] 帅斌，王宇，霍娅敏 . 交通运输经济第 2 版 [M]. 成都西南交大出版社有限公司，2021.12.

[3] 荣朝和，林晓言，李红昌 . 运输经济学通论 [M]. 北京：经济科学出版社，2021.08.

[4] 李文兴 . 高铁运输经济学 [M]. 北京：中国铁道出版社，2021.10.

[5] 刘武君 . 综合交通枢纽规划第 2 版 [M]. 上海：上海科学技术出版社，2021.10.

[6] 李雪竹 . 智能交通系统与交通运输经济的发展 [J]. 魅力中国，2021，（第 31 期）：352-353.

[7] 姚冬青 . 探究交通运输经济面临的挑战及对策 [J]. 消费导刊，2021，（第 16 期）：230-231.

[8] 王蓉蓉 . 基于”互联网 +”的交通运输经济发展分析 [J]. 百科论坛电子杂志，2021，（第 14 期）：731.

[9] 张海华 . 交通运输与经济发展的相互关系探讨 [J]. 大众投资指南，2021，（第 17 期）：1-2.

[10] 李菁 . 交通运输经济管理的发展趋势与研究 [J]. 财讯，2021，（第 6 期）：195.

[11] 柳峰 . 交通运输与经济发展的相互关系探讨 [J]. 商业 2.0（经济管理），2021，（第 16 期）：145-146.

[12] 欧国立，余思勤 . 运输经济专业知识与实务 [M]. 北京：中国人事出版社，2020.

[13] 李红华，周文俊，吉立爽 . 公路交通运输与经济发展研究 [M]. 西安：陕西旅游出版社，2020.03.

[14] 倪安宁 . 运输技术经济学（第 6 版）[M]. 北京：人民交通出版社，2020.05.

[15] 姜旭 . 铁路货物运输与国民经济发展：中国铁路运输 70 年 [M]. 北京：经济管理出版社，2020.

[16] 汪瑜，贺镜帆，王雪 . 民航运输航线网络规划 [M]. 成都：西南交通大学出版社，2020.06.

[17] 李天籽，王伟 . 交通基础设施与经济效率 [M]. 北京：社会科学文献出版社，

2020.01.

[18] 王菲，毛琦梁．交通基础设施建设与经济空间格局塑造 [M]. 北京：经济管理出版社，2020.08.

[19] 马业波．探析交通运输经济面临的挑战及对策 [J]. 商业 2.0（经济管理），2020，（第 4 期）：93.

[20] 张奎．交通运输经济面临的挑战与应对探究 [J]. 商业 2.0（经济管理），2020，（第 11 期）：113.

[21] 陈丽丽．探讨“互联网 +”的交通运输经济发展的影响 [J]. 中国民商，2020，（第 1 期）：2，11.

[22] 王大鑫．交通运输经济效益提升路径的研究 [J]. 善天下，2020，（第 12 期）：579.

[23] 王亮．交通运输与经济发展的关系分析 [J]. 石油石化物资采购，2020，（第 31 期）：150.

[24] 张涛．公路交通运输经济管理作用探讨 [J]. 经济技术协作信息，2020，（第 31 期）：33.

[25] 马书红，王元庆，戴学臻．交通运输经济与决策 [M]. 北京：人民交通出版社，2019.02.

[26] 贾顺平．交通运输经济学 [M]. 北京：人民交通出版社，2019.01.

[27] 王利红．交通运输经济学 [M]. 吉林科学技术出版社，2019.06.

[28] 刘炳春．运输经济学 [M]. 北京：经济管理出版社，2019.06.

[29] 孔荣．铁路运输经济法规第 2 版 [M]. 成都：西南交通大学出版社，2019.08.

[30] 李庆华．西藏交通与经济社会发展研究 [M]. 北京：中国商业出版社，2019.05.

[31] 薛峰．高速铁路运输组织方法与实践 [M]. 成都：西南交通大学出版社，2019.09.

[32] 姚诗煌．高铁经济 [M]. 上海：上海科学技术文献出版社，2019.